日商簿記1級

合格のための 応用力アップ↗
ステップアップ問題集

商簿・会計

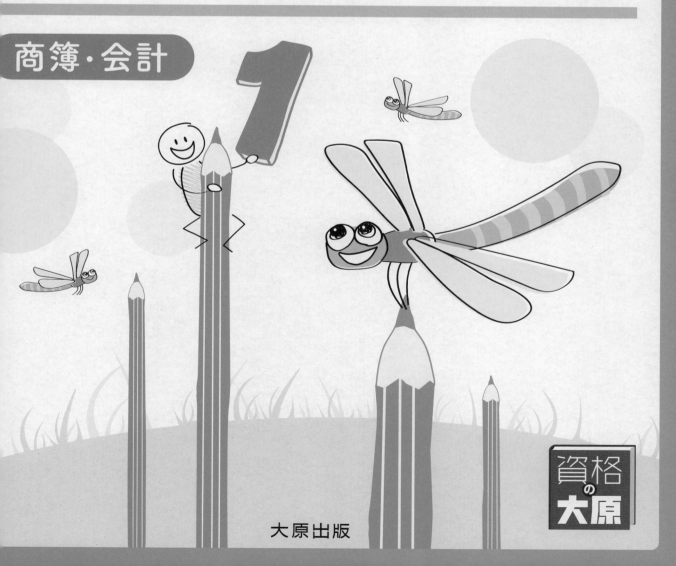

資格の大原

大原出版

まえがき

　簿記を経理担当者だけが必要とする知識と考えている方が多くいます。しかし、昨今のきびしい経済状況を考えると、企業の経営状態を数値化し、客観的に示すことのできる簿記の技術を身に付けることはビジネスマンにとって必須です。

　簿記を学ぶことによって、企業の採算性、コスト管理、さらには、資金繰りといった企業の運営にとって必要な知識を身に付けることができます。また、これを基に、企業が将来進むべき方向性も明確になります。

　この簿記の知識を身に付けるため、日本商工会議所が主催する簿記検定試験（通称、日商簿記検定）にチャレンジすることはたいへん有意義なことです。

　本書は日商簿記検定１級に合格するための実力を養成することを主眼に作成しました。本書をフルに活用し、本試験問題を確実に解答できる力を身に付けてください。

　本書を学習された皆さんが合格することを心よりお祈り申し上げます。

資格の大原 簿記講座

本書の特長

解答・解説には

迷った時や、より解答を導きやすくする
ための「解答へのアプローチ」を掲載！

図解を多数掲載

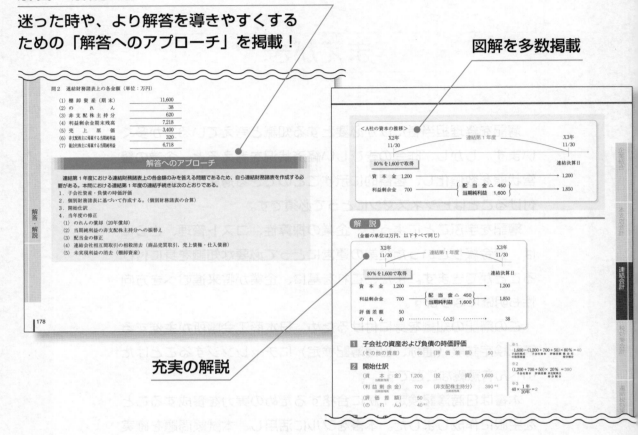

充実の解説

解答用紙が

抜き取り方式になっており、
学習の際に便利です！

学習の状況をチェック！

解答の正誤などを常にチェックすることにより、苦手科目や重点的に復習すべき所を把握できます。

CONTENTS&CHECK SHEET
コンテンツ＆チェックシート

番号	内　容	問題頁	解答頁	解答用紙頁	チェック欄	
1	棚卸資産 I	P.2	P.78	P.2	/	/
2	棚卸資産 II	P.3	P.81	P.3	/	/
3	棚卸資産 III	P.4	P.84	P.4	/	/
4	売価還元法	P.5	P.86	P.5	/	/
5	固定資産	P.6	P.89	P.6	/	/
6	資産除去債務	P.7	P.91	P.6	/	/
7	リース会計 I	P.8	P.93	P.7	/	/
8	リース会計 II	P.9	P.95	P.7	/	/
9	リース会計 III	P.10	P.98	P.8	/	/
10	減損会計 I	P.12	P.99	P.9	/	/
11	減損会計 II	P.14	P.103	P.10	/	/
12	研究開発費等	P.15	P.105	P.11	/	/
13	債権	P.16	P.108	P.12	/	/
14	有価証券 I	P.17	P.111	P.13	/	/
15	有価証券 II	P.18	P.113	P.14	/	/
16	引当金	P.19	P.117	P.15	/	/
17	退職給付会計 I	P.20	P.119	P.16	/	/
18	退職給付会計 II	P.21	P.124	P.17	/	/
19	為替換算会計 I	P.22	P.127	P.18	/	/
20	為替換算会計 II	P.23	P.128	P.19	/	/
21	為替換算会計 III	P.24	P.133	P.20	/	/
22	ヘッジ会計 I	P.25	P.137	P.21	/	/
23	ヘッジ会計 II	P.26	P.139	P.22	/	/
24	純資産 I	P.27	P.141	P.23	/	/

★関連法規改正にいち早く対応

関連法規改正にいち早く対応しています。近年の日本の会計は、頻繁に改正が行われています。それに伴い、現在の会計に沿う内容に修正しておりますので、現行法令等に沿った内容で解答することができます。

購入特典／資格の大原オリジナル予想問題の入手方法

検定直前の最後のヤマ当て、ポイント確認に最適！
資格の大原オリジナル予想問題を PDF データでダウンロードできます。

＜特典のご利用方法＞
1．大原ブックストアの「書籍購入特典」よりアクセス
2．下記 ID・パスワードを入力してログイン

ID（ユーザ名）：bokitkm
パスワード：st1km2p3

ダウンロード可能期間 | 各検定試験日の 2 週間前～各検定試験日まで

本書の利用方法

1 出題傾向をチェック

日商簿記1級の出題傾向を掲載しています。問題を解く前に一度ご確認ください。

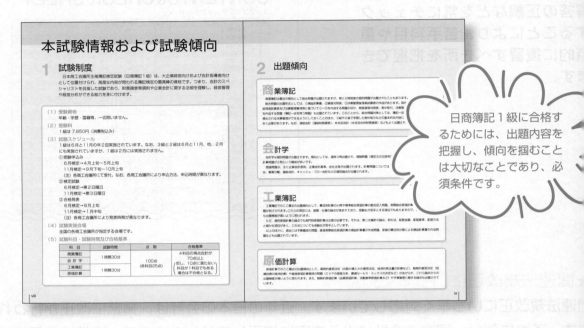

日商簿記1級に合格するためには、出題内容を把握し、傾向を掴むことは大切なことであり、必須条件です。

2 問題を解く

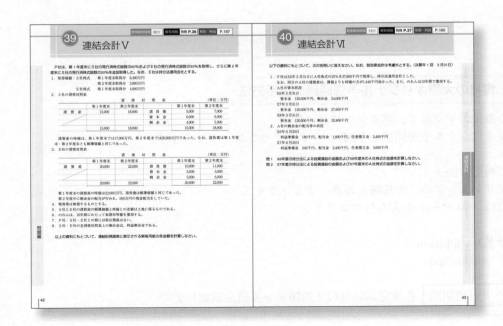

3 解答の確認

解答後は、必ず、解答・解説を確認し、結果をチェックシートに記入して下さい。

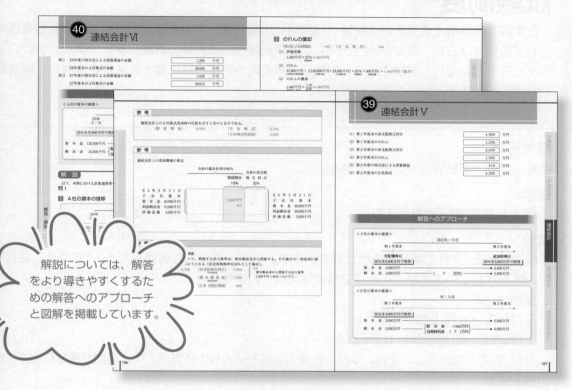

解説については、解答をより導きやすくするための解答へのアプローチと図解を掲載しています。

CONTENTS & CHECK SHEET
コンテンツ&チェックシート

番号	内容	問題頁	解答頁	解答用紙頁	チェック欄
1	棚卸資産 I	P.2	P.78	P.2	/ /
2	棚卸資産 II	P.3	P.81	P.3	/ /
3	棚卸資産 III	P.4	P.84	P.4	/ /
4	売価還元法	P.5	P.86	P.5	/ /
5	固定資産	P.6	P.89	P.6	/ /
6	資産除去債務	P.7	P.91	P.6	/ /
7	リース会計 I	P.8	P.93	P.7	/ /
8	リース会計 II	P.9	P.95	P.7	/ /
9	リース会計 III	P.10	P.98	P.8	/ /
10	減損会計 I	P.12	P.99	P.9	/ /
11	減損会計 II	P.14	P.103	P.10	/ /
12	研究開発費等	P.15	P.105	P.11	/ /
13	債権	P.16	P.108	P.12	/ /
14	有価証券 I	P.17	P.111	P.13	/ /
15	有価証券 II	P.18	P.113	P.14	/ /
16	外貨建金	P.19	P.117	P.15	/ /
17	退職給付会計 I	P.20	P.119	P.16	/ /
18	退職給付会計 II	P.21	P.124	P.17	/ /
19	為替換算会計 I	P.22	P.127	P.18	/ /
20	為替換算会計 II	P.23	P.128	P.19	/ /
21	為替換算会計 III	P.25	P.133	P.20	/ /
22	ヘッジ会計 I	P.25	P.137	P.21	/ /
23	ヘッジ会計 II	P.26	P.139	P.22	/ /
24	純資産 I	P.27	P.141	P.23	/ /
25	純資産 II	P.28	P.148	P.24	/ /
26	株主資本等変動計算書	P.29	P.150	P.25	/ /
27	企業結合 I	P.30	P.153	P.26	/ /
28	企業結合 II	P.31	P.157	P.27	/ /
29	企業結合 III	P.32	P.159	P.28	/ /
30	企業結合 IV	P.33	P.161	P.28	/ /
31	本支店会計 I	P.34	P.163	P.29	/ /
32	本支店会計 II	P.35	P.167	P.30	/ /
33	本支店会計 III	P.36	P.170	P.31	/ /
34	本支店会計 IV	P.37	P.173	P.32	/ /
35	連結会計 I	P.38	P.175	P.33	/ /
36	連結会計 II	P.39	P.178	P.34	/ /
37	連結会計 III	P.40	P.181	P.35	/ /
38	連結会計 IV	P.41	P.183	P.35	/ /
39	連結会計 V	P.42	P.187	P.36	/ /
40	連結会計 VI	P.43	P.190	P.37	/ /
41	連結会計 VII	P.44	P.193	P.37	/ /
42	連結会計 VIII	P.45	P.195	P.38	/ /
43	税効果会計 I	P.46	P.198	P.39	/ /
44	税効果会計 II	P.47	P.200	P.39	/ /
45	連結税効果会計 I	P.48	P.204	P.40	/ /
46	連結税効果会計 II	P.49	P.206	P.41	/ /
47	キャッシュ・フロー計算書 I	P.50	P.208	P.42	/ /
48	キャッシュ・フロー計算書 II	P.51	P.211	P.43	/ /
49	キャッシュ・フロー計算書 III	P.52	P.213	P.44	/ /
50	キャッシュ・フロー計算書 IV	P.54	P.215	P.45	/ /
51	キャッシュ・フロー計算書 V	P.56	P.220	P.46	/ /
52	損益計算書 I	P.60	P.223	P.47	/ /
53	損益計算書 II	P.62	P.228	P.48	/ /
54	貸借対照表	P.64	P.231	P.49	/ /
55	キャッシュ・フロー計算書	P.66	P.235	P.50	/ /
56	本支店会計	P.68	P.243	P.51	/ /
57	連結会計 I	P.70	P.248	P.52	/ /
58	連結会計 II	P.72	P.252	P.54	/ /
59	連結会計 III	P.74	P.255	P.55	/ /

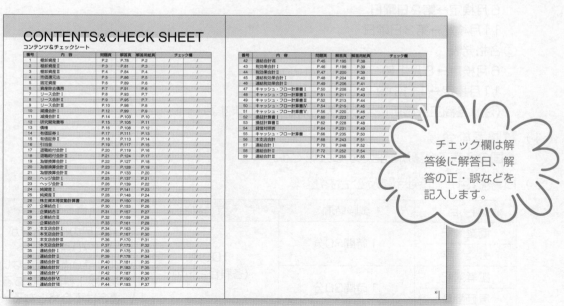

チェック欄は解答後に解答日、解答の正・誤などを記入します。

本試験情報および試験傾向

1 試験制度

　日本商工会議所主催簿記検定試験（日商簿記1級）は、大企業経営向けおよび会計指導者向
として位置付けられ、高度な内容が問われる簿記検定の最高峰の資格です。つまり、会計のス
ペシャリストを目指した試験であり、財務諸表等規則や企業会計に関する法規を理解し、経営管
や経営分析ができる能力を身に付けます。

（1）受験資格

　年齢・学歴・国籍等、一切問いません。

（2）受験料

　1級は 8,800円（消費税込み）

（3）試験スケジュール

　1級は6月と11月の年2回実施されています。なお、3級と2級は6月と11月、他、2月
にも実施されていますが、1級は2月には実施されません。

①受験申込み

　6月検定→4月上旬〜5月上旬

　11月検定→9月下旬〜10月上旬

　（注）各商工会議所にて受付。なお、各商工会議所により申込方法、申込時期が異なります。

②検定試験

　6月検定→第2日曜日

　11月検定→第3日曜日

③合格発表

　6月検定→8月上旬

　11月検定→1月中旬

　（注）各商工会議所により発表時期が異なります。

（4）試験実施会場

　全国の各商工会議所が指定する会場です。

（5）試験科目・試験時間及び合格基準

科　目	試験時間	点　数	合格基準
商業簿記	1時間30分	100点（各科目25点）	4科目の得点合計が70点以上（但し、10点に満たない科目が1科目でもある場合は不合格となる。）
会　計　学			
工業簿記	1時間30分		
原価計算			

2 出題傾向

商業簿記

　商業簿記は最近の傾向として総合問題が出題されますが、希に2問程度の個別問題が出題されたこともあります。

　総合問題の出題形式としては、①損益計算書、②貸借対照表、③決算整理後残高試算表の作成があります。具体的には、期末の決算整理前残高試算表及び決算整理事項等に基づいて①〜③を作成する問題のほか、期首貸借対照表、期中取引、決算整理事項等に基づいて①〜③を作成する問題（簿記一巡を問う問題）も出題されています。このことから、総合問題対策としては、簿記一巡の手続きを理解し、1級で頻出される決算整理ができるようにしておくことのほか、3級や2級で学習した期中取引などの基本的な内容についてもできるようにしておく必要があります。なお、連結会計（連結財務諸表）、本支店会計（本支店合併財務諸表）などもよく出題される内容です。

会計学

　会計学は個別問題が出題されます。傾向としては、通常3問出題され、理論問題（規定文の正誤判定、規定文の会計用語穴埋めなど）と計算問題が2問という構成が多いです。

　理論問題は、主に企業会計原則、企業会計基準、会社法等が出題されます。計算問題については、リース会計、為替換算会計、企業結合、事業分離、連結会計、キャッシュ・フロー会計などの個別論点が出題されます。

工業簿記

　工業簿記でのここ最近の出題傾向として、費目別計算の小問や標準総合原価計算の勘定記入問題、実際総合原価計算の損益計算書作成問題があげられます。これらの項目には、減損・仕損の論点が含まれており、受験生が苦手とする項目でもありますので、個別原価計算よりも出題頻度が高いように思われます。

　ただ、個別原価計算の論点でも部門別原価計算は注意が必要です。それは、第二次集計の論点、例えば、配賦金額、配賦基準、配賦方法と細かな項目が多く、この点についても受験生が苦手としています。

　以上のほかに、過去には予算編成の問題、直接実際総合原価計算の損益計算書の作成問題、原価の費目別分類による損益計算書の作成問題なども出題されています。

原価計算

　原価計算でのここ最近の出題傾向として、業務的意思決定（自製か購入かの意思決定、経済的発注量の計算など）、戦略的意思決定（設備投資の経済計算）や直接原価計算関係の問題（ＣＶＰの感度分析、最適セールス・ミックスの決定など）があげられ、これら論点からの出題頻度が高いように思われます。また、戦略的原価計算（品質原価計算、活動基準原価計算など）や予算管理に関する論点も出題されています。

CONTENTS&CHECK SHEET

コンテンツ&チェックシート

番号	内　容	問題頁	解答頁	解答用紙頁	チェック欄	
1	棚卸資産Ⅰ	P.2	P.78	P.2	/	/
2	棚卸資産Ⅱ	P.3	P.81	P.3	/	/
3	棚卸資産Ⅲ	P.4	P.84	P.4	/	/
4	売価還元法	P.5	P.86	P.5	/	/
5	固定資産	P.6	P.89	P.6	/	/
6	資産除去債務	P.7	P.91	P.6	/	/
7	リース会計Ⅰ	P.8	P.93	P.7	/	/
8	リース会計Ⅱ	P.9	P.95	P.7	/	/
9	リース会計Ⅲ	P.10	P.98	P.8	/	/
10	減損会計Ⅰ	P.12	P.99	P.9	/	/
11	減損会計Ⅱ	P.14	P.103	P.10	/	/
12	研究開発費等	P.15	P.105	P.11	/	/
13	債権	P.16	P.108	P.12	/	/
14	有価証券Ⅰ	P.17	P.111	P.13	/	/
15	有価証券Ⅱ	P.18	P.113	P.14	/	/
16	引当金	P.19	P.117	P.15	/	/
17	退職給付会計Ⅰ	P.20	P.119	P.16	/	/
18	退職給付会計Ⅱ	P.21	P.124	P.17	/	/
19	為替換算会計Ⅰ	P.22	P.127	P.18	/	/
20	為替換算会計Ⅱ	P.23	P.128	P.19	/	/
21	為替換算会計Ⅲ	P.24	P.133	P.20	/	/
22	ヘッジ会計Ⅰ	P.25	P.137	P.21	/	/
23	ヘッジ会計Ⅱ	P.26	P.139	P.22	/	/
24	純資産Ⅰ	P.27	P.141	P.23	/	/
25	純資産Ⅱ	P.28	P.148	P.24	/	/
26	株主資本等変動計算書	P.29	P.150	P.25	/	/
27	企業結合Ⅰ	P.30	P.153	P.26	/	/
28	企業結合Ⅱ	P.31	P.157	P.27	/	/
29	企業結合Ⅲ	P.32	P.159	P.28	/	/
30	企業結合Ⅳ	P.33	P.161	P.28	/	/
31	本支店会計Ⅰ	P.34	P.163	P.29	/	/
32	本支店会計Ⅱ	P.35	P.167	P.30	/	/
33	本支店会計Ⅲ	P.36	P.170	P.31	/	/
34	本支店会計Ⅳ	P.37	P.173	P.32	/	/
35	連結会計Ⅰ	P.38	P.175	P.33	/	/
36	連結会計Ⅱ	P.39	P.178	P.34	/	/
37	連結会計Ⅲ	P.40	P.181	P.35	/	/
38	連結会計Ⅳ	P.41	P.183	P.35	/	/
39	連結会計Ⅴ	P.42	P.187	P.36	/	/
40	連結会計Ⅵ	P.43	P.190	P.37	/	/
41	連結会計Ⅶ	P.44	P.193	P.37	/	/

番号	内　　容	問題頁	解答頁	解答用紙頁	チェック欄	
42	連結会計Ⅷ	P.45	P.195	P.38	/	/
43	税効果会計Ⅰ	P.46	P.198	P.39	/	/
44	税効果会計Ⅱ	P.47	P.200	P.39	/	/
45	連結税効果会計Ⅰ	P.48	P.204	P.40	/	/
46	連結税効果会計Ⅱ	P.49	P.206	P.41	/	/
47	キャッシュ・フロー計算書Ⅰ	P.50	P.208	P.42	/	/
48	キャッシュ・フロー計算書Ⅱ	P.51	P.211	P.43	/	/
49	キャッシュ・フロー計算書Ⅲ	P.52	P.213	P.44	/	/
50	キャッシュ・フロー計算書Ⅳ	P.54	P.215	P.45	/	/
51	キャッシュ・フロー計算書Ⅴ	P.56	P.220	P.46	/	/
52	損益計算書Ⅰ	P.60	P.223	P.47	/	/
53	損益計算書Ⅱ	P.62	P.228	P.48	/	/
54	貸借対照表	P.64	P.231	P.49	/	/
55	キャッシュ・フロー計算書	P.66	P.235	P.50	/	/
56	本支店会計	P.68	P.243	P.51	/	/
57	連結会計Ⅰ	P.70	P.248	P.52	/	/
58	連結会計Ⅱ	P.72	P.252	P.54	/	/
59	連結会計Ⅲ	P.74	P.255	P.55	/	/

個別問題編

1 棚卸資産 I

第1問

　株式会社大原商店の（ア）商品の前期末残高、（イ）当期中の商品売買取引、および（ウ）当期末の商品の正味売却価額は次のとおりである。よって、当期の正味損益と貸借対照表に記載される商品の価額を求めなさい。なお、洗替を適用し、期末に保有する全商品（1グループ）の取得原価総額と正味売却価額総額とを比較する方法による。

（ア）
種　類	数量（個）	取得原価（千円）	正味売却価額（千円）
A　商　品	30,000	17,400	16,800
B　商　品	20,000	6,600	7,200
C　商　品	10,000	9,500	9,200
		33,500	33,200

（イ）　A商品15,000個を1個750円で、B商品2,000個を1個420円でそれぞれ販売した。また、D商品10,000個を1個1,100円で購入した。

（ウ）
種　類	数量（個）	正味売却価額（千円）
A　商　品	15,000	8,250
B　商　品	18,000	6,120
C　商　品	10,000	9,400
D　商　品	10,000	12,000
		35,770

第2問

　前期末および当期末における棚卸資産A～Eの資料にもとづいて、棚卸資産の評価を（1）個々の棚卸資産ごとに行う方法と、（2）棚卸資産全体（1グループ）について行う方法とにより当期末の商品評価損の金額を計算しなさい。なお、それぞれの方法につき、①切放法による場合と②洗替法による場合に分けて解答すること。

棚 卸 資 産	取 得 原 価	前期末正味売却価額	当期末正味売却価額
A	810千円	760千円	310千円
B	920千円	820千円	450千円
C	1,000千円	1,100千円	620千円
D	600千円	400千円	170千円
E	300千円	310千円	120千円

（注）すべての棚卸資産につき、当期末の在庫は、前期末の在庫に対して2分の1である。

2 棚卸資産Ⅱ

1問

次の貸借対照表は、棚卸資産の貸借対照表価額を先入先出法によって計算してある（金額単位：千円）。X2年3月31日に、先入先出法でなく、総平均法を用いた場合、貸借対照表はどのようになるか、解答欄に金額を記入しなさい。なお、商品の期首および期末棚卸高、当期売上高、当期仕入高は次のとおりであり、販売価格と仕入価格は当期中 変 っていない。また、所得に対する税率は50%とする。

1　期首棚卸高　　44,000千円　（　2,000個　@22千円）
2　当期売上高　400,000千円　（10,000個　@40千円）
3　当期仕入高　250,000千円　（10,000個　@25千円）
4　期末棚卸高　　2,000個

貸　借　対　照　表

	X1年3月31日	X2年3月31日
現　金　預　金	50,000	65,000
売　　掛　　金	41,000	57,000
商　　　　　品	44,000	50,000
そ　の　他　資　産	92,000	90,000
合　　　計	227,000	262,000
買　　掛　　金	23,000	36,000
そ　の　他　負　債	40,000	40,000
資　　本　　金	100,000	100,000
剰　　余　　金	64,000	86,000
合　　　計	227,000	262,000

2問

下記商品Aの資料により、解答欄に示した各方法による①取得原価の場合と②収益性の低下を反映させた場合のそれぞれについて、期末評価額を示しなさい。期末商品における正味売却価額は84,000円とする。（単価計算では円未 満、原価率計算では小数以下第3位を四捨五入する。）

期首棚卸高	900個	72,000円
第1回仕入高	1,000個	83,000円
第2回仕入高	1,500個	127,500円
第3回仕入高	800個	67,200円
		349,700円

なお、商品Aの期末商品たな卸数量は1,000個、当期の販売数量は3,200個であった。1個の売価は当初95円であっ が、期中に100円に値上げしたため、当期の売上高は315,000円であった。

3 棚卸資産Ⅲ

次の資料にもとづいて、(1) 決算整理仕訳を行い、(2) 売上原価および (3) 貸借対照表上の「商品」の金額を計算しなさい。

〔資　料〕

1．期末修正前残高試算表における関係勘定は、次のとおりである。
　　　繰越商品　1,200,000円　　　　　仕　　入　45,000,000円

2．収益性の低下による簿価切下額は売上原価の内訳項目とし、棚卸減耗損は営業外費用とする。ただし、C商品に係る収益性の低下による簿価切下額は、臨時的な事象にもとづくものであり、多額であるため、特別損失とする。

3．期末棚卸資産の内訳

	帳簿棚卸高			実地棚卸高	
	数　量	原　価			
A商品	3,600個	@100円		3,150個	正味売却価額　@ 96円
			不　足	450個	
B商品	6,000個	@150円		5,910個	正味売却価額　@155円
			不　足	90個	
C商品	1,800個	@170円		1,800個	正味売却価額　@ 70円

売価還元法

第1問

東京商店は、スーパーを経営し、期末商品の評価方法として売価還元法を採用している。下記の資料にもとづいて、(1) 売価還元原価率、(2) 棚卸減耗損（原価）および (3) 売上原価を求め、併せて（4) 期末整理仕訳を行いなさい。
（単位：千円）

〔資料〕　1　期末修正前残高試算表における関係勘定は、次のとおりである。

　　　　繰越商品 2,000　　仕　　入 80,000　　売　　上 89,700

　　　2　期首商品（売価）は2,400、期中の値入率は仕入原価の12%である。

　　　3　広告宣伝のために商品100（売価）を使用したが、この記帳は未了になっている。

　　　4　商品の実地棚卸高（売価）は2,000である。

第2問

食品販売業を営む大原株式会社の以下の〔資料1〕および〔資料2〕にもとづき、次の問いに答えなさい。

〔資料1〕決算整理前残高試算表（一部）

決算整理前残高試算表
X2年3月31日　　　　　　（単位：千円）

繰 越 商 品	30,000	売	上	450,000
仕　　　　入	360,000			

〔資料2〕参考資料

期首商品繰越高(売価)	42,000千円	原 始 値 入 額	77,000千円
値 上 額	41,000千円	値 下 額	24,000千円
値 下 取 消 額	4,000千円	期末商品実地棚卸高（売価）	48,000千円

当社は、棚卸資産の評価方法として売価還元原価法を適用している。したがって、解答用紙の各項目について計算し記入しなさい。なお、商品はすべて定価で販売されているものとし、棚卸減耗損は売上原価に含めないものとする。また、収益性の低下は生じていないものとする。

⑤ 固定資産

第 1 問

　丸の内鉱業㈱は、銅の精錬事業を経営している。当社の固定資産の減価償却に関する、下記の各問いにある空（イ）～（ヘ）の中に適切な数字または勘定科目を記入しなさい。

　なお、年数は小数点以下第 2 位を四捨五入し、第 1 位まで求めること。金額は千円未満を四捨五入し、千円まで求めること。四捨五入は計算のつど行うこと。

問 1　当社は、X8年度期首に、四国にある鉱山の採掘権を40億円で買入れた。この鉱山の銅鉱石は、採掘開始後、最初の15年間は毎年18万トン、その後の15年間は12万トンの鉱石の採掘が可能であると見積られている。この採掘作業のため、X9年度期首に、鉱山内に事務所を30,000千円で建設し、採掘作業を開始した。この建物の耐用年数は20年、残存価額は取得原価の10%とする。

　　　この建物のX11年度の減価償却費は、級数法を採用している場合には、（イ）千円であり、生産高比例法を採用している場合には、（ロ）千円となる。

問 2　当社はまた、X9年度期首に次のような機械装置を調達した。なお、各機械装置の残存価額は取得原価の10%とする。

機械装置	取得原価	耐用年数
A	1,480 千円	6 年
B	2,400 千円	8 年
C	1,000 千円	5 年
D	2,000 千円	4 年

　当社は、これら機械装置を一括して総合償却方式（定額法）を採用したが、その平均耐用年数は（ハ）年であり、X11年度の減価償却額は（ニ）千円である。

　X12年度期首に、D機械装置を除却した。この資産除却に伴う固定資産除却損は（ホ）千円である。なお、除却資産の見積処分額200千円を（ヘ）勘定に振替えている。

第 2 問

　当社（決算日は 3 月31日、期間 1 年）は、X8年 4 月に2,000,000円の機械を購入し、直ちに稼働した。この機械の減価償却は、耐用年数を 8 年、残存価額をゼロとして行ってきたが、X10年度の決算において、新たに得られた情報にもとづき、耐用年数を 7 年に変更した。

　よって、この機械の減価償却を定額法によって行う場合のX10年度の減価償却費を求めなさい。

6 資産除去債務

次の資料にもとづいて、（1）事業用建物取得時、（2）決算時（X2年 3 月31日）および（3）事業用建物の除去ならびに資産除去債務の履行時に関する仕訳を行いなさい。なお、端数が生じる場合には、円未満四捨五入すること。（決算年 1 回　3 月31日）

. 事業用建物：取得日　X1年 4 月 1 日　　取得原価　780,000円
　　　　　　　耐用年数　5 年　　減価償却方法　定額法　　残存価額　0 円
. 当該建物を使用後に除去する法的義務がある。当該建物を除去するときの割引前将来キャッシュ・フローは78,000円と見積られた。また、資産除去債務は取得時のみ発生するものとする。
. 将来キャッシュ・フローの割引率：年 4 ％
. 当該建物の除去に要した金額：82,000円
. 事業用建物の取得および当該建物の除去に要した金額は、小切手を振出した。

7 リース会計 I

　東北産業株式会社（以下、「東北産業」という）は、リース事業を営む関東リース株式会社（以下、「関東リース」という）から、3種類の備品をリース取引によって調達し、X5年度末において営業の目的で使用している。関東リースの会計処理は、売上高を計上せずに利息相当額を各期に配分する方法による。よって、次の資料にもとづいて、下記の各問いに答えなさい。なお、両社の会計期間は、ともに毎年12月31日を決算日とする1年である。

資料
(1) 東北産業が使用しているリース物件の内訳

リース物件	リース期間	耐用年数	X5年度末現在の経過年数	年間リース料	リース契約開始時の現金購入価額
A備品	6年	7年	4年	140,000円	710,598円
B備品	3年	10年	2年	300,000円	848,580円
C備品	4年	5年	3年	200,000円	725,980円

　これらのリース取引は、すべて各年度期首に契約が締結され、毎年度のリース料（一定額）の支払いは各年度末に行われている。なお、これらのリース取引はすべて実質的に解約不能である。また、東北産業と関東リースはともに、リース期間がリース物件の耐用年数の75％以上である場合には、ファイナンス・リース取引に該当するものとしている。
(2) 東北産業と関東リースはともに、備品について残存価額をゼロとする定額法により減価償却を行っている。
(3) 利子率をr％、期間をn年とする年金現価係数（毎期末に年利r％で一定額ずつ1年複利でn年間積立てる場合の、その積立額の現在価値を求める係数）は、次のとおりである。

n＼r	2％	3％	4％	5％	6％
1年	0.9804	0.9709	0.9615	0.9524	0.9434
2	1.9416	1.9135	1.8861	1.8594	1.8334
3	2.8839	2.8286	2.7751	2.7232	2.6730
4	3.8077	3.7171	3.6299	3.5460	3.4651
5	4.7135	4.5797	4.4518	4.3295	4.2124
6	5.6014	5.4172	5.2421	5.0757	4.9173
7	6.4720	6.2303	6.0021	5.7864	5.5824
8	7.3255	7.0197	6.7327	6.4632	6.2098
9	8.1622	7.7861	7.4353	7.1078	6.8017
10	8.9826	8.5302	8.1109	7.7217	7.3601

問1　東北産業における次の各金額を求めなさい。
　① X5年度末におけるリース資産の貸借対照表価額
　② X5年度末におけるリース債務の貸借対照表価額
　③ X5年度における損益計算書上の支払リース料

問2　関東リースにおける次の各金額を求めなさい。
　① X5年度末における備品の貸借対照表価額
　② X5年度における損益計算書上の減価償却費
　③ X5年度における損益計算書上の受取利息

リース会計 Ⅱ

次の資料にもとづいて、解答用紙に示す各金額を求めなさい。（決算年1回　3月31日）

資料1．備品の内訳

備　品	取得年月日	耐用年数	リース期間	利子率	年間リース料	見積現金購入価額
備品A	X4年4月1日	6年	—			
備品B	X5年4月1日	6年	5年	年3%	200,000円	1,000,000円
備品C	X5年4月1日	5年	3年	年2%	720,000円	2,160,000円

注1．備品Aは、X4年4月1日に1,440,000円で購入したものである（取得原価の10%を残存価額とする定額法）が、X5年4月1日に東京リース株式会社に1,335,540円で売却すると同時にリース契約（年間リース料300,000円、リース期間5年、利子率年4%、ファイナンス・リース取引に該当し、所有権はリース期間終了後、当社に移転）を締結している。なお、売却時の簿価と売却価額の差額は当該リース期間において配分し、当該リースから生じる費用に加減するものとする。また、リースバック以後の経済的耐用年数は5年とする。

注2．備品BおよびCは、X5年4月1日にリース契約を締結しており、ファイナンス・リース取引に該当する。なお、備品Bについては、割安購入選択権（割安購入価額は0とする）が付されており、その行使が確実に予想される。また、備品Cについては、所有権が移転する条項は付されていない。

資料2．リース物件の貸手の購入価額は不明である。減価償却の計算にあたっては、所有権移転ファイナンス・リース取引の場合は取得原価の10%を残存価額とする定額法、所有権移転外ファイナンス・リース取引の場合は残存価額0、耐用年数はリース期間とする定額法による。リース料の支払いは各年度末に1年分を支払う（利息計算は1年複利の利息法による）。

資料3．利子率をr%、期間をn年とする年金現価係数（毎期末に年利r%で一定額ずつ1年複利でn年間積立てる場合の、その積立額の現在価値を求める係数）は、次のとおりである。よって、リース料総額の現在価値の計算にあたっては、年金現価係数を用いて計算すること。

n ＼ r	2%	3%	4%	5%
1年	0.9804	0.9709	0.9615	0.9524
2	1.9416	1.9135	1.8861	1.8594
3	2.8839	2.8286	2.7751	2.7232
4	3.8077	3.7171	3.6299	3.5460
5	4.7135	4.5797	4.4518	4.3295

9 リース会計Ⅲ

　次の資料にもとづき、X1年4月1日にリース契約を締結した当社（借手側）のX1年度の損益計算書における
（1）支払利息および（2）減価償却費、並びにX1年度末の貸借対照表における（3）リース債務の金額を計算しなさ
い。なお、会計期間は1年、決算日は3月31日である。また、計算上生じる端数は円未満を四捨五入すること。

〔資料〕

1．解約不能のリース期間　5年（X1年4月1日〜X6年3月31日）
2．借手の見積現金購入価額　24,000,000円
3．リース料　年額　5,000,000円
　　なお、支払いはリース開始時から5回均等払い。（リース開始時および各年度期首に支払う前払方式）
4．借手の減価償却：定額法（耐用年数はリース期間、残存価額は0とする）
5．利率　年3％
6．当該リース取引は、所有権移転外ファイナンス・リース取引に該当する。

問題編

10 減損会計 I

第1問

次の各問いに答えなさい。（決算年1回　3月31日）

問1 下記資料にもとづいて、減損会計を適用した場合の減損損失の金額を求めなさい。

	帳簿価額	減損の兆候	割引前将来キャッシュ・フロー	使用価値	正味売却価額
A資産	860,000千円	あり	810,000千円	390,000千円	370,000千円
B資産	780,000千円	なし	——	——	——
C資産	650,000千円	あり	670,000千円	——	——

問2 固定資産に関する下記文章の空欄（イ）〜（ニ）の中に適切な数字を記入しなさい。なお、千円未満の端数が じる場合には、四捨五入すること。

甲社が所有・使用している固定資産（取得原価700,000千円、耐用年数7年、残存価額70,000千円、当期末ま の経過年数4年、償却方法は定額法）について減損の兆候が見られるため、当期末にキャッシュ・フローを予 したところ、残存する耐用年数3年に各年80,000千円ずつのキャッシュ・フローが生じ、耐用年数経過後の処 収入は70,000千円と見込まれる。キャッシュ・フローの割引現在価値を算定するにあたっての割引率が年5% とすると当期末の使用価値は（イ）千円である。また、当期末の当該固定資産の時価が280,000千円、処分費用 込額が4,000千円であったとすると正味売却価額は（ロ）千円である。よって、当該固定資産に係る当期の減損 失は（ハ）千円、当期末の貸借対照表価額は（ニ）千円である。

第2問

当社は、のれんを認識した取引において事業甲と事業乙を取得したが、事業甲に減損の兆候があったので、のれ を含む、より大きな単位で減損損失を計上することにした。次の資料にもとづいて、事業甲における減損損失の金 を計算する場合、〔資料Ⅱ〕の①〜③に入る金額を答えなさい。また、事業甲におけるのれんの減損処理後の帳簿 額はいくらになるか答えなさい。

〔資料Ⅰ〕事業甲に属する資産グループごとの減損損失の計算　　　　　　　　（単位：千円）

	資産グループA	資産グループB	資産グループC
帳簿価額	1,000	2,000	1,200
割引前将来キャッシュ・フロー	1,400	2,200	1,000
回収可能価額	1,300	1,900	800
減損損失	（　？　）	（　？　）	（　？　）

〔資料Ⅱ〕事業甲に属するのれんを含む、より大きな単位での減損損失の計算　（単位：千円）

	資産グループA、B、C	の　　れ　　ん	のれんを含む資産グループ合計
帳簿価額	4,200	（　①　）	（　②　）
割引前将来キャッシュ・フロー			4,600
回収可能価額			4,000
減損損失			（　③　）

問題編

〔資料Ⅲ〕　その他
(1)　事業甲と事業乙は内部管理上独立した業績報告が行われている。
(2)　のれんの帳簿価額は2,000千円、のれんが認識された時点の事業甲と事業乙の時価は、それぞれ6,000千円と
　　3,600千円であった。
(3)　のれんの帳簿価額をのれんが認識された時点の事業甲と事業乙の時価の比率で分割する。

⑪ 減損会計Ⅱ

　減損の兆候がある下記の機械Ａ、ＢおよびＣについて、以下の問いに答えなさい。なお、将来キャッシュ・フロー
の割引率は、年４％とする。また、与えられた数値のうち、金額の単位は千円である。計算の過程で端数が生じた
合には、千円未満四捨五入とする。

問１　個々の機械ごとに減損損失を認識するかどうかの判定を行い、減損損失を認識する必要がある場合には○印を
　　　認識する必要がない場合には×印を記入しなさい。

問２　前問において○印を付した機械について、計上する減損損失の金額を計算しなさい。減損損失を認識する必
　　　がない場合は、何も記入しないこと。

問３　機械Ａ、ＢおよびＣに関して、減損損失計上時の仕訳を示しなさい。ただし、原則的処理によることとし、
　　　訳はまとめること。

		機械Ａ	機械Ｂ	機械Ｃ
①	取得原価	200,000	160,000	60,000
②	帳簿価額	110,000	88,000	42,000
③	残存耐用年数	５年	３年	４年
④	割引前将来キャッシュ・フロー（毎年度末に発生していると仮定）			
	１年目	20,800	18,720	8,736
	２年目	21,632	16,224	8,220
	３年目	27,040	15,748	8,436
	４年目	28,122	－	11,698
	５年目	21,640	－	－
⑤	残存価額（割引前であり④には含まれていない）	9,732	14,622	3,276
⑥	現時点における正味売却価額	100,000	63,000	30,000

12 研究開発費等

1問

当社は、市場販売目的のソフトウェアについてX2年度から制作を開始して、X3年度に継続して制作した上、完成・販売を開始した。よって、解答用紙のX3年度における各金額を求めなさい。なお、X3年度の実際販売数量は見込販売数量と一致している。

資料1．X2年度のソフトウェア関連費用

　　　　研究開発関連費用　　56,000千円　　　製品マスター制作費　　20,350千円

資料2．X3年度のソフトウェア関連費用

　　　　原　材　料　費　　24,500千円　　　人　　件　　費　　64,050千円
　　　　機械減価償却費　　14,000千円　　　そ　の　他　経　費　　37,100千円

　　　上記費用のうち原材料費の80％、人件費の60％、機械減価償却費の50％、その他経費の70％は「研究開発費」に該当し、それ以外は、すべて製品マスター制作費である。

資料3．無形固定資産として計上したソフトウェアの取得原価は、見込販売数量にもとづいて償却する。ただし、毎期の償却額は、残存有効期間にもとづく均等配分額を下回ってはならないものとし、このソフトウェアの販売見込有効期間は3年である。なお、ソフトウェアの見込総販売数量は50,000個であり、当期の実際販売数量は24,000個であった。また、ソフトウェアの各年度の見込販売数量は次のとおりである。

　　　X3年度　24,000個　　　X4年度　16,000個　　　X5年度　10,000個

2問

横浜株式会社は、販売目的のソフトウェアを企画し、制作、販売を行っている。X3年4月1日からソフトウェアの企画および最初の製品マスターの作成（研究開発に該当する）を行い、8月31日に最初に製品化された製品マスターが完成した。9月1日から最初の製品マスターの機能の改良および強化（研究開発に該当しない）を行い、10月31日に複写可能な製品マスターが完成した。その後、12月31日までに製品マスターの複写等および販売準備を行い、翌年1月1日より販売を開始した。

資料1．ソフトウェア制作の関連費用は以下のとおりであった。

(1) 人件費（X3年4月1日〜8月31日）　　420,000千円
(2) 人件費（X3年9月1日〜10月31日）　　120,000千円
(3) 人件費（X3年11月1日〜12月31日）　　360,000千円
(4) 最初に製品化された製品マスターの制作費（人件費を除く）　　　　　　60,000千円
(5) 複写可能な製品マスターの機能の改良および強化の費用（人件費を除く）　180,000千円
(6) 製品マスターの複写および販売準備等の費用（製品の製造原価となる）　　60,000千円

資料2．無形固定資産として計上したソフトウェアの取得原価は、見込販売数量にもとづき償却する。ただし、毎期の償却額は、残存有効期間に基づく均等配分額を下回ってはならないものとし、当該ソフトウェアの見込有効期間は3年である。

(1) 総 見 込 販 売 数 量　　50,000個
(2) X3年度販売数量　　23,000個（実際販売数量）
(3) X4年度販売数量　　19,000個（見込販売数量）
(4) X5年度販売数量　　　8,000個（見込販売数量）

　上記の資料により、当期の財務諸表に計上される各金額を求めなさい。なお、当期はX3年4月1日からX4年3月31日である。

13 債権

第1問

　大原株式会社は、当期首において、東京株式会社に対し、元本2,000,000円、期間3年の条件で貸付けを行い、息の一部82,469円を差引いた1,917,531円を現金で渡した。この貸付金については、さらに毎期末に60,000円ず利息を受取ることになっており、3年後には元利合計額で2,060,000円を受取ることになっている。

　よって、次の各問いに答えなさい。なお、円位未満の端数は、四捨五入して解答すること。

問1　この貸付金の実効利子率をrとすると、rはどのような関係を満たすものでなければなりませんか。この関を方程式の形で表しなさい。

問2　問1の方程式から実効利子率を求めると4.5％（r＝0.045）となるが、当期末（1年経過、利払い後）にる当該貸付金の償却原価は、いくらになりますか。なお、償却原価は、利息法を用いて計算すること。

問3　貸付から2年経過した時点（利払い前）で、貸付先の東京株式会社の財政状態が悪化した。協議の結果、当は、以降の利息の受取りを放棄し、元本2,000,000円の返済を2年繰り延べることとした。当該貸付金の評価は、いくらになりますか。

第2問

　大原株式会社に関する次の資料にもとづいて、次の各問いに答えなさい。なお、金額の計算にあたっては千円未を四捨五入すること。（決算年1回：3月31日）

資料

1．決算整理前残高試算表

残 高 試 算 表
X5年3月31日　　　　　　　　　　　（単位：千円）

借 方 科 目	金 額	貸 方 科 目	金 額
現 金 預 金	42,000	受 取 利 息	2,000
長 期 貸 付 金	52,290		

2．決算整理事項および参考事項

（1）長期貸付金は、当期首に貸付けたもので、利払日は毎年3月31日、表面利率は4％、回収期日はX9年3月末である。なお、債権金額50,000千円と取得価額の差額は金利調整分であり、償却原価法を採用する。

問1　長期貸付金について、定額法により償却原価法を採用している場合の仕訳を行いなさい。
問2　問1の償却原価法の処理を、利息法とした場合の必要な仕訳を行いなさい。なお、実効利率は3％である。

⑭ 有価証券Ⅰ

東京株式会社の次の資料にもとづいて、X5年度（会計期間1年　決算日3月31日）における損益計算書および貸借対照表（一部）を作成しなさい。なお、税効果は考慮しないものとする。

決算整理前残高試算表

残 高 試 算 表
X6年3月31日　　　　　　　　　　　　　　　　　（単位：円）

売買目的有価証券	6,688,000	有価証券評価損益	159,100
満期保有目的債券	950,000	投資有価証券評価損益	20,000
子 会 社 株 式	3,900,000	受 取 配 当 金	218,000
関 連 会 社 株 式	1,260,000	有 価 証 券 利 息	9,000
そ の 他 有 価 証 券	4,240,000		

保有有価証券の内訳

(1) 売買目的有価証券

銘　　柄	保有数量	取得原価	前期末時価	当期末時価	取　得　日
A社社債	3,000口	@　96円	@　96.3円	@　96.5円	X4年12月1日
B社株式	8,000株	@　800円	@　780円	@　790円	X5年2月1日

洗替方式を採用している。なお、A社社債の期日到来の利札およびB社からの配当金領収証は適正に処理されている。

(2) 満期保有目的債券

銘　　柄	保有数量	取得原価	帳簿価額	当期末時価	取　得　日
C社社債	10,000口	@　95円	@　95円	@　96.5円	X5年4月1日

償却原価法（利息法）を採用する。C社社債は額面金額@100円につき@95円で取得したものであり、償還期限は4年、社債の表面利率は年4％、実効利率は年5.4％、利払日は毎年3月および9月末日である。なお、C社社債購入後、一切の処理が行われていない。計算上生ずる端数は円未満四捨五入する。

(3) 子会社株式・関連会社株式

銘　　柄	保有数量	取得原価	帳簿価額	当期末時価	取　得　日
D社株式	6,000株	@　650円	@　650円	@　220円	X3年4月1日
E社株式	1,800株	@　700円	@　700円	──	X3年10月1日

D社およびE社からの配当金領収証は適正に処理されている。なお、D社の発行済株式数は8,000株である。D社株式の時価は著しく下落しており、回復の見込みはない。また、E社の発行済株式数は9,000株である。

(4) その他有価証券

銘　　柄	保有数量	取得原価	前期末時価	当期末時価	取　得　日
F社株式	4,000株	@　750円	@　770円	@　800円	X4年4月1日
G社株式	2,000株	@　620円	@　610円	@　595円	X4年6月1日

部分純資産直入法を採用している。なお、F社およびG社からの配当金領収証は適正に処理されている。

過年度の処理は適正に行われている。また、洗替方式を採用している有価証券は、当期首に戻入れ処理を行っている。

15 有価証券Ⅱ

第1問

当社の有価証券に関する資料は以下のとおりである。よって、X5年3月31日における必要な決算仕訳を行いたい。なお、当社の決算日は3月31日である。また、税効果会計は考慮外とする。

資料Ⅰ

1．A社社債（満期保有目的債券）は、X4年10月1日に、額面金額6,000千円を5,700千円で取得し、額面金額と取得価額の差額の性格は金利の調整と認められることから、償却原価法（定額法）を採用している。なお、表面利率は年2％、X4年度決算における時価は5,880千円である。満期日はX9年9月30日である。

2．B社社債（その他有価証券）は、X4年4月1日に、額面金額5,000千円を4,580千円で取得し、額面金額と取得価額の差額の性格は金利の調整と認められることから、償却原価法（定額法）を採用している。なお、X4年度決算における時価は4,800千円であり、満期日はX7年3月31日である。また、当社は部分純資産直入法を採用している。

第2問

次の資料にもとづいて、1．約定日基準、2．修正受渡日基準による仕訳を行いなさい。なお、評価差額は洗替方式により処理する。ただし、仕訳が不要な場合には「仕訳不要」と記入すること。　　（決算年1回　3月31日）

(1) X5年3月25日に売買目的としてA社社債（額面金額850,000円）800,000円の購入約定を締結した。なお、代金は受取日に小切手を振出して支払う契約である。

(2) X5年3月31日（決算日）における時価は837,500円であった。

(3) X5年4月1日、前期末の評価差額を戻入れた。

(4) X5年4月3日に購入約定に従い、A社社債を受取った。なお、受取日の時価は815,000円であった。

(5) X5年5月31日にA社社債を845,000円で売却する契約を締結した。なお、代金は受渡日に小切手により受取る契約である。

(6) X5年6月3日に売却約定に従い、A社社債を引渡した。なお、引渡日の時価は847,500円であった。

第3問

大原株式会社は、保有する有価証券の保有目的区分の変更を検討している。次の資料にもとづいて、変更可能であるか否かの判断を行うとともに、保有目的区分変更後の (1) 売買目的有価証券 (2) その他有価証券 (3) 有価証券評価損益 (4) 有価証券利息の各金額を求めなさい。

〔資料〕

(1) A社発行の社債額面550,000円をその他有価証券として保有しているが、満期保有目的債券に振替えを検討している。なお、当該社債の取得原価は490,000円、振替時の時価は520,000円であった。

(2) B社発行の社債額面900,000円を売買目的有価証券として保有しているが、その他有価証券に振替えを検討している。当該社債の取得原価は855,000円、振替時の時価は870,000円であった。

(3) C社発行の社債額面600,000円を満期保有目的債券として保有しているが、その他有価証券に振替えを検討している。当該社債の取得原価は588,000円、振替時の償却原価は590,000円、振替時の時価は594,000円であり、償却原価法を採用している。

(4) D社発行の社債額面1,500,000円をその他有価証券として保有しているが、売買目的有価証券に振替えを検討している。当該社債の取得原価は1,470,000円、振替時の時価は1,463,000円であり、全部純資産直入法を採用している。

16 引当金

東京株式会社は、第X4期の決算に際し、一般債権については貸倒実績率法、貸倒懸念債権についてはキャッシュ・フロー見積法、破産更生債権等については財務内容評価法にもとづいて、それぞれの債権の貸倒見積高を算定している。の資料にもとづいて、解答用紙の各項目に答えなさい。なお、貸倒見積高の処理は原則的な方法によることにし、計の過程で端数が生じる場合は、％については小数点第１位未満、金額については千円未満を四捨五入しなさい。

《例》 4.84% ⇒ 4.8%　　764.6千円 ⇒ 765千円

(1) 一般債権

　a　一般債権の平均回収期間は６か月であり、当期の貸倒率は過去３期間の貸倒実績率の単純平均とする。

　b　過去３期間の債権残高と当該残高の実際貸倒高の発生状況

第X1期末の債権残高	25,000千円	第X2期中の回収高	24,400千円	貸倒高	600千円
第X2期末の債権残高	30,000千円	第X3期中の回収高	29,160千円	貸倒高	840千円
第X3期末の債権残高	35,000千円	第X4期中の回収高	34,090千円	貸倒高	910千円
第X4期末の債権残高	40,000千円				

(2) 貸倒懸念債権

　a　債権金額は10,000千円、当初の約定利子率は年４％（年１回　期末払い）である。

　b　当期末の利払い後に債務者の申し出により約定利子率を２％に引下げることに合意したため、貸倒懸念債権とする。貸付残存期間は３年である。

　c　将来キャッシュ・フローの見積り

	第X5期末	第X6期末	第X7期末
当初の契約上のキャッシュ・フロー	400千円	400千円	10,400千円
条件緩和後のキャッシュ・フロー	200千円	200千円	10,200千円

　d　条件緩和後の将来キャッシュ・フローの現在価値の計算に適用する割引率は当初の約定利子率とする。

(3) 破産更生債権等

　a　得意先の破綻により破産更生債権等とする債権金額は5,000千円である。

　b　上記債権にかかる担保の処分見込額は2,000千円である。

17 退職給付会計 Ⅰ

第1問

問1 次の一連の取引の仕訳を行いなさい。

(1) 退職年金基金に拠出している大原株式会社（期首の退職給付債務800,000円、退職年金資産560,000円、年金資産の長期期待運用収益率３％）は、当期の退職給付関連金額として勤務費用81,600円、利息費用5,000円、期待運用収益（各自算定）円と計算した。

(2) 退職年金基金への拠出額40,000円を現金で支払った。

問2 下記資料にもとづいて、従業員Ａ氏に係る各年度末の退職給付引当金残高を計算しなさい。

資料１．従業員Ａ氏は、X5年４月１日に入社し、３年間勤務後、退職一時金を264,600円受取る。

２．退職給付見込額について、期末までに発生したと認められる額は、期間定額基準により計算する。

３．割引率は５％とする。

４．昇給率等は考慮する必要はない。

第2問

大原株式会社は、退職一時金制度と企業年金制度を併せて採用している。

よって、下記資料にもとづいて、(1) 当期首の退職給付引当金、(2) 当期の退職給付費用および (3) 当期末の退職給付引当金の金額を計算しなさい。なお、当期はX4年度であり、退職給付債務計算上の割引率は５％とする。

資料１．当社より一時金として1,520千円、年金基金より年金として160千円が退職者へ支払われている。

２．年金基金への掛金拠出額は800千円である。

３．各種差異は、差異発生年度より償却している。

(単位：千円)

項　　　　目	当期首	当期末	備　　　　考
退職給付債務	65,600	72,000	当期の勤務費用は4,800である。
年金資産	32,000	32,800	公正な評価額であり、長期期待運用収益率は３％である。
未認識過去勤務費用	4,320	各自算定	X3年度に給付水準の改訂を行い発生した退職給付債務の増加によるものであり、10年間で均等償却している。
未認識数理計算上の差異	0	各自算定	10年間で均等償却する。
退職給付引当金	各自算定	各自算定	

⑱ 退職給付会計Ⅱ

次の各問いに答えなさい。（決算年1回3月31日）

1　従業員A氏についての退職金に関する下記の資料にもとづいて、解答用紙の各金額を求めなさい。なお、下記の資料以外は考慮する必要はない。

資料１．従業員A氏は、当期首までに入社して15年経過しており、当期末より5年間勤務後、退職して退職一時金3,150,000円を受取る。

　　２．退職給付見込額について、期末までに発生したと認められる額は、期間定額基準により計算する。

　　３．割引率は3％とし、残存勤務期間5年の現価係数は0.8626である。

2　当社は、退職給付につき退職一時金制度と企業年金制度を併せて採用している。下記の資料にもとづいて解答用紙の各金額を求めなさい。

資料１．前期末の残高は次のとおりである。

　　　　退職給付債務　984,000円　　年金資産　240,000円　　未認識数理計算上の差異　17,550円（借方）

　　２．数理計算上の差異は、前期に発生したもので前期より10年間で均等償却している。

　　３．当期の勤務費用は123,000円、割引率は5％であり、年金資産の長期期待運用収益率は3％である。

　　４．当期における退職者への支給は、当社からの直接給付22,800円、年金基金からの給付7,800円である。

　　５．当期の年金基金への拠出額は60,000円である。

　　６．当期において給付水準の改訂を行ったことによる退職給付債務の増加額が75,000円発生しており、当期より10年間で均等償却する。

　　７．当期末における退職給付債務の実績額は1,215,000円、年金資産の公正な評価額は288,000円である。見積額と実際額の差額はすべて数理計算上の差異であり、当期より10年間で均等償却する。

19 為替換算会計Ⅰ

　A株式会社は、次の外貨建ての資産と負債をもっている。決算日現在の為替相場が1米ドル当たり110円であったとすると、この外貨建ての資産と負債に関する正味の当期損益はいくらですか。

1. 現　金　預　金　13,000米ドル（取得時の為替相場は、1米ドル当たり　105円）
2. 売　　掛　　金　40,000米ドル（取得時の為替相場は、1米ドル当たり　100円）
3. 買　　掛　　金　20,000米ドル（発生時の為替相場は、1米ドル当たり　107円）
4. 長 期 借 入 金　50,000米ドル（発生時の為替相場は、1米ドル当たり　90円）
5. 米国子会社株式300株、その取得原価1株当たり50米ドル、取得時の為替相場1米ドル当たり105円、決算日現在の時価1株当たり45米ドル
6. 商品500個、その取得原価1個当たり120米ドル、取得時の為替相場1米ドル当たり115円、決算日現在の正味売却価額1個当たり125米ドル

　なお、収益性の低下による評価損を計上する。

問題編

20 為替換算会計Ⅱ

大原株式会社は当期末（X2年12月31日、決算は年1回）に以下の外貨建の資産と負債を所有している。よって、〔〕の各問いに答えなさい。なお、当期の期中平均相場は1ドル当たり101円、当期末の為替相場は1ドル当たり103円である。また、その他有価証券は部分純資産直入法により処理し、税効果会計は考慮外とする。

1. 前 払 金　　　100,000ドル（取得時の為替相場は、1ドル当たり105円）
2. 借 入 金　　　160,000ドル（借入時の為替相場は、1ドル当たり100円）

　　X2年10月1日に、期間は1年、利率は年3％で借入れたものであり、利息は借入時に支払っている。なお、利息の計算は月割りによること。

3. A社社債　88,000ドル（取得時の為替相場は、1ドル当たり102円）

　　X2年7月1日に満期保有目的で取得した。なお、額面金額は100,000ドル、決算時の時価は92,000ドル、満期日はX5年6月30日、利率は年4％、利払日は毎年6月30日（年1回）であり、償却原価法（定額法）を採用する。

4. B社株式　61,000ドル（取得時の為替相場は、1ドル当たり106円）

　　X2年5月24日に長期保有目的で1株当たり61ドルで1,000株取得したものであり、決算時の時価は1株当たり62ドルである。

1　当期末における解答用紙の各金額を計算しなさい。
2　A社社債について長期保有目的で取得した場合の当期末における解答用紙の各金額を計算しなさい。なお、外国通貨による時価を決算時の為替相場により円換算した額と、償却原価法適用後の日本円との差額はすべて評価差額として処理する方法による。

21 為替換算会計Ⅲ

　次の為替予約に関する資料にもとづいて、1. 独立処理、2. 振当処理による各仕訳を行いなさい。なお、仕訳が不要な場合には「仕訳不要」と記入すること。（決算年1回　3月31日）

(1) X4年1月1日に50,000ドルを次の条件で借入れ、当座預金に預入れた。
　　　返済期日：X4年6月30日　　　　利率：年3%　　　　借入時の直物レート：1ドル＝123円
　　　返済方法：利息は月割りにより、返済時に元利を支払う。

(2) この借入金の元金に対し、X4年2月1日に為替予約（買い予約）を付した。予約時の直物レートは1ドル＝12?円、先物（予約）レートは1ドル＝121円である。なお、振当処理の場合には、為替予約差額を月割りで配分する

(3) X4年3月31日の決算日において必要な決算整理を行う。同日の直物レートは1ドル＝126円、先物レートは1ドル＝125円である。

(4) X4年6月30日に契約どおり元金および利息の支払いを当座預金より行った。同日の直物レート、先物レートはともに1ドル＝127円である。

22 ヘッジ会計 I

　大原株式会社は国債をその他有価証券として保有している。金利変動による国債の為替変動リスクをヘッジするた
め、証券取引所の国債先物取引を利用して次のようなヘッジ取引を行った。ヘッジ会計の適用要件は満たしているも
のとして、（1）購入時、（2）決算時、（3）翌期首および（4）売却時の会計処理を繰延ヘッジおよび時価ヘッジそれ
ぞれで示しなさい。なお、その他有価証券は全部純資産直入法を採用しており、証券取引所における取引証拠金や手
数料に関する会計処理および消費税・税効果は考慮外とする。また、代金の受払いは現金預金とし、決算で認識した
先物損益に関する振戻しの処理は行わないものとする。

	保有国債の時価	国債先物の時価
（1）購　入　時	107千円	102千円（売建て）
（2）決　算　時	100千円	94千円
（3）売　却　時	97千円（売却価格）	91千円（買戻し）

23 ヘッジ会計Ⅱ

　A株式会社は、X8年 6 月 1 日、額面100円につき100円で総額600,000千円の固定利付国債を購入した（帳簿価額600,000千円）。同社は、購入と同時に、当該国債の金利変動による価格変動リスクをヘッジするため、次の資料にもとづく取引を行った。繰延ヘッジ会計を適用した場合、下記の各問いに答えなさい。なお、税効果会計は考慮外とする。

〔資料 1 〕　X8年 6 月 1 日：固定支払・変動受取の金利スワップを締結した。
　　　　　　X8年11月30日：保有国債を売却し、同時に金利スワップを決済し、ともに現金で受取った。
〔資料 2 〕　保有国債と金利スワップの市場価格の推移

	保 有 国 債	金利スワップ
X8年 6 月 1 日	600,000千円	0千円
X8年 9 月30日	585,000千円	16,500千円
X8年11月30日	579,000千円	22,500千円

〔資料 3 〕　同社の決算日は年 1 回、9 月30日とする。保有国債は「その他有価証券」に分類しており、全部純資産直入法および洗替法を適用する。

問 1 　9 月30日のその他有価証券の評価替に関する仕訳を示しなさい。
問 2 　9 月30日の金利スワップ取引の評価と評価損益の繰延べに関する仕訳を示しなさい。
問 3 　11月30日の保有国債の売却に関する仕訳を示しなさい。
問 4 　11月30日の金利スワップの決済および繰延ヘッジ利益の戻入れに関する仕訳を示しなさい。

㉔ 純資産 I

1問

次の資料にもとづいて、剰余金の配当後の解答用紙の各金額を求めなさい。（決算年1回　3月31日）

1. 配当直前の貸借対照表純資産の部（一部）
   資本金　20,000,000円、資本準備金　3,200,000円、その他資本剰余金　1,200,000円　利益準備金　1,740,000円、その他利益剰余金　2,640,000円

2. X6年6月25日に株主総会が行われ、その他資本剰余金とその他利益剰余金を2対1とした財源で、株主に対して配当金840,000円を支払うことを決議した。

3. 会社計算規則による準備金の積立てを配当財源より行う。

2問

次の資料にもとづいて、以下の各問いに答えなさい。なお、株主総会がX3年6月26日に開催され、計算書類が承認されている。また、臨時計算書類の作成は行っていない。（決算年1回　3月31日）

1. X3年3月31日現在の貸借対照表

貸 借 対 照 表　　（単位：円）

総　資　産	2,152,000	総　負　債	1,114,000
		資　本　金	280,000
		資　本　準　備　金	40,000
		その他資本剰余金	185,200
		利　益　準　備　金	22,000
		その他利益剰余金	517,200
		自　己　株　式	△　24,400
		その他有価証券評価差額金	18,000
	2,152,000		2,152,000

2. X3年4月1日～X3年6月30日における関連する取引
   1) X3年5月15日に自己株式のうち、帳簿価額10,000円を15,600円で処分した。
   2) X3年5月28日に自己株式を13,200円で取得した。
   3) X3年6月6日に自己株式のうち、帳簿価額6,800円を消却した。
   4) X3年6月26日の株主総会において、その他利益剰余金を財源とする剰余金の配当20,000円が決議され、利益準備金2,000円を積立てた。また、その他資本剰余金のうち24,000円を資本金に計上することが決議された。
   資産計上されているのれんは492,000円であり、他に繰延資産が104,000円ある。

問1　X3年6月30日における（1）剰余金の額および（2）分配可能額を求めなさい。

問2　上記資料1の貸借対照表に表示されている総負債が1,150,000円、その他有価証券評価差額金が、時価が取得原価を下回る評価差額とした場合のX3年6月30日における（1）剰余金の額および（2）分配可能額を求めなさい。

25 純資産Ⅱ

大原株式会社の転換社債型新株予約権付社債についての資料は次のとおりである。（決算年1回　3月31日）

1．大原株式会社は、X2年4月1日に転換社債型新株予約権付社債（額面7,500,000円）を発行し、払込金は当座預金とした。なお、償還期間は5年、新株予約権の行使に際して出資をなすべき1株当たりの金額（転換価額）@3,750円である。社債は償却原価法（定額法）を適用し、月割計算による。また、過年度の処理は適正に行われている。

2．期首勘定残高（金額単位：円）

　　社　　　債　　7,200,000　　　自 己 株 式　　4,380,000　　　新株予約権　　375,000

　　なお、前期末までに新株予約権の権利行使は行われていない。

3．当年度における転換社債型新株予約権付社債に関する取引

　　X3年6月1日　　上記新株予約権付社債のうち額面4,500,000円（60％）が権利行使され、保有する自己株式すべて移転した。

　　X3年9月30日　　上記新株予約権付社債のうち額面2,250,000円（30％）が権利行使され、新株を交付した。お、資本金計上額は会社法規定の最低限度額とする。

　　X3年11月30日　　上記新株予約権の残高については権利行使されなかった。

　　よって、次の各問いに答えなさい。

問1　転換社債型新株予約権付社債について、会計処理を区分法とした場合の一連の仕訳を行いなさい。

問2　X3年6月1日の取引について、会計処理を一括法とした場合の仕訳を行いなさい。ただし、X2年4月1における転換社債型新株予約権付社債の発行価額は、7,125,000円（額面7,500,000円）であったものとして答すること。

26 株主資本等変動計算書

次の資料にもとづいて、大原株式会社の当期（X1年4月1日〜X2年3月31日）における株主資本等変動計算書を成しなさい。なお、株主資本以外の各項目について主な変動事由およびその金額を表示することとし、税効果会計考慮外とする。

1．当期において、新株の発行による増資5,000千円を実施し、資本金として2,500千円、資本準備金として2,500千円を計上している。
2．X1年6月の株主総会で繰越利益剰余金からの配当2,000千円と利益準備金の積立200千円を決議した。
3．当期に自己株式600千円を取得し、そのうち400千円を当期に380千円で処分した。
4．当期首において、その他有価証券の一部（帳簿価額1,200千円）を売却し、投資有価証券売却益を300千円計上している。なお、投資有価証券売却益300千円は、すべて前期末に時価評価の対象となっていたその他有価証券に係るものである。また、当期において新たに有価証券の取得は行っていない。
5．当期において、ヘッジ対象が消滅し、ヘッジ手段に係る繰延ヘッジ損益（利益）1,700千円の増減があった。
6．当期に新株予約権を2,000千円で発行した。
7．当期において新株予約権の行使に伴う新株の発行により2,200千円の払込みを受け、権利行使された新株予約権800千円とともに資本金に1,500千円、資本準備金に1,500千円振替えている。
8．当期中に新株予約権100千円が行使されずに行使期限が到来した。
9．X1年度の当期純利益は、2,600千円であった。

抜粋個別貸借対照表（単位：千円）	X1年3月31日	X2年3月31日
純資産の部		
Ⅰ　株主資本		
1　資本金	60,000	64,000
2　資本剰余金		
(1)　資本準備金	8,000	12,000
(2)　その他資本剰余金	200	180
資本剰余金合計	8,200	12,180
3　利益剰余金		
(1)　利益準備金	1,400	1,600
(2)　その他利益剰余金		
繰越利益剰余金	9,000	9,400
利益剰余金合計	10,400	11,000
4　自己株式	0	△　200
株主資本合計	78,600	86,980
Ⅱ　評価・換算差額等		
1　その他有価証券評価差額金	700	500
2　繰延ヘッジ損益	2,500	2,600
評価・換算差額等合計	3,200	3,100
Ⅲ　新株予約権	800	1,900
純資産合計	82,600	91,980

退職給付会計　為替換算会計　ヘッジ会計　純資産　株主資本等変動計算書

㉗ 企業結合Ⅰ

次の資料にもとづいて、A社が取得企業となった場合の合併後貸借対照表を作成しなさい。

1．財政状態

貸借対照表
（単位：円）

資　産	A　社	B　社	負債・純資産	A　社	B　社
現　　　金	420,000	240,000	買　掛　金	600,000	200,000
売　掛　金	720,000	390,000	長期借入金	300,000	100,000
商　　　品	320,000	196,000	資　本　金	1,000,000	800,000
備　　　品	900,000	490,000	資本準備金	200,000	80,000
長期貸付金	140,000	――	利益準備金	50,000	20,000
開　発　費	――	4,000	繰越利益剰余金	350,000	120,000
	2,500,000	1,320,000		2,500,000	1,320,000

2．A社はB社を吸収合併した。また、両社とも@50円を資本金に計上している。

3．B社の商品および備品の時価は、それぞれ210,000円および460,000円であった。また、繰延資産は全額引継がない。

4．交換比率の算定は、両社の純資産額（時価）と収益還元価値の平均による。なお、両社における自己資本利益率は、A社15%、B社14%とする。また、資本還元率は10%とする。

5．A社およびB社の合併期日における株式市価（株価）は、A社@90円、B社@85円である。

6．合併により増加する資本金は、B社の株主に交付する議決権を有する株式1株につき50円とし、残額を資本準備金とする。

7．A社の売掛金のうち120,000円、長期貸付金のうち30,000円はB社に対するものである。

8．合併に際して要した手数料20,000円（取得関連費用）を現金で支払った。

（注）自己資本利益率は、時価に対する自己資本利益率を用いる。

㉘ 企業結合 Ⅱ

大原商事株式会社（分離先企業）は、X2年4月1日にＡ事業とＢ事業を営む東京株式会社（分離元企業）よりＢ事業を移転する会社分割を行った。そこで、次の資料にもとづいて、下記の各問いに答えなさい。なお、法人税等は度外とする。

事業分離日の前日における大原商事株式会社の財政状態（単位：千円）

諸 資 産	諸 負 債	資 本 金	資本準備金	利益準備金	任意積立金	繰越利益剰余金
8,000,000	2,000,000	4,000,000	300,000	200,000	1,000,000	500,000

事業分離日の前日における東京株式会社の財政状態（単位：千円）

Ａ事業資産	Ｂ事業資産	Ａ事業負債	Ｂ事業負債	資 本 金	利益準備金	繰越利益剰余金
6,900,000	1,610,000	1,840,000	460,000	4,600,000	460,000	1,150,000

事業分離日の前日における東京株式会社における各事業資産の公正な評価額（時価）は次のとおりである。
　Ａ事業資産　7,000,000千円　　　　　　　Ｂ事業資産　1,650,000千円
事業分離日における大原商事株式会社の株式の市場価額は@65千円である。

1　移転した事業に関する投資が清算されたとみる場合の東京株式会社の会社分割後の貸借対照表を作成しなさい。なお、東京株式会社は、大原商事株式会社の株式20,000株を取得し、投資有価証券として処理する。
2　移転した事業に関する投資がそのまま継続しているとみる場合の大原商事株式会社の会社分割後の貸借対照表を作成しなさい。なお、東京株式会社は、大原商事株式会社の株式20,000株を取得し、子会社株式として処理している。また、大原商事株式会社は、増加すべき払込資本の全額を資本金として処理する。

29 企業結合 Ⅲ

　次の株式交換に関する資料にもとづいて、Ａ社が取得企業となった場合の株式交換後のＡ社貸借対照表を作成しさい。なお、Ａ社は増加すべき払込資本のうち１株当たり500円を資本金とし、残額を資本準備金とする。また、会社株式は貸借対照表上、関係会社株式として表示するものとする。

１．Ａ社およびＢ社の財政状態は以下のとおりである。

Ａ社　　　　　　　　　　貸 借 対 照 表　　　　　　（単位：円）

諸　資　産	3,000,000	諸　負　債	1,400,000
		資　本　金	1,250,000
		利 益 準 備 金	40,000
		繰越利益剰余金	310,000
	3,000,000		3,000,000

Ｂ社　　　　　　　　　　貸 借 対 照 表　　　　　　（単位：円）

諸　資　産	1,720,000	諸　負　債	640,000
		資　本　金	1,000,000
		利 益 準 備 金	30,000
		繰越利益剰余金	50,000
	1,720,000		1,720,000

２．Ａ社はＢ社を完全子会社にするため、株式交換（交換比率１：0.8）を行った。なお、Ｂ社の発行済株式数2,000株である。

３．株式交換日におけるＡ社の株価は、１株当たり750円であった。

４．Ｂ社の識別可能資産の時価は、1,700,000円であった。

30 企業結合Ⅳ

次の株式移転に関する資料にもとづいて、Ａ社が取得企業となった場合の株式移転後のＣ社の貸借対照表を作成しさい。なお、子会社株式は貸借対照表上、関係会社株式として表示するものとする。

財政状態

<table>
<tr><td colspan="5" align="center">貸借対照表</td><td colspan="2" align="right">（単位：円）</td></tr>
<tr><td colspan="2" align="center">資　　　産</td><td align="center">Ａ　社</td><td align="center">Ｂ　社</td><td align="center">負債・純資産</td><td align="center">Ａ　社</td><td align="center">Ｂ　社</td></tr>
<tr><td colspan="2">諸　　資　　産</td><td align="right">800,000</td><td align="right">537,500</td><td>諸　　負　　債</td><td align="right">375,000</td><td align="right">200,000</td></tr>
<tr><td colspan="2"></td><td></td><td></td><td>資　　本　　金</td><td align="right">375,000</td><td align="right">300,000</td></tr>
<tr><td colspan="2"></td><td></td><td></td><td>資 本 準 備 金</td><td align="right">12,500</td><td align="right">15,000</td></tr>
<tr><td colspan="2"></td><td></td><td></td><td>繰越利益剰余金</td><td align="right">37,500</td><td align="right">22,500</td></tr>
<tr><td colspan="2"></td><td align="right">800,000</td><td align="right">537,500</td><td></td><td align="right">800,000</td><td align="right">537,500</td></tr>
</table>

Ａ社とＢ社（Ａ社とＢ社に資本関係はない）は、株式移転（交換比率は１：0.75）により完全親会社Ｃ社を設立した。

Ａ社の株主には、Ａ社株式１株当たりＣ社株式が１株交付された。また、Ｂ社の株主には、Ｂ社株式１株当たりＣ社株式0.75株が交付された。

Ａ社およびＢ社の発行済株式総数は、750株および600株であった。

株式移転日におけるＡ社の株価は、１株当たり600円であった。

Ｂ社の識別可能資産の時価は、500,000円であった。

Ｃ社は増加すべき払込資本の全額を資本金とする。

31 本支店会計 I

大原商事㈱は、東京に本店を置き、大阪に支店を有する物品販売業を営む会社である。以下の資料により、第12期
末における本支店の損益勘定および合併損益計算書（売上総利益まで）を作成しなさい。なお、本店の損益勘定は、
本店固有の損益を算定した直後に中間締切りを行い、次いで支店損益の振替えを受け、会社としての損益を算定する
ものとする。（会計期間：X4年10月1日〜X5年9月30日）

（資料1）

本支店残高試算表
X5年9月30日 （単位：千円）

借方科目	本店	支店	貸方科目	本店	支店
現金預金	247,800	69,000	支払手形	530,000	247,000
受取手形	710,000	600,000	買掛金	760,450	463,000
売掛金	834,000	560,000	借入金	60,000	——
有価証券	432,000	——	貸倒引当金	10,600	9,730
繰越商品	723,000	265,000	建物減価償却累計額	62,400	38,000
支店	705,000	——	備品減価償却累計額	36,000	16,000
建物	165,000	97,000	本店	——	705,000
備品	84,000	36,000	繰延内部利益	21,000	——
仕入	4,053,200	1,584,300	資本金	1,500,000	
本店より仕入	——	874,000	利益準備金	45,000	
販売費	74,260	35,940	繰越利益剰余金	481,680	
一般管理費	26,720	17,490	売上	3,670,000	2,660,000
支払利息	3,150	——	支店へ売上	874,000	
			受取利息配当金	7,000	
	8,058,130	4,138,730		8,058,130	4,138,730

（資料2）決算整理事項
1．期末商品棚卸高
本店　　833,000千円　　　支店　　431,500千円（うち本店からの仕入分126,500千円）
なお、残高試算表上の支店の繰越商品には、本店から仕入れたものが161,000千円含まれている。
2．期末に保有している固定資産について、定率法で減価償却費を計上する。
償却率　建物　10%　備品　20%
3．貸倒引当金は、本支店ともに期末売上債権残高に対して2％を差額補充法により設定する。
4．費用の未払い
本店　未払利息　850千円　　支店　未払販売費　1,100千円
5．法人税、住民税及び事業税として税引前当期純利益の50％を計上する。
（資料3）その他の事項
1．本店から支店への商品販売価格は、毎期原価に一定の利益を加えた価格である。

32 本支店会計Ⅱ

次の（Ⅰ）本支店残高試算表および（Ⅱ）決算整理事項にもとづいて、本支店合併損益計算書（営業損益計算まで）を作成しなさい。なお、決算日は、X6年3月31日、会計期間は1年である。

【Ⅰ）

本支店残高試算表
（単位：千円）

借 方 科 目	本 店	支 店	貸 方 科 目	本 店	支 店
繰 越 商 品	15,200	10,000	流 動 負 債	11,200	7,500
その他の流動資産	29,150	10,830	繰 延 内 部 利 益	950	
固 定 資 産	20,000	2,200	固 定 負 債	15,000	
支 店	34,180		資 本 金	30,000	
仕 入	110,000	20,000	剰 余 金	11,130	
本 店 よ り 仕 入		54,000	本 店		34,180
販売費及び一般管理費	14,500	4,500	売 上	103,000	60,000
営 業 外 費 用	2,500	150	支 店 へ 売 上	54,000	
			営 業 外 収 益	250	
	225,530	101,680		225,530	101,680

Ⅱ）決算整理事項

1. 本店の期末商品棚卸高は、100個、単価（原価）150千円（正味売却価額145千円）であり、棚卸減耗は生じていない。

2. 支店の期末商品棚卸高は、9,600千円（原価）。このうち、外部からの仕入分は、15個、単価（原価）200千円（正味売却価額は180千円）。なお、支店の棚卸高のうち、本店からの仕入分は、55個、単価（正味売却価額）105千円であり、20%の内部利益が加算されている。また、支店の実地棚卸数量は、外部からの仕入分が15個、本店からの仕入分が50個である。

3. 収益性の低下による評価損は売上原価の内訳項目として処理し、棚卸減耗損は販売費及び一般管理費として処理する。

㉝ 本支店会計Ⅲ

下記資料にもとづいて、在外支店の円貨による損益計算書および貸借対照表を作成しなさい。

(支店)	決算整理前残高試算表	(単位：ドル)	
現　　　　　金	21,600	買　掛　　金	2,400
売　　掛　　金	3,000	貸 倒 引 当 金	20
建　　　　　物	16,000	減価償却累計額	960
土　　　　　地	15,000	本　　　　店	48,220
仕　　　　　入	13,800	売　　　　上	20,000
そ の 他 費 用	6,200	そ の 他 収 益	4,000
	75,600		75,600

1．期末商品棚卸高（原価）3,800ドル、（正味売却価額）3,840ドル
　　なお、収益性の低下による評価損が生じる場合には売上原価には算入しないこと。
2．売掛金について２％の貸倒引当金を設定する。（差額補充法）
3．前期首に建物および土地を取得しており、建物については、定額法、耐用年数15年、残存価額取得原価の10%より減価償却を行っている。
4．前期首レート：１ドル＝105円、商品仕入時・商品販売時のレート：１ドル＝124円、当期中平均レート：１ドル＝125円、決算日レート：１ドル＝120円である。なお、換算にあたって、貸倒引当金の設定に係る項目は決算日レート、その他の収益および費用（売上高、売上原価および減価償却費を除く）は期中平均レートを用いること。
5．本店における支店勘定の残高は5,523,200円であった。

34 本支店会計Ⅳ

次の資料にもとづいて、ニューヨーク支店の決算整理後残高試算表を作成しなさい。

〔資 料〕 ニューヨーク支店決算整理後帳簿残高（単位：千ドル）

現 金 預 金	250	繰 越 商 品	80	備 品	100
買 掛 金	60	減価償却累計額	18	本店（貸方残高）	120
売 上	461	本 店 へ 売 上	180	売 上 原 価	350
減 価 償 却 費	9	そ の 他 費 用	50		

注1．商品の評価は、平均法によっている。

2．備品は、前期首に取得したものである。取得時の為替相場は1ドル当たり115円である。

3．換算レートとして期中平均レートの使用が認められているものについては、繰越商品を含めてできるだけ期中平均レートを用いることとする。

4．ニューヨーク支店は、商品の一部を原価の20％増の価額で本店に売上げている。

5．本店における支店勘定の残高は14,100千円、支店より仕入勘定の残高は21,750千円である。

6．当期の為替相場は、1ドル当たり、期首110円、期末125円、期中平均120円である。なお、税効果会計は考慮しないものとする。

35 連結会計Ⅰ

　P社はX3年3月31日にS社の発行済議決権株式総数の60%に相当する株式を16,500百万円で取得した。よっ〔
（Ⅰ）S社のX3年3月31日現在の貸借対照表ならびに（Ⅱ）P社およびS社のX4年3月31日現在の各個別財務諸〔
にもとづいて、連結財務諸表を完成しなさい。なお、（連結）株主資本等変動計算書は利益剰余金のみとする。の〔
んは10年間の均等償却を行うこととする。

（Ⅰ）　S社貸借対照表（単位：百万円）

（X3. 3. 31現在）

諸　　資　　産	60,000	諸　　負　　債	37,500
		資　　本　　金	15,000
		利　益　剰　余　金	7,500
	60,000		60,000

　なお、諸資産の時価は63,000百万円であった。

（Ⅱ）　P社およびS社個別財務諸表（単位：百万円）

貸　借　対　照　表

（X4. 3. 31現在）

資　　産	P　社	S　社	負債・純資産	P　社	S　社
諸　　資　　産	213,500	70,000	諸　　負　　債	117,750	47,400
S　社　株　式	16,500		資　　本　　金	80,000	15,000
			利　益　剰　余　金	32,250	7,600
資　産　合　計	230,000	70,000	負債・純資産合計	230,000	70,000

損　益　計　算　書

（X3. 4. 1からX4. 3. 31まで）

科　　　　目	P　社	S　社
諸　　損　　益	21,810	3,000
受　取　配　当　金	1,740	
当　期　純　利　益	23,550	3,000

株主資本等変動計算書

（X3. 4. 1からX4. 3. 31まで）

	P　社	S　社	合　　計
利益剰余金期首残高	21,700	7,500	29,200
当　期　変　動　額			
配　当　金	13,000	2,900	15,900
当　期　純　利　益	23,550	3,000	26,550
利益剰余金期末残高	32,250	7,600	39,850

36 連結会計Ⅱ

P社は、X2年11月24日にA社の発行済議決権株式総数の80%に相当する株式を1,600万円で取得した。A社のX2年11月30日（決算日）現在の貸借対照表上の純資産は、資本金1,200万円、利益剰余金700万円であった。なお、A社の土地（その他の資産で処理）が簿価より50万円高い。よって、次に掲げる（A）X3年11月期のP社およびA社の個別財務諸表ならびに（B）資料にもとづいて、次の問いに答えなさい。（なお税効果は考慮しない。）

問1　連結財務諸表作成のための内部売上の相殺消去と内部利益の消去の仕訳

問2　連結財務諸表（X3年11月期）上の（1）棚卸資産（期末）、（2）のれん、（3）非支配株主持分、（4）利益剰余金期末残高、（5）売上原価、（6）非支配株主に帰属する当期純利益、（7）親会社株主に帰属する当期純利益の各金額

（A）

個別財務諸表　　　　（単位：万円）

科　　目	P　社	A　社	合　計
（貸借対照表）			
A　社　へ　の　売　掛　金	4,000	—	4,000
棚　　卸　　資　　産	5,000	7,000	12,000
投　　　　　資	1,600	—	1,600
そ　の　他　の　資　産	4,400	2,350	6,750
計	15,000	9,350	24,350
P　社　か　ら　の　買　掛　金	—	（ 4,000）	（ 4,000）
そ　の　他　の　負　債	（ 3,300）	（ 2,300）	（ 5,600）
資　　本　　金	（ 5,000）	（ 1,200）	（ 6,200）
利　益　剰　余　金	（ 6,700）	（ 1,850）	（ 8,550）
計	（15,000）	（ 9,350）	（24,350）
（損益計算書）			
外　部　売　上　高	（ 6,000）	（ 3,000）	（ 9,000）
A　社　へ　の　売　上　高	（ 4,000）	—	（ 4,000）
売　　上　　原　　価	5,000	2,000	7,000
諸　　　損　　　益	（ 840）	（ 600）	（ 1,440）
受　取　配　当　金	（ 360）	—	（ 360）
当　期　純　利　益	（ 6,200）	（ 1,600）	（ 7,800）
（株主資本等変動計算書）			
利　益　剰　余　金　期　首　残　高	（ 1,400）	（ 700）	（ 2,100）
配　　　当　　　金	900	450	1,350
当　期　純　利　益	（ 6,200）	（ 1,600）	（ 7,800）
利　益　剰　余　金　期　末　残　高	（ 6,700）	（ 1,850）	（ 8,550）

（注）（　　）の金額は貸方をあらわす。

（B）資料

（1）のれんは、20年間で、毎期均等額の償却を行う。

（2）P社からA社への売上高利益率は、平均20%で、A社の棚卸資産のうち2,000万円は、P社から購入したものである。

37 連結会計Ⅲ

　P社は、A社の発行済議決権株式総数の90％に相当する株式を、またB社の発行済議決権株式総数の70％に相当する株式を所有している。連結決算日現在におけるP社の期末棚卸資産には、当期中にA社からB社を経由して購入したもの全額が含まれている。その期末棚卸資産の取得原価は、10,000千円で、A社からB社への売上、およびB社からP社への売上にあたっては、それぞれ売上総利益率20％相当の利益が含まれている。なお、この売買においては運賃、手数料等の付随費用は当該売買価額には算入されていない。

　よって、上記資料よりP社が連結決算にあたって行う、（1）連結修正仕訳および（2）期末棚卸資産の連結貸借対照表価額を求めなさい。

㊳ 連結会計Ⅳ

P社はX4年3月31日にS社の発行済株式総数の80%を46,000千円で取得したが、X5年3月31日にS社の発行済株式総数の10%を9,000千円で売却し、S社株式売却益を3,250千円計上している。S社のX3年度末およびX4年度末の個別貸借対照表の内訳は次のとおりである。S社の諸資産のうち所有する土地の帳簿価額は20,000千円であり、X3年度末における時価は25,000千円である。なお、のれんは10年間にわたって定額法によって償却し、税効果会計については考慮する必要はない。

P 社	諸 資 産	諸 負 債	資 本 金	利益剰余金
X4年3月31日	160,000千円	60,000千円	80,000千円	20,000千円
X5年3月31日	200,000千円	60,000千円	80,000千円	60,000千円

S 社	諸 資 産	諸 負 債	資 本 金	利益剰余金
X4年3月31日	80,000千円	30,000千円	40,000千円	10,000千円
X5年3月31日	100,000千円	30,000千円	40,000千円	30,000千円

X4年3月31日現在のP社の諸資産の中にはS社株式46,000千円が含まれている。
X5年3月31日現在のP社の諸資産の中にはS社株式40,250千円が含まれている。

以上の資料にもとづいて、各問いに答えなさい。

問1 X3年度末の連結貸借対照表に計上する（1）のれんおよび（2）非支配株主持分の金額を求めなさい。
問2 X4年度末の連結貸借対照表に計上する（1）のれんおよび（2）非支配株主持分の金額を求めなさい。
問3 一部売却により修正を行うS社株式売却益の修正額を求めなさい。

企業結合

本支店会計

連結会計

税効果会計

連結税効果会計

39 連結会計Ⅴ

P社は、第1年度末にS社の発行済株式総数の60%およびE社の発行済株式総数の30%を取得し、さらに第2年度末にS社の発行済株式総数の20%を追加取得した。なお、E社は持分法適用会社とする。

1．取得価額：S社株式　　第1年度末取得分　8,400万円

　　　　　　　　　　　　第2年度末取得分　2,800万円

　　　　　　　E社株式　　第1年度末取得分　4,000万円

2．S社の貸借対照表

<table>
<tr><th colspan="6">貸　借　対　照　表　　　　　　　　　　　　　（単位：万円）</th></tr>
<tr><th></th><th>第1年度末</th><th>第2年度末</th><th></th><th>第1年度末</th><th>第2年度末</th></tr>
<tr><td>諸　資　産</td><td>15,000</td><td>18,000</td><td>諸　負　債</td><td>5,000</td><td>7,000</td></tr>
<tr><td></td><td></td><td></td><td>資　本　金</td><td>6,000</td><td>6,000</td></tr>
<tr><td></td><td></td><td></td><td>剰　余　金</td><td>4,000</td><td>5,000</td></tr>
<tr><td></td><td>15,000</td><td>18,000</td><td></td><td>15,000</td><td>18,000</td></tr>
</table>

諸資産の時価は、第1年度末では17,000万円、第2年度末では20,000万円であった。なお、諸負債は第1年度末・第2年度末とも帳簿価額と同じであった。

3．E社の貸借対照表

<table>
<tr><th colspan="6">貸　借　対　照　表　　　　　　　　　　　　　（単位：万円）</th></tr>
<tr><th></th><th>第1年度末</th><th>第2年度末</th><th></th><th>第1年度末</th><th>第2年度末</th></tr>
<tr><td>諸　資　産</td><td>20,000</td><td>22,000</td><td>諸　負　債</td><td>10,000</td><td>11,000</td></tr>
<tr><td></td><td></td><td></td><td>資　本　金</td><td>5,000</td><td>5,000</td></tr>
<tr><td></td><td></td><td></td><td>剰　余　金</td><td>5,000</td><td>6,000</td></tr>
<tr><td></td><td>20,000</td><td>22,000</td><td></td><td>20,000</td><td>22,000</td></tr>
</table>

第1年度末の諸資産の時価は22,000万円、諸負債は帳簿価額と同じであった。

第2年度中に剰余金の配当が行われ、500万円の現金配当をしていた。

4．税効果は無視するものとする。

5．S社とE社の諸資産の帳簿価額と時価との差額は土地に係るものである。

6．のれんは、10年間にわたって毎期均等額を償却する。

7．P社・S社・E社との間には取引関係はない。

8．S社・E社の各貸借対照表上の剰余金は、利益剰余金である。

以上の資料にもとづいて、連結財務諸表に表示される解答用紙の各金額を計算しなさい。

40 連結会計Ⅵ

以下の資料にもとづいて、次の各問いに答えなさい。なお、税効果会計は考慮外とする。（決算年1回　3月31日）

1．P社はX6年3月31日にA社株式の25%を37,800千円で取得し、持分法適用会社とした。
　　なお、同日のA社の諸資産は、簿価よりも時価の方が1,440千円高かった。また、のれんは10年間で償却する。
2．A社の資本状況
　　X6年3月31日
　　　　資本金　120,000千円、剰余金　24,000千円
　　X7年3月31日
　　　　資本金　120,000千円、剰余金　27,600千円
　　X8年3月31日
　　　　資本金　120,000千円、剰余金　32,400千円
3．A社の剰余金の配当等の状況
　　X6年6月20日
　　　　利益準備金　180千円、配当金　1,800千円、任意積立金　2,400千円
　　X7年6月20日
　　　　利益準備金　240千円、配当金　2,400千円、任意積立金　3,600千円

1　X6年度の持分法による投資損益の金額およびX6年度末のA社株式の金額を計算しなさい。
2　X7年度の持分法による投資損益の金額およびX7年度末のA社株式の金額を計算しなさい。

41 連結会計Ⅶ

次の資料によって、下記米ドル表示の子会社の貸借対照表から、円貨表示の貸借対照表を作成しなさい。

資　料　1　この子会社は2000年4月1日に設立されたもので、発行済株式の100％を親会社が引受けた。払込金180,000ドルのうち、100,000ドルは資本金、80,000ドルは払込剰余金として処理されている。

　　　　2　建物および備品は店舗用で、すべて会社設立時に取得されている。

　　　　3　長期借入金は10月1日に銀行から、3年後返済の契約で借入れている。

　　　　4　売掛金および買掛金はすべて1年以内に決済されるもので、1年を超えて決済されるものはない。

　　　　5　1ドルの為替相場は次のとおりである。

　　　　　　4月1日　160円
　　　　　　10月1日　140円
　　　　　　12月31日　130円

	ドル表示 2000.12.31	換算率	円表示 2000.12.31
現　　　金	$ 10,000		￥
売　掛　金	65,000		
商　　　品	60,000		
建　　　物	150,000		
同減価償却累計額	△ 10,000		
備　　　品	20,000		
同減価償却累計額	△ 5,000		
合　　　計	$ 290,000		￥
買　掛　金	$ 40,000		￥
長 期 借 入 金	50,000		
資　本　金	100,000		
資 本 剰 余 金	80,000		
当 期 純 利 益	20,000		
合　　　計	$ 290,000		￥

42 連結会計Ⅷ

P社は、S社の議決権付株式の100%をX2年12月31日に取得し、S社を子会社としている。よって、次の資料にもとづいて、当期（X3年1月1日〜X3年12月31日）の円換算後のS社財務諸表を作成しなさい。なお、包括利益を表する計算書は、2計算書方式による。また、解答用紙の（　）はすべて埋まるとは限らない。

資料1．当期におけるS社財務諸表の金額（単位：ドル）

損益計算書：収益 250,000、費用 235,000、当期純利益 15,000

株主資本等変動計算書：利益剰余金期首残高 50,000、利益剰余金期末残高 62,000

貸借対照表：資産 312,000、負債 150,000、資本金 100,000、利益剰余金 62,000

2．S社の資産のうち12,000ドルは備品であり、X3年2月8日に取得したものである。

3．S社はX3年3月25日に剰余金の配当を行い、配当金3,000ドルを支払っている。

4．S社はP社からX3年5月24日に商品を35,000ドルで仕入れており、S社の負債のうち5,000ドルはこの仕入に伴う買掛金である。なお、S社において期首商品・期末商品はない。

5．収益および費用については、P社との取引に関するもの以外は期中平均相場により換算する。

6．1ドル当たりの為替相場は次のとおりである。

X2年12月31日　106円　　X3年2月8日　110円　　X3年3月25日　113円

X3年5月24日　105円　　X3年12月31日　107円　　当期中平均相場　108円

税効果会計 I

　次の資料にもとづいて、（1）当期末の建物における会計上と税務上の資産簿価の差異の金額、（2）当期末の繰延税金資産の金額、（3）当期末の繰延税金負債の金額、（4）当期の法人税等調整額の金額を求めなさい。なお、（2）および（3）については、相殺せず総額で解答すること。

　実効税率は前期・当期ともに40%とする。また、会計期間は1年で当期の決算日はX5年3月31日である。

資料1．前期末に国庫補助金20,000千円を受入れて建物（取得原価80,000千円；耐用年数5年；残存価額ゼロ；却方法　定額法）を購入した。なお、当該建物について積立金方式による圧縮記帳を行うこととし、圧縮立金を計上した。

　　　　なお、圧縮積立金は、当年度より5年間にわたり毎年均等額ずつ取崩す。

　　2．当期首にA社株式をその他有価証券として15,000千円で取得した。なお、決算時の時価は13,000千円でり、部分純資産直入法を採用する。評価差額は一時差異に該当する。

　　3．繰延税金資産・繰延税金負債はともに回収、支払いの見込みについての問題はないものとする。

44 税効果会計 Ⅱ

次のア～カは、東京商店株式会社におけるX3年度の決算にさいして確認された、会計上の資産・負債と税務上の資産・負債との関係について説明した文章である。なお、法定実効税率は40%とする。

ア．受取配当金のうち、益金に算入されない金額が20,000円あった。

イ．商品の評価損のうち、損金に算入されない金額が30,000円あった。

ウ．寄付金のうち、損金に算入されない金額が75,000円あった。

エ．取得原価500,000円の備品（当年度の期首に取得）について、残存価額を取得原価の10％、耐用年数3年（税務上の耐用年数は、5年である）とする定額法により、減価償却を行っている。

オ．その他有価証券（すべて当期に購入）の評価差損で、損金に算入されない金額が85,000円あった。なお、当該評価差損は、損益計算書には計上していない。

カ．取得原価1,800,000円（うち国庫補助金の受け入れによる分が800,000円ある）の機械（X1年度期首に取得）について、残存価額を取得原価の10％、耐用年数8年（税務上の耐用年数も同じ）とする定率法（償却率25％）により減価償却を行っている。なお、当該機械については、積立金方式により圧縮記帳を行っている。

そこで、次の各問いに答えなさい。

1　上記のエとカにおける会計上と税務上の資産簿価の差異の金額を求めなさい。

2　上記のア～カのうち、将来減算一時差異について説明した文章はどれですか。当てはまるものを3つ選び、その記号を記入しなさい。

3　貸借対照表に計上されるべき繰延税金資産または繰延税金負債の金額を計算しなさい。なお、繰延税金資産と繰延税金負債が生じる場合は、双方を相殺し純額で解答すること。

4　損益計算書の末尾は、どのように記載されますか。空欄に当てはまる語句または数字を記入しなさい。なお、当期首現在の繰延税金負債は130,000円であった。

45 連結税効果会計 I

　P社は、S社の議決権の80%を前期末に取得し、連結子会社としている。第X3期（X2年4月1日〜X3年3月31
にかかる下記の資料にもとづいて、解答用紙のⅠ　文章の（　　）内に適当な字句を記入し、Ⅱ　連結精算表上の
結財務諸表欄に適当な金額を記入しなさい。

［解答上の注意］

1　実効税率を40%として、税効果会計を行う。なお、連結精算表上の繰延税金資産と繰延税金負債は相殺しな
てよい。

2　計算の過程で端数が生じる場合は千円未満を切捨てること。

［資料1］連結精算表（一部のみ）は、解答用紙のとおりである。

［資料2］整理事項および参考事項

1　P社は当期より商品の一部をS社へ売上げている。

　　P社の売上高のうち120,000千円はS社に対するものである。なお、P社のS社に対する売上の売上利益率
25%である。

2　S社の期末商品棚卸高にはP社からの仕入れ分が18,000千円含まれている。

3　P社の売掛金にはS社に対するものが25,000千円含まれている。なお、P社は売掛金期末残高に対し、2%
貸倒引当金を設定している。また、個別財務諸表において当該貸倒引当金の全額につき、税効果会計を適用し
いる。

4　P社は当期首に土地（帳簿価額22,000千円）をS社に30,000千円で売却している。

46 連結税効果会計Ⅱ

下記の資料にもとづいて、連結財務諸表を作成しなさい。なお、法定実効税率は40%である。

1) P社はX2年3月31日にS社の発行済議決権株式総数の75%に相当する株式を14,500千円で取得した。同日におけるS社の資本状況は資本金12,000千円、利益剰余金4,800千円であった。

2) S社のX2年3月31日における資産・負債の時価を調査したところ、土地について2,000千円の評価益が生じていることが判明した。時価評価に伴う一時差異については税効果会計を適用すること。

3) S社の売上高のうち4,000千円はP社に対するものである。なお、S社では外部向販売とP社向販売とを同率の原価率で行っている。

4) P社の期末商品のうち800千円はS社から仕入れたものである。未実現利益の控除に伴い生ずる一時差異については、税効果会計を適用すること。

5) のれんは、発生年度の翌年から20年間で均等償却する。

6) X3年3月31日現在のP社およびS社の個別財務諸表は下記に示すとおりである。

7) 繰延税金資産および繰延税金負債はそれぞれ固定資産、固定負債の区分に表示する。なお、同一納税主体の繰延税金資産と繰延税金負債は、双方を相殺して表示する。異なる納税主体の繰延税金資産と繰延税金負債は、双方を相殺せずに表示する。

貸 借 対 照 表
X3年3月31日現在　　　　　　　　　　　　（単位：千円）

借 方	P 社	S 社	貸 方	P 社	S 社
現 金 預 金	15,500	4,000	諸 負 債	32,000	14,400
売 上 債 権	29,400	12,000	資 本 金	50,000	12,000
棚 卸 資 産	14,400	8,000	資 本 剰 余 金	4,000	—
土 地	30,000	12,000	利 益 剰 余 金	17,800	9,600
S 社 株 式	14,500				
	103,800	36,000		103,800	36,000

損 益 計 算 書
自X2年4月1日
至X3年3月31日　　　　　　　　　　　（単位：千円）

科 目	P 社	S 社
売 上 高	340,000	140,000
売 上 原 価	221,000	98,000
売 上 総 利 益	119,000	42,000
販売費及び一般管理費	97,000	33,000
営 業 利 益	22,000	9,000
営 業 外 収 益	2,000	800
営 業 外 費 用	4,000	1,800
税金等調整前当期純利益	20,000	8,000
法人税、住民税及び事業税	8,000	3,200
当 期 純 利 益	12,000	4,800

47 キャッシュ・フロー計算書 I

次の資料にもとづいて、営業活動によるキャッシュ・フローの区分を、（1）直接法および（2）間接法により作成しなさい。なお、株主資本等変動計算書は利益剰余金のみとする。

貸借対照表 （単位：千円）

借方科目	前期末	当期末	貸方科目	前期末	当期末
現 金 預 金	216,000	308,000	支 払 手 形	190,000	290,000
受 取 手 形	293,000	493,000	買 掛 金	148,000	373,000
売 掛 金	247,000	297,000	短 期 借 入 金	50,000	60,000
貸 倒 引 当 金	△ 10,800	△ 15,800	未 払 利 息	1,200	1,400
商 品	310,000	359,000	未 払 法 人 税 等	85,000	73,800
有 価 証 券	160,000	132,000	資 本 金	2,500,000	2,500,000
未 収 利 息 配 当 金	4,000	3,800	利 益 準 備 金	225,000	233,000
建 物	2,000,000	2,000,000	繰 越 利 益 剰 余 金	120,000	105,800
減価償却累計額	△1,200,000	△1,260,000			
土 地	1,100,000	1,100,000			
長 期 貸 付 金	200,000	220,000			
	3,319,200	3,637,000		3,319,200	3,637,000

損 益 計 算 書 （単位：千円）

I	売 上 高		3,250,000
II	売 上 原 価		2,275,000
	売 上 総 利 益		975,000
III	販売費及び一般管理費		
	1 人 件 費	515,000	
	2 貸倒引当金繰入	5,000	
	3 減 価 償 却 費	60,000	
	4 棚 卸 減 耗 損	1,000	
	5 その他営業支出	265,000	846,000
	営 業 利 益		129,000
IV	営 業 外 収 益		
	1 受取利息配当金	9,800	
	2 有価証券評価益	2,000	
	3 有価証券売却益	10,000	21,800
V	営 業 外 費 用		
	1 支 払 利 息		3,200
	税引前当期純利益		147,600
	法人税、住民税及び事業税		73,800
	当 期 純 利 益		73,800

株主資本等変動計算書 （単位：千円）

利益剰余金期首残高	345,000
当 期 変 動 額	
剰 余 金 の 配 当	80,000
当 期 純 利 益	73,800
利益剰余金期末残高	338,800

（注）解答上、キャッシュ・フローの減少となる場合は、金額の前に△を付すこと。

48 キャッシュ・フロー計算書Ⅱ

以下のX1年度に係る資料にもとづいて、間接法によるキャッシュ・フロー計算書を作成しなさい。なお、株主資本変動計算書は利益剰余金のみとする。

貸借対照表

（単位：千円）

借方科目	前期末	当期末	貸方科目	前期末	当期末
現 金 預 金	390,000	754,000	支 払 手 形	80,000	100,000
受 取 手 形	280,000	350,000	買 掛 金	220,000	300,000
売 掛 金	320,000	450,000	短 期 借 入 金	200,000	300,000
貸 倒 引 当 金	△ 12,000	△ 16,000	未 払 利 息	500	1,000
商 品	210,000	175,000	未 払 法 人 税 等	150,000	355,000
有 価 証 券	400,000	415,000	退 職 給 付 引 当 金	300,000	310,000
未 収 利 息 配 当 金	1,500	2,000	資 本 金	3,500,000	6,500,000
建 物	3,000,000	5,000,000	利 益 準 備 金	600,000	615,000
減価償却累計額	△1,350,000	△1,470,000	別 途 積 立 金	700,000	750,000
土 地	2,000,000	3,000,000	繰 越 利 益 剰 余 金	289,000	429,000
長 期 貸 付 金	800,000	1,000,000			
	6,039,500	9,660,000		6,039,500	9,660,000

損 益 計 算 書		（単位：千円）
Ⅰ 売 上 高		6,000,000
Ⅱ 売 上 原 価		4,030,000
売 上 総 利 益		1,970,000
Ⅲ 販売費及び一般管理費		
1 人 件 費	950,000	
2 貸倒引当金繰入	4,000	
3 減 価 償 却 費	120,000	
4 棚 卸 減 耗 損	5,000	
5 退 職 給 付 費 用	10,000	
6 その他営業支出	200,000	1,289,000
営 業 利 益		681,000
Ⅳ 営 業 外 収 益		
1 受取利息配当金	20,500	
2 有価証券売却益	50,000	70,500
Ⅴ 営 業 外 費 用		
1 支 払 利 息	6,500	
2 有価証券評価損	35,000	41,500
税引前当期純利益		710,000
法人税、住民税及び事業税		355,000
当 期 純 利 益		355,000

株主資本等変動計算書	（単位：千円）
利益剰余金期首残高	1,589,000
当 期 変 動 額	
剰 余 金 の 配 当	150,000
当 期 純 利 益	355,000
利益剰余金期末残高	1,794,000

参考事項
1　前期末有価証券のうち、250,000千円（原価）を売却している。
2　前期末の短期借入金は、当期中にすべて返済している。

注）解答上、キャッシュ・フローの減少となる場合は、金額の前に△を付すこと。

49 キャッシュ・フロー計算書Ⅲ

下記の貸借対照表、損益計算書および、その他の資料にもとづいて、キャッシュ・フロー計算書（営業活動によるキャッシュ・フローは間接法による）を作成し、各項目の金額を計算しなさい。

貸借対照表
X6年3月31日 （単位：千円）

資　　産	前 期 末	当 期 末	負債及び純資産	前 期 末	当 期 末
現 金 預 金	24,000	26,200	支 払 手 形	8,460	9,700
受 取 手 形	12,310	14,500	買 掛 金	11,100	12,400
売 掛 金	24,880	28,100	短 期 借 入 金	800	840
貸 倒 引 当 金	△ 1,860	△ 2,130	未 払 費 用	90	60
有 価 証 券	700	620	未 払 法 人 税 等	1,600	2,000
商 品	3,600	4,200	長 期 借 入 金	4,600	6,000
未 収 収 益	10	12	資 本 金	50,000	50,000
有 形 固 定 資 産	40,800	45,800	利 益 準 備 金	5,330	5,450
減価償却累計額	△ 4,740	△ 5,340	任 意 積 立 金	4,000	7,000
			繰 越 利 益 剰 余 金	13,720	18,512
合 計	99,700	111,962	合 計	99,700	111,962

損益計算書
自X5年4月1日 至X6年3月31日 （単位：千円）

費　　用		収　　益	
売 上 原 価	88,000	売 上 高	126,000
給 料	7,200	受 取 利 息	18
広 告 宣 伝 費	365	有 価 証 券 売 却 益	20
減 価 償 却 費	1,000		
貸 倒 引 当 金 繰 入	270		
そ の 他 営 業 費	15,261		
支 払 利 息	200		
有 価 証 券 評 価 損	30		
固 定 資 産 売 却 損	600		
法人税、住民税及び事業税	4,000		
当 期 純 利 益	9,112		
	126,038		126,038

〔その他の資料〕
1 受取利息および支払利息は「営業活動によるキャッシュ・フロー」に記載する。
2 未収収益および未払費用はすべて利息にかかわるものである。
3 商品の仕入・売上はすべて掛取引で行われている。
4 貸倒引当金は売上債権期末残高に対して設定されている。なお、当期中に貸倒れは発生していない。
5 当期首に有形固定資産（取得原価5,000千円、期首減価償却累計額400千円）を売却した。
6 帳簿価額250千円の有価証券を270千円で売却した。
7 長期借入金の当期返済額は100千円である。
8 当期中に株主配当金1,200千円を支払った。
9 現金預金はすべて現金および現金同等物に該当する。
10 キャッシュ・フローの減少となる場合は、数字の前に△印を付けること。

50 キャッシュ・フロー計算書Ⅳ

次の資料にもとづいて、X3年度における連結キャッシュ・フロー計算書を原則法により作成しなさい。なお、「営業活動によるキャッシュ・フロー」の区分は間接法によること。（決算年1回　3月31日）

1．個別キャッシュ・フロー計算書（一部）　　　　　　　　　　　　（単位：円）

	P 社	S 社	合 計
Ⅰ 営業活動によるキャッシュ・フロー			
税引前当期純利益	138,600	18,900	157,500
減価償却費	18,900	15,750	34,650
貸倒引当金の増加（減少）額	△ 420	378	△ 42
受取利息及び受取配当金	△ 11,970	———	△ 11,970
支払利息	9,240	2,520	11,760
有形固定資産売却益	△ 63,000	———	△ 63,000
売上債権の増加（減少）額	21,000	△ 8,400	12,600
たな卸資産の増加額	△ 4,200	△ 5,460	△ 9,660
仕入債務の増加額	4,011	5,208	9,219
前払費用の減少額	1,260	777	2,037
未払費用の増加（減少）額	420	△ 189	231
小　計	113,841	29,484	143,325
利息及び配当金の受取額	10,290	———	10,290
利息の支払額	△ 9,240	△ 1,680	△ 10,920
法人税等の支払額	△ 45,360	△ 6,930	△ 52,290
営業活動によるキャッシュ・フロー	69,531	20,874	90,405
Ⅱ 投資活動によるキャッシュ・フロー			
有形固定資産の取得による支出	———	△ 84,000	△ 84,000
有形固定資産の売却による収入	126,000	———	126,000
貸付けによる支出	△ 84,000	———	△ 84,000
投資活動によるキャッシュ・フロー	42,000	△ 84,000	△ 42,000
Ⅲ 財務活動によるキャッシュ・フロー			
短期借入れによる収入	———	84,000	84,000
短期借入金の返済による支出	△ 10,500	———	△ 10,500
配当金の支払額	△ 33,600	△ 4,200	△ 37,800
財務活動によるキャッシュ・フロー	△ 44,100	79,800	35,700
Ⅳ 現金及び現金同等物の増加額	67,431	16,674	84,105
Ⅴ 現金及び現金同等物期首残高	124,719	23,016	147,735
Ⅵ 現金及び現金同等物期末残高	192,150	39,690	231,840

．参考事項

(1)　P社は、X2年3月31日にS社株式の80％を取得し、連結子会社とした。また、X3年3月31日にA社株式の30％を取得し、関連会社とした。

(2)　連結損益計算書には、販売費及び一般管理費にのれん償却額が840円、営業外収益にA社株式に対する持分法による投資利益が1,764円計上されている。なお、連結損益計算書における税金等調整前当期純利益は113,904円である。

(3)　P社はS社より商品を仕入れており、P社の期首商品棚卸高のうち14,700円、期末商品棚卸高のうち18,900円がS社からの仕入分である。なお、S社のP社向販売利益率は毎期40％である。

(4)　S社の期首売上債権のうち69,300円、期末売上債権のうち58,800円がP社に対するものである。なお、S社ではP社に対する貸倒引当金は設定していない。

(5)　当期中にS社、A社とも4,200円の配当金を支払っている。

(6)　P社の受取利息のうちS社に対する分が840円ある。

(7)　P社の固定資産売却益のうち42,000円はS社に建物（帳簿価額42,000円）を84,000円で売却した際に生じたものであり、減価償却費の修正額は3,780円である。

(8)　P社はX3年10月1日にS社に対し84,000円を期間1年、利率年2％、返済時に元利支払の条件で貸付けた。なお、P社・S社とも利息の未収額・未払額を月割りにより計上している。

51 キャッシュ・フロー計算書V

次の資料にもとづいて、各問いに答えなさい。なお、キャッシュ・フローのマイナスになる場合は金額の前に△を付すこと。（決算年1回 3月31日）

問1 間接法による連結キャッシュ・フロー計算書を作成しなさい。

問2 直接法によった場合の営業収入および商品の仕入支出を答えなさい。

1．連結損益計算書

連 結 損 益 計 算 書

○○株式会社　　　　　自X2年4月1日 至X3年3月31日　　　（単位：円）

Ⅰ	売　　　上　　　高		636,240
Ⅱ	売　　上　　原　　価		313,200
	売　上　総　利　益		323,040
Ⅲ	販売費及び一般管理費		
	1．給　　　　　料	154,164	
	2．貸倒引当金繰入	4,080	
	3．減　価　償　却　費	17,640	
	4．のれん償却額	480	
	5．その他営業費	92,076	268,440
	営　業　利　益		54,600
Ⅳ	営　業　外　収　益		
	1．受　取　利　息	960	
	2．受　取　配　当　金	2,760	
	3．持分法による投資利益	1,008	4,728
Ⅴ	営　業　外　費　用		
	1．支　払　利　息		6,240
	経　常　利　益		53,088
Ⅵ	特　別　利　益		
	1．固定資産売却益		12,000
	税金等調整前当期純利益		65,088
	法人税、住民税及び事業税		31,200
	当　期　純　利　益		33,888
	非支配株主に帰属する当期純利益		1,104
	親会社株主に帰属する当期純利益		32,784

. 連結株主資本等変動計算書

連結株主資本等変動計算書

○○株式会社　　　　　　　　自X2年 4 月 1 日　至X3年 3 月31日　　　　　　　　（単位：円）

	株 主 資 本			非支配株主持分	純資産合計
	資 本 金	利益剰余金	株主資本合計		
当 期 首 残 高	336,000	183,888	519,888	24,912	544,800
当 期 変 動 額					
剰 余 金 の 配 当		△ 19,200	△ 19,200		△ 19,200
親会社株主に帰属する当期純利益		32,784	32,784		32,784
株主資本以外の項目の当期変動額（純額）				624	624
当 期 変 動 額 合 計	——	13,584	13,584	624	14,208
当 期 末 残 高	336,000	197,472	533,472	25,536	559,008

. 連結貸借対照表

連結貸借対照表　　　　　　　　　　　　　（単位：円）

科　　　　　目	前 期 末	当 期 末	科　　　　　目	前 期 末	当 期 末
現 金 預 金	84,420	132,960	支払手形及び買掛金	94,596	105,864
受取手形及び売掛金	291,600	290,400	短 期 借 入 金	6,000	——
貸 倒 引 当 金	△ 5,832	△ 5,808	未 払 法 人 税 等	29,880	31,200
有 価 証 券	30,720	30,720	未 払 費 用	4,284	4,416
棚 卸 資 産	59,520	64,080	長 期 借 入 金	96,000	96,000
前 払 費 用	7,332	6,168	資 本 金	336,000	336,000
建 物	198,000	192,000	利 益 剰 余 金	183,888	197,472
減価償却累計額	△ 61,440	△ 62,640	非 支 配 株 主 持 分	24,912	25,536
備 品	99,000	84,000			
減価償却累計額	△ 48,000	△ 55,440			
土 地	54,720	54,720			
の れ ん	9,120	8,640			
Ａ 社 株 式	32,400	32,688			
長 期 貸 付 金	24,000	24,000			
	775,560	796,488		775,560	796,488

. 参考事項

(1) Ｐ社は、X1年 3 月31日にＳ社株式の80％を取得し、連結子会社とした。また、X2年 3 月31日にＡ社株式の30％を取得し、関連会社とした。

(2) Ａ社株式の評価は持分法を採用している。

(3) 当期における売上債権貸倒高のＰ社、Ｓ社の合計額は4,104円である。

(4) 連結貸借対照表の前払費用および未払費用はすべてその他営業費に係るものである。

(5) Ｐ社、Ｓ社およびＡ社の配当金は以下のとおりである。

　　配当金　　Ｐ社　19,200円　　　Ｓ社　　2,400円　　　Ａ社　　2,400円

(6) Ｐ社は、当期において、有形固定資産の一部を売却し、72,000円の売却収入を計上したが、このうち48,000円はＳ社に対するものである。

(7) Ｐ社は、当期に短期借入金6,000円を返済した。

総合問題編

52 損益計算書 I

　大原商事株式会社のX2年度（会計期間は1年、決算日9月末日）における（I）残高試算表および（II）期末理事項にもとづいて、損益計算書を完成しなさい。ただし、千円未満は四捨五入のこと。なお、税効果は考慮しい。

（I）残高試算表

<table>
<tr><td colspan="4" align="center">残 高 試 算 表</td></tr>
<tr><td colspan="3" align="center">X3年9月30日</td><td align="right">（単位：千円）</td></tr>
<tr><td align="center">借 方 科 目</td><td align="center">金 額</td><td align="center">貸 方 科 目</td><td align="center">金 額</td></tr>
<tr><td>現 金 預 金</td><td align="right">63,535</td><td>支 払 手 形</td><td align="right">13,850</td></tr>
<tr><td>受 取 手 形</td><td align="right">31,460</td><td>買 掛 金</td><td align="right">26,570</td></tr>
<tr><td>売 掛 金</td><td align="right">38,160</td><td>未 払 金</td><td align="right">5,060</td></tr>
<tr><td>有 価 証 券</td><td align="right">53,080</td><td>仮 受 金</td><td align="right">5,000</td></tr>
<tr><td>繰 越 商 品</td><td align="right">9,600</td><td>長 期 借 入 金</td><td align="right">24,000</td></tr>
<tr><td>建 物</td><td align="right">32,000</td><td>貸 倒 引 当 金</td><td align="right">1,280</td></tr>
<tr><td>車 両 運 搬 具</td><td align="right">5,000</td><td>建物減価償却累計額</td><td align="right">14,400</td></tr>
<tr><td>備 品</td><td align="right">9,360</td><td>車両運搬具減価償却累計額</td><td align="right">1,280</td></tr>
<tr><td>長 期 貸 付 金</td><td align="right">20,000</td><td>備品減価償却累計額</td><td align="right">4,920</td></tr>
<tr><td>仕 入</td><td align="right">73,600</td><td>資 本 金</td><td align="right">80,000</td></tr>
<tr><td>販 売 費</td><td align="right">20,320</td><td>資 本 準 備 金</td><td align="right">6,600</td></tr>
<tr><td>一 般 管 理 費</td><td align="right">10,650</td><td>利 益 準 備 金</td><td align="right">5,860</td></tr>
<tr><td>支 払 保 険 料</td><td align="right">2,400</td><td>新 築 積 立 金</td><td align="right">17,200</td></tr>
<tr><td>支 払 利 息</td><td align="right">6,075</td><td>別 途 積 立 金</td><td align="right">33,740</td></tr>
<tr><td></td><td></td><td>繰 越 利 益 剰 余 金</td><td align="right">700</td></tr>
<tr><td></td><td></td><td>売 上</td><td align="right">129,320</td></tr>
<tr><td></td><td></td><td>受 取 利 息</td><td align="right">990</td></tr>
<tr><td></td><td></td><td>受 取 配 当 金</td><td align="right">4,380</td></tr>
<tr><td></td><td></td><td>有 価 証 券 利 息</td><td align="right">90</td></tr>
<tr><td></td><td align="right">375,240</td><td></td><td align="right">375,240</td></tr>
</table>

（II）期末整理事項
1．現金出納帳と実際有高を照合したところ、実際有高が12千円不足していたので、調査したところ、その原因不明であった。
2．当座預金について銀行勘定調整表を作成するにあたって、次の事実が判明した。
　(1) 仕入先に対し買掛金支払いのために振出した小切手1,000千円が銀行に支払呈示されていなかった。
　(2) 得意先から売掛金300千円が当座預金に振込まれていたが、その通知が当方に未着であった。
3．売掛金のうち9,360千円は、米国の得意先に対する78千米ドル分であり、X3年12月末日までに決済される予になっている。決算日の為替相場は1米ドル当たり142円であった。

4．有価証券の内訳は、次のとおりである。

銘　　　　柄	所 有 目 的	数　　　量	帳簿価額（単価）	時 価（単価）
甲 社 株 式	売　　　　買	8,000株	600円	580円
乙 社 株 式	支　　　配	10,000株	400円	
丙 社 社 債	満 期 保 有	30,000口	96円	97円
A 社 株 式	売　　　　買	10,000株	30米ドル	28米ドル

注　(1)　売買目的の有価証券については切放方式を適用する。

　　(2)　乙社の財政状態は著しく悪化し、その実質価額は1,800千円と計算された。

　　(3)　丙社社債は、X2年10月1日に額面100円につき96円で購入したもので、利率は年4％、利払日は毎年6月末と12月末日、償還日はX7年9月30日である。また、償却原価法（定額法）により処理する。

　　(4)　A社株式の取得時の為替相場（帳簿価額）は、1米ドル当たり138円であった。

5．商品売買に関する資料は、次のとおりである。

(1)

	数　　　量	仕 入 単 価
期首商品棚卸高	300個	32千円
当期商品仕入高	2,300個	32千円

(2)　商品の期末帳簿棚卸数量は200個、期末実地棚卸数量は190個（正味売却価額は、単価30千円）であった。評価基準は先入先出法を採用している。なお、収益性の低下による簿価切下額は売上原価の内訳項目とし、棚卸減耗損は営業外費用として処理する。

6．(1)　建物のうち取得価額8,000千円の建物（この期首減価償却累計額は3,600千円）が、X3年6月30日に火災により焼失した。この建物については保険が付してあり、保険金受取額5,000千円は仮受金として処理してあった。

　　(2)　固定資産の減価償却は、次のとおり行う。

　　　　建　　　　物：定額法　耐用年数30年　　残存価額は取得原価の10％

　　　　車両運搬具：定率法　償却率　年30％

　　　　備　　　　品：定率法　償却率　年20％

7．貸倒引当金は、売上債権の期末残高に対して2％を差額補充法によって設定する。なお、長期貸付金に対しては3％の貸倒引当金を設定するが、これに対する貸倒引当金繰入額は営業外費用として処理する。また、残高試算表の貸倒引当金はすべて売上債権に係るものである。

8．長期借入金は毎年12月31日に2,000千円ずつ返済する契約である。

9．支払保険料の前払分が800千円、支払利息の未払分が250千円あった。

10．法人税、住民税及び事業税として税引前当期純利益の50％を計上する。

53 損益計算書Ⅱ

大原株式会社のX4年9月期（会計期間1年、決算日9月30日）における［Ⅰ］残高試算表および［Ⅱ］期末整理事項にもとづいて、損益計算書を完成しなさい。

なお、税効果は考慮しないものとし、金額の計算にあたっては千円未満を四捨五入すること。

［Ⅰ］残高試算表

残 高 試 算 表
X4年9月30日
（単位：千円）

借 方 科 目	金 額	貸 方 科 目	金 額
現 金 預 金	70,101	支 払 手 形	11,600
受 取 手 形	32,000	買 掛 金	34,200
売 掛 金	48,000	リ ー ス 債 務	520
繰 越 商 品	9,000	貸 倒 引 当 金	1,800
仮 払 金	120	建物減価償却累計額	7,200
建 物	30,000	車両減価償却累計額	1,260
車 両	4,200	備品減価償却累計額	650
備 品	1,800	長 期 借 入 金	4,000
リ ー ス 資 産	520	資 本 金	20,000
土 地	74,720	資 本 準 備 金	2,600
長 期 貸 付 金	50,000	利 益 準 備 金	2,000
満 期 保 有 目 的 債 券	9,550	繰 越 利 益 剰 余 金	800
そ の 他 有 価 証 券	9,950	売 上	1,450,000
仕 入	870,000	受 取 利 息	10
販 売 費	220,000	有 価 証 券 利 息	600
一 般 管 理 費	105,000	受 取 配 当 金	321
支 払 保 険 料	2,400		
支 払 利 息	200		
	1,537,561		1,537,561

［Ⅱ］期末整理事項

1．現金出納帳と現金実際有高とを照合した結果、実際有高が14千円不足していたので調べてみたが、その不足原因は不明であった。

2．当座預金について銀行勘定調整表を作成するにあたって、次の事項が判明した。
 (1) 先に販売費を支払ったさいに、82千円と記帳すべきところを、28千円としていた。
 (2) 広告費（販売費）支払いのために振出した小切手のうち、未取付けのものが80千円あった。

3．金銭債権について
 (1) 残高試算表上の貸倒引当金の内訳：売上債権について800千円、営業外債権について1,000千円。
 (2) 売掛金（当期発生分）のうち3,000千円は、貸倒懸念債権と判断し、50％相当額の貸倒引当金を設定する。売費及び一般管理費の部に計上する。
 (3) 長期貸付金のうち、S社に対する貸付金45,000千円を破産更生債権として扱うことにした。なお、担保として受入れている土地の時価は10,000千円である。当該債権に対しては、前期末決算上、貸倒引当金900千円を定していた。
 (4) 上記以外の金銭債権はいずれも一般債権と認められ、期末残高に対して、売上債権は2％、営業外債権3％の貸倒引当金を設定する。

4．有価証券について
(1) 有価証券の内訳は次のとおりである。その他有価証券については部分純資産直入法により、満期保有目的債券については償却原価法（定額法）により処理する。

分　類	数　量	取得原価	時　価
A社株式　その他有価証券	3,000株	@1,250円	@1,500円
B社株式　その他有価証券	2,000株	@2,400円	@2,100円
C社株式　その他有価証券	1,000株	@1,400円	@　400円
D社社債　満期保有目的債券	100,000口		@　96円

(2) C社株式の株価が回復するかどうかは、決算日現在では不明である。
(3) D社社債は、X2年10月1日に、額面総額10,000千円（満期日X6年9月30日、券面利子率6％、利払日年1回9月末日）を、額面100円につき94円で購入している。当社は社債償還期日まで保有する予定である。なお、取得原価と額面金額との差額は金利の調整と認められる。
5．期末商品棚卸高
(1) 期末商品棚卸高の内訳は次のとおりである。
甲商品　　帳簿棚卸高　8,000個　原価 @1,000円
　　　　　　実地棚卸高　8,000個　正味売却価額 @　800円
乙商品　　帳簿棚卸高　2,000個　原価 @1,500円
　　　　　　実地棚卸高　1,950個　正味売却価額 @1,400円
(2) 棚卸減耗損および収益性の低下に伴う評価損は、売上原価の内訳項目として処理する。
6．固定資産の減価償却
　　　　建物：定額法、耐用年数30年、残存価額　取得原価の10％
　　　　車両：定率法、償却率 年30％
　　　　備品（リース資産を除く）：備品のうちIT関連の備品（取得原価800千円、耐用年数8年、償却率年25％）を、定率法により2年間償却している。その他の備品については、定率法、償却率年30％により償却している。
7．リース契約
(1) リース契約の内容
　①　契約日：X3年10月1日
　②　解約不能のリース期間：5年（ファイナンス・リースに相当）
　③　リース料：年額120千円、総額600千円、毎年9月30日払い
　④　リース契約期間経過後、所有権が借り手に無償で移転する。
(2) リース資産（備品）の計上額：520千円
(3) リース料について、当期支払分を仮払金で処理したのみである。
(4) 当該資産の減価償却：経済的耐用年数6年、残存価額　取得原価の10％、定額法
(5) 利息：未払リース債務の年利5.0％
8．その他の期末整理事項
　　　支払保険料前払分 400千円、支払利息未払分 30千円、受取利息未収分 5千円
9．法人税、住民税及び事業税として税引前当期純利益の50％相当額を計上する。

54 貸借対照表

大原株式会社のX6年 9 月期（X5年10月 1 日〜X6年 9 月30日）に係る下記の資料〈Ⅰ〉、〈Ⅱ〉および〈Ⅲ〉にもとづいて、〔問 1 〕当期末の貸借対照表を作成し、〔問 2 〕損益計算書の税引前当期純利益以下を作成しなさい。なお、税効果会計を適用しており、法定実効税率は40％として計算すること。解答用紙の（　）は、すべて埋まるとは限らない。

〈資　料Ⅰ〉前期末の貸借対照表

貸 借 対 照 表
X5年 9 月30日現在　　　　　　　　　（単位：千円）

資　　　産	金　額	負債・純資産	金　額
現 金 預 金	95,940	支 払 手 形	37,600
受 取 手 形	23,800	買 掛 金	49,800
売 掛 金	74,200	未 払 費 用	300
商　　　品	35,900	未 払 法 人 税 等	21,000
前 払 費 用	530	保 証 債 務	460
未 収 収 益	20	資 本 金	200,000
建　　　物	56,000	資 本 準 備 金	10,000
備　　　品	4,000	利 益 準 備 金	29,000
土　　　地	140,000	別 途 積 立 金	52,000
長 期 貸 付 金	5,800	繰 越 利 益 剰 余 金	36,870
繰 延 税 金 資 産	840		
	437,030		437,030

（注）　1　手 形 割 引 高：46,000千円

2　貸 倒 引 当 金：受取手形　800千円、売掛金　1,200千円

3　減価償却累計額：建物　28,000千円、備品　3,200千円

4　経過勘定の内訳：前払費用（一般管理費）、未払費用（販売費）、未収収益（受取利息）

〈資　料Ⅱ〉期中取引

1．現金預金の増減の内訳

(1) 現金預金の増加

a	商品売上高	85,400千円
b	受取手形取立高	91,900
c	売掛金回収高	332,600
d	受取手形割引高	76,300
	（額面78,000千円）	
e	長期貸付金回収高	900
f	利息受取高	180

(2) 現金預金の減少

a	商品仕入高	53,400千円
b	支払手形決済高	95,000
c	買掛金支払高	164,300
d	株式購入高	18,800
e	法人税等納付高	45,000
f	配当金支払高	16,000
g	販売費支払高	55,791
h	一般管理費支払高	98,200

2．掛売上高　417,000千円、手形売上高　98,000千円

3．売掛金の手形による回収高　86,000千円、割引手形の期中決済高　33,000千円

4．手形割引時に額面金額に対して 1 ％の保証債務を計上し、保証債務費用は手形売却損に含めて計上する。また、決済時に保証債務を取崩す。

5．掛仕入高　203,800千円、手形仕入高　59,800千円

6．買掛金の約束手形振出しによる支払高　38,600千円

7．備品に関するリース取引

　　所有権移転ファイナンス・リース取引に該当、解約不能のリース期間5年、リース開始日X5年10月1日、年額リース料500千円（毎年9月30日払い）、貸手の購入価額2,000千円、リース契約の内部利子率7.93％、耐用年数8年。当期リース料支払分は一般管理費に計上ずみであるが、期末にリース会計基準に従った処理を行う。なお、金利相当額は千円未満を四捨五入すること。

8．有価証券の購入

	取　得　価　額	保　有　目　的	
X社株式	6,000千円	売買目的	
Y社株式	8,000千円	その他	
Z社株式	40千ドル	その他	（購入時為替レート：1ドル＝120円）

9．繰越利益剰余金を財源とした剰余金の配当等の内訳（X5年12月22日）

　　　利益準備金：会社法規定の積立額、配当金16,000千円、別途積立金8,000千円

〈料Ⅲ〉参考事項および決算整理事項

1．期末商品棚卸高

　　　帳簿棚卸高　920個　@40千円（原価）、実地棚卸高　900個　@36千円（正味売却価額）

　　棚卸減耗損および収益性の低下による評価損は、売上原価の内訳項目とする。なお、収益性の低下による評価損は、法人税法上、全額否認されたものとする。

2．金銭債権

　　売上債権（割引手形を除く）期末残高に対して、2％の貸倒引当金を設定するが、その全額が税務上、損金不算入となった。なお、期首における繰延税金資産のうち、800千円は貸倒引当金にかかるものである。

3．有価証券の評価替

　　有価証券の期末時価は次のとおりである。その他有価証券の処理にあたっては、全部純資産直入法による。その他有価証券に係る評価差額は、税効果会計上の一時差異とする。

　　　X社株式　7,200千円、Y社株式　7,600千円

　　　Z社株式　52千ドル（決算日為替レート：1ドル＝110円）

4．固定資産の減価償却

　　建物：定額法、耐用年数30年、残存価額は取得価額の10％

　　備品（リース資産を除く）：定率法、未償却残高の20％

　　リース資産：定額法、耐用年数8年、残存価額は取得価額の10％

5．費用収益の経過勘定

　　一般管理費前払分400千円、販売費未払分320千円、受取利息未収分18千円

6．上記資料以外のその他の「将来減算一時差異」が300千円ある。なお、期首における繰延税金資産（繰延税金負債はない）のうち、40千円はその他の「将来減算一時差異」にかかるものである。繰延税金資産・負債はどちらか純額により表示する。

7．課税所得に対する法人税、住民税及び事業税として49,980千円を計上する。

55 キャッシュ・フロー計算書

　大原株式会社（決算年1回　3月31日）の下記資料にもとづいて、間接法によるキャッシュ・フロー計算書を作成しなさい。なお、「現金及び現金同等物」には現金預金だけが該当するものとする。また、キャッシュ・フローの減少となる場合は数字の前に△印を付けること。税効果会計は考慮外とする。

（Ⅰ）貸借対照表および損益計算書（空欄は各自計算すること）

貸借対照表

（単位：千円）

科　目	前　期	当　期	科　目	前　期	当　期
現　金　預　金	44,820	74,400	支　払　手　形	15,000	（　　）
受　取　手　形	21,000	（　　）	買　掛　金	22,800	（　　）
売　掛　金	27,000	（　　）	短　期　借　入　金	24,000	———
有　価　証　券	34,200	28,800	未　払　法　人　税　等	9,000	（　　）
商　品	16,800	21,000	未　払　費　用	120	———
未　収　収　益	240	300	貸　倒　引　当　金	960	（　　）
建　物	180,000	120,000	減　価　償　却　累　計　額	78,300	（　　）
備　品	30,000	30,000	退　職　給　付　引　当　金	19,080	19,980
土　地	144,000	204,000	資　本　金	300,000	360,000
長　期　貸　付　金	54,000	66,000	利　益　準　備　金	12,000	13,500
			任　意　積　立　金	46,800	49,500
			繰　越　利　益　剰　余　金	24,000	（　　）
	552,060	（　　）		552,060	（　　）

（注）未収収益は受取利息配当金の未収分、未払費用は支払利息の未払分である。

損益計算書

（単位：千円）

科　目	金　額	科　目	金　額
売　上　原　価	259,200	売　上　高	432,000
給　料	75,000	受　取　利　息　配　当　金	（　　）
減　価　償　却　費	（　　）	有　価　証　券　売　却　益	3,000
貸　倒　引　当　金　繰　入	（　　）	保　険　差　益	3,600
退　職　給　付　費　用	3,000		
そ　の　他　営　業　費	46,200		
支　払　利　息	（　　）		
有　価　証　券　評　価　損	1,200		
法人税、住民税及び事業税	23,820		
当　期　純　利　益	（　　）		
	（　　）		（　　）

Ⅱ）期中取引に関する事項

1．売上および仕入
　　現金売上　168,000千円、掛売上　264,000千円、現金仕入　75,000千円、掛仕入　188,400千円

2．売上債権および仕入債務の決済
　　売掛金の回収　261,000千円（内訳：当座預金　141,000千円、受取手形　120,000千円）
　　買掛金の支払い　187,200千円（内訳：当座預金　108,000千円、支払手形　79,200千円）
　　受取手形の当座預金による回収　117,000千円、支払手形の当座預金による支払い　72,000千円

3．有価証券
　　Ａ社株式（帳簿価額15,000千円）を売却し、代金は当座預金に振込まれた。また、Ｂ社株式を購入し、10,800千円を現金で支払った。なお、有価証券はすべて売買目的で保有する株式である。

4．有形固定資産
　　建物（取得原価60,000千円、期首減価償却累計額18,000千円、期首から4カ月経過）が火災により焼失した。その後、保険会社より保険金を受取り当座預金とした。（減価償却の要領は他の建物と同一）
　　土地を購入し、代金60,000千円は小切手を振出して支払った。

5．長期貸付金および短期借入金
　　得意先に対し12,000千円を貸付け、小切手を振出した。
　　短期借入金は、すべて小切手を振出して返済した。

6．退職金
　　退職給付費用3,000千円を計上した。また、退職者に対して退職金2,100千円を現金で支払った。

7．剰余金の配当等
　　株主総会において以下のような繰越利益剰余金を財源とした剰余金の配当等が決議された。なお、配当金については、現金で支払済みである。
　　利益準備金　1,500千円、配当金　15,000千円、任意積立金　2,700千円

8．株式の発行
　　株式を総額60,000千円で発行し、全額払込みがあり、当座預金とした。なお、会社法規定の原則額を資本金とする。

9．上記以外の現金預金の増加および減少
　　受取利息配当金　1,380千円、給料　75,000千円、その他営業費　46,200千円、支払利息　900千円
　　未払法人税等　9,000千円、法人税等の中間納付額　10,800千円

Ⅲ）決算整理事項

1．期末商品帳簿棚卸高は21,000千円である。なお、棚卸減耗および商品評価損は生じていない。

2．貸倒引当金は、売上債権期末残高に対して2％を差額補充法で設定する。

3．有価証券は時価に評価替えを行っており、切放方式を採用している。

4．減価償却は以下のように行う。
　　建　物：減価償却方法　定額法、耐用年数　30年、残存価額　取得原価の10％
　　備　品：減価償却方法　定額法、耐用年数　10年、残存価額　取得原価の10％

5．未収利息配当金300千円を計上する。

6．法人税、住民税及び事業税として、税引前当期純利益の50％を計上する。

本支店会計

　大原株式会社のX7年3月期（X6年4月1日～X7年3月31日）に係る資料にもとづいて、以下の問いに答えなさい。

問1　新株予約権の行使により増加する資本金の額はいくらですか。

問2　支店損益を振り替え、内部利益を控除した後の本店における損益勘定（日付は省略）を完成しなさい。

問3　本支店合併損益計算書における売上原価の額はいくらですか。

（解答上の注意事項）

　1　（資料1）に掲げる収益・費用諸勘定残高には、特にことわらない限り、本支店それぞれの決算整理事項は理されている。

　2　（資料1）に掲げる金額には、（資料2）の未処理事項についての処理が含まれていないため、この処理を本で行うこと。

　3　税効果は、考慮外とする。

　4　解答欄の（　）はすべて埋まるとは限らない。

（資　料1）本支店の収益・費用諸勘定残高（単位：千円）

勘定科目	本店	支店	勘定科目	本店	支店
売上原価	29,050	15,820	売上	42,800	23,650
販売費・一般管理費	8,375	3,400	支店へ売上	7,314	―
減価償却費	3,400	1,200	受取利息	500	―
貸倒引当金繰入	210	72	為替差損益	800	―
支払利息	480	200			
社債利息	150	―			

　（注）支店における当期商品仕入高（「本店より仕入」を除く）は、8,500千円である。

（資　料2）未処理事項

　1　X7年3月31日に、額面7,000千円の転換社債型新株予約権付社債について新株予約権の行使請求があり、新式を発行している。資本金計上額は会社法規定の最低額とする。これ以外については権利行使請求がなされなったため、同社債を償還した。さらに社債利息の半年分を預金口座より支払っている。これら一連の会計処理行われていない。新株予約権については区分法によって処理する。

　　この社債は、以下の条件で発行したものである。

　①　額面額10,000千円をX2年4月1日に額面発行した。社債の期間は5年、利率年3％、利払日は毎年9月および3月末日である。

　②　当社が利率年3％で普通社債を発行する場合は、発行価額は額面1千円当たり930円となる。

　③　社債額面1千円につき1個の新株予約権を付与し、その転換価格は1千円である。前期までの権利行使請はなかった。

　④　社債については、償却原価法（定額法）を適用し、月割計算による。

2　X6年7月1日に、本店は、外貨建てで30千ドル（3,900千円）をX7年6月30日返済の約束で銀行より借り入れている。借入れおよび利息の支払いに関しては会計処理済みであるが、これに関連してX6年9月1日に締結した為替予約30千ドル（予約レートは1ドル当たり120円）に関しての処理はなされていない。振当処理を行うこと。予約日における直物為替レートは1ドル126円である。なお、為替予約差額の処理は月割で行うこと。

（資料3）決算整理事項その他

1　本店期末商品棚卸高は5,750千円であり、支店期末商品棚卸高に含まれる「本店より仕入」分は、1,334千円である。支店期首商品棚卸高は、2,000千円であり、そのうち「本店より仕入」分は966千円である。なお、当社は、本店から支店に商品を売上げる際に、原価に15%の利益を付加している。

2　本支店ともに商品は原価によって評価されているため、収益性の低下を反映させる。よって本支店ともに、評価損を追加計上（売上原価には算入しない）すること。なお、商品の期末正味売却価額は、本支店ともに外部仕入原価の90%であるため、評価損を外部仕入原価の10%だけ計上する。

3　税引前当期純利益に対し40%（端数が生じた場合には千円未満四捨五入）の法人税、住民税及び事業税を計上する。

P社およびS社の第X期（X1年4月1日～X2年3月31日）に係る個別財務諸表は〔資料Ⅰ〕のとおりである〔資料Ⅱ〕の連結に関する事項にもとづいて連結貸借対照表、連結損益計算書および連結株主資本等変動計算書益剰余金のみ）を作成しなさい。なお、税効果会計は考慮しないものとする。

〔資料Ⅰ〕個別財務諸表

貸借対照表
X2年3月31日現在 （単位：千円）

資　産	P　社	S　社	負債・純資産	P　社	S　社
現 金 預 金	39,750	33,950	支 払 手 形	18,700	7,680
受 取 手 形	45,000	20,500	買 掛 金	19,430	10,300
売 掛 金	45,000	24,500	借 入 金	30,000	30,000
有 価 証 券	12,800	—	未 払 法 人 税 等	11,200	1,800
商 品	18,600	7,900	未 払 費 用	1,100	940
貸 付 金	30,000	—	貸 倒 引 当 金	1,800	620
前 払 費 用	1,480	1,090	建物減価償却累計額	7,500	12,000
未 収 収 益	400	—	備品減価償却累計額	9,000	8,100
建 物	50,000	40,000	資 本 金	150,000	60,000
備 品	20,000	15,000	利 益 準 備 金	26,300	6,500
土 地	12,400	8,000	別 途 積 立 金	50,000	10,000
S 社 株 式	68,000	—	繰 越 利 益 剰 余 金	18,400	3,000
	343,430	150,940		343,430	150,940

損益計算書
自X1年4月1日至X2年3月31日 （単位：千円）

費　用	P　社	S　社	収　益	P　社	S　社
売 上 原 価	113,400	50,700	売 上 高	214,600	84,500
販 売 費	30,750	7,950	受 取 利 息	600	—
貸倒引当金繰入	1,300	400	受 取 配 当 金	2,250	—
一 般 管 理 費	52,300	16,600	固 定 資 産 売 却 益	15,000	—
減 価 償 却 費	4,500	3,750			
支 払 利 息	2,200	600			
法人税、住民税及び事業税	11,200	1,800			
当 期 純 利 益	16,800	2,700			
	232,450	84,500		232,450	84,500

〔資料Ⅱ〕連結に関する事項

1（1）P社はX0年3月31日にS社の発行済株式の80％を取得した。

（2）取得時におけるS社の資産および負債の時価は土地（帳簿価額8,000千円、時価11,000千円）を除いて、帳簿価額と同一であった。

（3）S社の資本の推移は次のとおりである。 （単位：千円）

	資　本　金	利益準備金	別途積立金	繰越利益剰余金
X0年3月31日	60,000	6,200	8,000	2,800
X1年3月31日	60,000	6,350	9,000	2,950

のれんは20年にわたって毎期均等額を償却する。

（4）P社およびS社の剰余金の配当等の内訳は次のとおりである。 （単位：千円）

		利益準備金	株主配当金	別途積立金
P　　社	X1年6月25日	900	9,000	5,000
S　　社	X0年6月25日	150	1,500	1,000
	X1年6月25日	150	1,500	1,000

2（1）P社はS社から商品の一部を仕入れている。S社の売上高のうち34,000千円はP社に対するものであった。なお、そのうち2,000千円は決算日現在P社へ未達となっていた。

（2）P社の商品棚卸高に含まれるS社からの仕入分は次のとおりである。

期首商品棚卸高　　3,500千円

期末商品棚卸高　　2,500千円（未達分は含まない）

なお、S社の売上利益率は毎期40％であり、未実現利益の消去は「全額消去・持分比率負担方式」による。

3（1）P社の支払手形のうち5,000千円、買掛金のうち7,000千円（未達分は含まない）、貸付金のうち20,000千円はS社に対するものである。

（2）P社のS社への貸付金はX1年10月1日に利率年2％、期間1年、返済時に元利支払いの条件で貸し付けたものである。なお、P社・S社とも利息を月割計算によって計上していた。

（3）P社の受取配当金のうち1,200千円はS社から受取ったものである。

（4）P社・S社とも受取手形および売掛金の期末残高に対し2％の貸倒引当金を差額補充法で設定している。ただし、S社はP社に対する債権には前期・当期とも貸倒引当てをしていない。

4（1）P社はS社に対し当期首に建物（帳簿価額10,000千円）を20,000千円で売却している。

（2）S社は上記建物につき、次の要領で減価償却をしている。

償却方法：定額法、耐用年数：10年、残存価額：取得価額の10％

58 連結会計Ⅱ

　P社は、X1年3月にS社の発行する株式の80%を75,000千円で取得し、同社を子会社として連結財務諸表を作成している。よって、下記の資料にもとづき、X4年度（X4年4月1日からX5年3月31日までの1年）における連結財務諸表を作成しなさい。なお、連結株主資本等変動計算書は、利益剰余金のみでよい。また、連結事業年度は、毎年4月1日から翌3月31日までの1年とする。税効果については、無視することとする。

1．S社の資本の推移に関する資料は、次のとおりである（単位：千円）。

	資　本　金	利益剰余金
X1年3月31日	50,000	40,000
X4年3月31日	50,000	55,000

　なお、X1年3月31日現在保有する資産および負債のうち、土地（X5年3月31日現在も保有）に2,000千円の評価差額（評価益）があった。また、のれんは、発生年度の翌年度より、10年間にわたり均等償却する。

2．X4年度中において、P社が計上したS社に対する売上高は10,000千円であり、S社が計上したP社からの仕入は9,600千円であった。なお、P社のS社に対する売上取引は、すべて掛で行われており、X3年度末においては商品の未達はなかった。また、X4年度の決算日の直前にS社はP社に買掛金の支払いとして現金200千円を送金したが、これが未達であった。

3．S社のX3年度末およびX4年度末における手許の棚卸資産（未達分を含まない）には、P社から仕入れたものがそれぞれ1,000千円および800千円あった。なお、P社のS社に対する売上利益率は、X3年度およびX4年度において一貫して25%であった。

4．X4年度末にP社が保有する受取手形のうち、1,800千円は、S社が振り出したものである。また、X4年度末におけるS社のP社に対する買掛金（未達分を含まない）は、1,100千円であった。

5．P社およびS社のX4年6月に行われた剰余金の配当は、次のとおりである（単位：千円）。なお、P社は、受取配当金を営業外収益に計上している。

	配　当　金
P社	2,800
S社	1,500

6．P社およびS社のX4年度末における貸借対照表および同年度の損益計算書は、次のとおりである。

貸借対照表
X5年3月31日現在
（単位：千円）

資　産	P社	S社	負債・純資産	P社	S社
現　金　預　金	10,000	31,500	支　払　手　形	16,000	4,000
受　取　手　形	20,000	10,000	買　掛　金	20,000	5,000
売　掛　金	30,000	18,000	短　期　借　入　金	5,000	5,000
棚　卸　資　産	24,000	12,000	長　期　借　入　金	40,000	10,000
有　形　固　定　資　産	85,000	60,000	資　本　金	100,000	50,000
S　社　株　式	75,000		利　益　剰　余　金	80,000	57,500
その他有価証券	20,000		その他有価証券評価差額金	3,000	
	264,000	131,500		264,000	131,500

自X4年4月1日　至X5年3月31日　　　　　　　（単位：千円）

費　　　　用	P　社	S　社	収　　　　益	P　社	S　社
売 上 原 価	37,500	21,000	売 上 高	50,000	30,000
販 　 売 　 費	3,000	2,000	営 業 外 収 益	2,000	1,000
一 般 管 理 費	3,000	2,500			
営 業 外 費 用	2,500	1,500			
当 期 純 利 益	6,000	4,000			
	52,000	31,000		52,000	31,000

59 連結会計Ⅲ

P社の第Ⅹ期（自X4年4月1日至X5年3月31日）に係る次の資料にもとづいて、解答用紙の連結精算表を完成しなさい。なお、（連結）株主資本等変動計算書は利益剰余金のみとする。

［解答上の注意］
1　精算表上の（　）は貸方金額を示す。
2　精算表上の消去・振替欄は採点の対象としないので必ずしも記入する必要はない。
3　法定実効税率を40％として、税効果会計を行う。なお、連結精算表上の繰延税金資産と繰延税金負債は相殺なくてよい。
4　のれんの償却期間は20年とし、定額法で償却する。
5　計算の過程で端数が生じる場合には千円未満を切捨てなさい。

［資料1］　X5年3月期の個別財務諸表
　　　　　P社およびS社の個別財務諸表は、解答用紙の連結精算表のとおりである。
［資料2］　連結に関する諸事項
1　P社によるS社株式の取得状況とS社の資本の推移
　(1)

（単位：千円）

取　　得　　日	取得価額	取　得　率	資本金	利益剰余金
X1年3月31日	16,000	20%	50,000	14,500
X3年3月10日	48,000	60%	50,000	19,500
X3年3月31日			50,000	19,500
X4年3月31日			50,000	29,200

　(2)　X1年3月31日に取得したさいのS社の資産のうち土地（帳簿価額　16,500千円）の時価は19,000千円であったが、X3年3月10日に追加取得したさいには19,500千円になっていた。なお、その他の諸資産および諸負債については、帳簿価額と時価とに相違がなかった。持分法は適用しないものとする。
　(3)　X4年6月25日の剰余金の配当等の内訳は次のとおりであった。
　　　　利益準備金　500千円　　配当金　5,000千円　　別途積立金　3,000千円
2　P社によるM社株式の取得状況とM社の資本の推移
　(1)

（単位：千円）

取　　得　　日	取得価額	取　得　率	資本金	利益剰余金
X3年3月31日	29,600	30%	60,000	32,000
X4年3月31日			60,000	46,500
X5年3月31日			60,000	55,700

　　持分法を適用する。
　(2)　X3年3月31日に取得したさいのM社の資産および負債については、帳簿価額と時価とに相違がなかった。
　(3)　X4年6月26日の剰余金の配当等の内訳は次のとおりであった。
　　　　利益準備金　600千円　　配当金　6,000千円　　別途積立金　3,000千円

P社とS社との商品取引の内訳
1)　S社は前期からP社へ商品の一部を売上げている。なお、S社のP社向けの売上については前期・当期ともに仕入原価にその20％相当額の利益を加算している。
2)　S社のP社への当期売上高は55,200千円であったが、そのうち売価で4,500千円が決算日現在P社へ未達であった。なお、前期末には未達商品はなかった。
3)　P社の期首商品棚卸高のうち1,800千円、期末商品棚卸高のうち2,400千円はS社からの仕入分であった。
　P社とS社間の債権・債務の内訳
1)　S社の受取手形のうち2,000千円（それに対応する貸倒引当金　40千円）、売掛金のうち8,000千円（それに対応する貸倒引当金　160千円）はP社に対するものである。なお、S社のP社に対する売上債権の前期末残高は7,500千円（それに対応する貸倒引当金　150千円）であった。
2)　S社はP社振出、S社宛の約束手形2,500千円を当期中に銀行で割引に付したが、期末現在満期日が到来していない。
3)　P社の短期貸付金のうち10,000千円（それに対応する貸倒引当金　200千円）はS社に対して当期に貸付けたものである。
4)　貸倒引当金は、P社・S社とも前期・当期を通して個別財務諸表においてその全額につき、税効果会計を適用している。
　P社とS社・M社間の収益・費用の内訳
1)　P社の受取利息のうち400千円、受取配当金のうち4,000千円はS社からのものである。
2)　P社の受取配当金のうち1,800千円はM社からのものである。
　P社からS社へ当期中に土地（帳簿価額　10,000千円）を12,000千円で売却していた。

解答解説編

1 棚卸資産Ⅰ

第1問

当期の正味損益	3,030 千円	商品の価額	35,140 千円

（注）当期の正味損益が損失のときは金額の前に△印をつけなさい。

第2問

（単位：千円）

	① 切 放 法	② 洗 替 法
(1) 個々の棚卸資産ごとに比較する方法	130	265
(2) 棚卸資産全体について比較する方法	――――	145

（注）計算不能のときは「―」を記入しなさい。

解答へのアプローチ

第1問
　本問は、洗替法を採用しているため、各商品は原始取得原価で次期に繰越される。したがって、商品販売損益（正味損益）は販売価額と原始取得原価との差額により、商品評価損は原始取得原価と正味売却価額との比較により算定する。

第2問
　簿価切下げについてまとめると以下のようになる。

> (1) 適用単位
> 　① 各品目ごとに取得原価と正味売却価額を比較
> 　② 各品目を適当な単位（グループ）にまとめ、その単位（グループ）ごとに取得原価と正味売却価額を比較
> (2) 会計処理
> 　① 期末に正味売却価額まで切下げた評価額をそのまま次期における取得原価とみなす方法（**切放法**）
> 　② 評価切下げ前の取得原価（原始取得原価）を次期における取得原価とする方法（**洗替法**）
> (3) 適用単位と会計処理の結びつき
> 　適用単位として①（品目ごと）を採用した場合は、会計処理として①切放法および②洗替法の双方の適用が可能であるが、②（グループごと）を採用した場合には、会計処理として②洗替法のみ適用が可能である。
>
>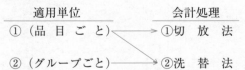
>
> | 適用単位 | 会計処理 |
> |---|---|
> | ①（品目ごと） | ①切　放　法 |
> | ②（グループごと） | ②洗　替　法 |

第1問

以下、計算過程を示すと次のとおりである。

前期評価損の戻入

33,500千円 − 33,200千円 = 300千円（戻入益）
　原始取得原価　　　前期末正味売却価額

各商品別の計算

(1)　A商品
　①　売上
　　　@750円 × 15,000個 = 11,250千円
　②　売上原価
　　　$17,400千円 × \dfrac{15,000個}{30,000個} = 8,700千円$
　③　販売損益
　　　11,250千円 − 8,700千円 = 2,550千円（益）
　　　　　売上　　　　　売上原価
　④　商品の価額（取得原価）
　　　17,400千円 − 8,700千円 = 8,700千円
　　　前期末残高　　　前記(1)②

(2)　B商品
　①　売上
　　　@420円 × 2,000個 = 840千円
　②　売上原価
　　　$6,600千円 × \dfrac{2,000個}{20,000個} = 660千円$
　③　販売損益
　　　840千円 − 660千円 = 180千円（益）
　　　　売上　　　　売上原価
　④　商品の価額（取得原価）
　　　6,600千円 − 660千円 = 5,940千円
　　　前期末残高　　前記(2)②

(3)　C商品
　　　期中売買はないため、商品の価額（取得原価）は前期末残高（9,500千円）と同様である。

(4)　D商品
　①　商品の価額（取得原価）
　　　@1,100円 × 10,000個 = 11,000千円

当期の正味損益

300千円 + 2,550千円 + 180千円 = 3,030千円（益）
前記■　　　前記■(1)③　　前記■(2)③

商品の価額

35,140千円※1 ＜ 35,770千円　　∴　35,140千円
取得原価総額　　正味売却価額総額

※1
8,700千円 + 5,940千円 + 9,500千円
前記■(1)④　　前記■(2)④　　前記■(3)
+ 11,000千円 = 35,140千円
前記■(4)①

第2問

以下、計算過程を示すと次のとおりである。（金額単位：千円）

1 個々の棚卸資産ごとに原価と正味売却価額の比較を行う方法

(1) 切放法

① 前期末

	取得原価		正味売却価額				
A	810	>	760	評価額	760	評価損	50
B	920	>	820	評価額	820	評価損	100
C	1,000	<	1,100	評価額	1,000	評価損	−
D	600	>	400	評価額	400	評価損	200
E	300	<	310	評価額	300	評価損	−

② 当期末

	取得原価				正味売却価額				
A	760	× 0.5	=	380	>	310	評価額	310	評価損	70
B	820	× 0.5	=	410	<	450	評価額	410	評価損	−
C	1,000	× 0.5	=	500	<	620	評価額	500	評価損	−
D	400	× 0.5	=	200	>	170	評価額	170	評価損	30
E	300	× 0.5	=	150	>	120	評価額	120	評価損	30
										130

(2) 洗替法

① 前期末

	取得原価		正味売却価額				
A	810	>	760	評価額	760	評価損	50
B	920	>	820	評価額	820	評価損	100
C	1,000	<	1,100	評価額	1,000	評価損	−
D	600	>	400	評価額	400	評価損	200
E	300	<	310	評価額	300	評価損	−

② 当期末

	取得原価				正味売却価額				
A	810	× 0.5	=	405	>	310	評価額	310	評価損	95
B	920	× 0.5	=	460	>	450	評価額	450	評価損	10
C	1,000	× 0.5	=	500	<	620	評価額	500	評価損	−
D	600	× 0.5	=	300	>	170	評価額	170	評価損	130
E	300	× 0.5	=	150	>	120	評価額	120	評価損	30
										265

2 棚卸資産全体について原価と正味売却価額の比較を行う方法

(1) 切放法 → 計算不能（個別の単価修正ができないため）

(2) 洗替法

① 前期末

	取得原価	正味売却価額
A	810	760
B	920	820
C	1,000	1,100
D	600	400
E	300	310
	3,630 >	3,390

評価額 3,390

評価損 240

② 当期末

	取得原価				正味売却価額
A	810	× 0.5	=	405	310
B	920	× 0.5	=	460	450
C	1,000	× 0.5	=	500	620
D	600	× 0.5	=	300	170
E	300	× 0.5	=	150	120
				1,815 >	1,670

評価額 1,670

評価損 145

棚卸資産Ⅱ

第1問

貸借対照表	（金額単位：千円）
	X2年3月31日
現 金 預 金	65,000
売 掛 金	57,000
商 品	49,000
そ の 他 資 産	90,000
合 計	261,000
買 掛 金	36,000
そ の 他 負 債	39,500
資 本 金	100,000
剰 余 金	85,500
合 計	261,000

第2問

貸借対照表価額の算定のための方法の名称	商品Aの貸借対照表価額		備　　　考
	①	②	
個 別 法	－ 円	－ 円	計算不能
先 入 先 出 法	84,200円	84,000円	
平 均 原 価 法	83,000円	83,000円	移動平均法は計算不能
売 価 還 元 法	84,000円	84,000円	

解答へのアプローチ

第1問
　本問は、棚卸資産の評価方法の変更により期末商品の評価額が増減した場合に、何に影響を与えるのかを考え解答を行う。

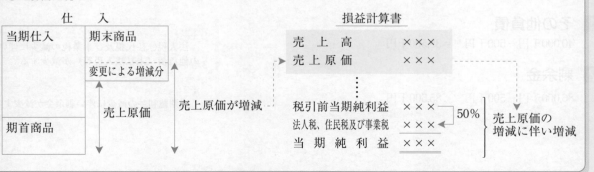

棚卸資産　売価還元法　固定資産　資産除去債務　リース会計

第2問

棚卸資産の貸借対照表価額の算定のための方法としては、次のようなものが認められる。

算定方法	意義
個別法	個々の実際原価によって期末たな卸品の価額を算定
先入先出法	期末たな卸品は最も新しく取得されたものからなるものとみなして期末たな卸品の価額を算定
平均原価法	平均原価によって期末たな卸品の価額を算定。平均原価は、総平均法または移動平均法により算出する。
売価還元法	異なる品目の資産を値入率の類似性にしたがって適当なグループにまとめ、1グループに属する期末商品の売価合計額に原価率を適用して期末たな卸品の価額を算定

解説

第1問

総平均法を適用した場合、期末商品は49,000千円と計算され、先入先出法の金額と比較して利益が1,000千円減少する。したがって、利益の減少分に対する法人税、住民税及び事業税が500千円減少し、最終的に当期純利益は500千円減少する。

	〈先入先出法の場合〉		〈総平均法の場合〉	
売　上　高		400,000		400,000
売　上　原　価				
期首商品棚卸高	44,000		44,000	
当期商品仕入高	250,000		250,000	
合　　計	294,000		294,000	
期末商品棚卸高	50,000	244,000	49,000	245,000
売　上　総　利　益		156,000 → 差	△1,000 ←	155,000
法人税、住民税及び事業税		78,000 → 差	△500 ←	77,500
当　期　純　利　益		78,000 → 差	△500 ← ※1	77,500
			※2	

1 その他負債

40,000千円 − 500千円※1 = 39,500千円

2 剰余金

86,000千円 − 500千円※2 = 85,500千円

※1
法人税、住民税及び事業税の減少に伴い、その他負債（未払法人税等）が減少する。

※2
当期純利益の減少に伴い剰余金が減少する

個別法

計算不能

先入先出法

(1) 取得原価の場合　$\dfrac{127{,}500円}{1{,}500個} \times 200個 + 67{,}200円 = 84{,}200円$

(2) 収益性の低下を反映させた場合

　　① 取得原価　$\dfrac{127{,}500円}{1{,}500個} \times 200個 + 67{,}200円 = 84{,}200円$

　　② 正味売却価額　84,000円

　　③ ① ＞ ②　∴84,000円

平均原価法（総平均法のみ適用）

(1) 取得原価の場合　$\dfrac{349{,}700円}{4{,}200個}$（@83円　円未満四捨五入）$\times 1{,}000個 = 83{,}000円$

(2) 収益性の低下を反映させた場合

　　① 取得原価　$\dfrac{349{,}700円}{4{,}200個}$（@83円　円未満四捨五入）$\times 1{,}000個 = 83{,}000円$

　　② 正味売却価額　84,000円

　　③ ① ＜ ②　∴83,000円

売価還元法

(1) 取得原価の場合

　　① 原価率　$\dfrac{349{,}700円}{315{,}000円 + @100円 \times 1{,}000個} \fallingdotseq 0.84$（小数以下第3位四捨五入）

　　② 評価額　@100円 × 1,000個 × 0.84 = 84,000円

(2) 収益性の低下を反映させた場合

　　① 取得原価　@100円 × 1,000個 × 0.84 = 84,000円

　　② 正味売却価額　84,000円

　　③ ① ＝ ②　∴84,000円

3 棚卸資産Ⅲ

(1) 決算整理仕訳　　　　　　　　　　　　　　　　　　　　　　（単位：円）

仕		訳	
借　　　　方	金　　額	貸　　　　方	金　　額
（仕　　　　　　　　　　入）	1,200,000	繰　越　商　品	1,200,000
繰　越　商　品	1,566,000	（仕　　　　　　　　　　入）	1,566,000
（棚　卸　減　耗　損）	58,500	繰　越　商　品	251,100
（商　品　評　価　損）	192,600		
（仕　　　　　　　　　　入）	12,600	商　品　評　価　損	12,600

(2) 売 上 原 価

　　　　44,646,600 円

(3) 貸借対照表上の「商品」の金額

　　　　1,314,900 円

解答へのアプローチ

　本問においては、評価損等の金額計算が必要であるが、評価損等が生じた場合の損益計算書の表示区分についてもしっかり把握しておく必要がある。

評価損等＼表　示		製造原価	売上原価の内訳項目	販売費及び一般管理費	営業外費用	特別損失
棚卸減耗損（費）	原価性有り	○（注１）	○	○		
	原価性無し				○	○
収益性の低下による簿価切下額		○（注２）	○			○（注３）

（注１）　製造業における原材料などの場合
（注２）　棚卸資産の製造に関連して不可避的に発生すると認められる場合
（注３）　収益性の低下に基づく簿価切下額が臨時の事象に起因し、かつ多額である場合

解答・解説

84

A商品

（1） 帳簿価額　@100円×3,600個＝360,000円

（2） 棚卸減耗損　@100円×450個＝45,000円

（3） 商品評価損　（@100円－@96円）×3,150個＝12,600円

B商品

（1） 帳簿価額　@150円×6,000個＝900,000円

（2） 棚卸減耗損　@150円×90個＝13,500円

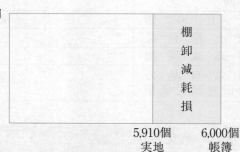

C商品

（1） 帳簿価額　@170円×1,800個＝306,000円

（2） 商品評価損　（@170円－@70円）×1,800個＝180,000円

売上原価

1,200,000円＋45,000,000円－（360,000円＋900,000円＋306,000円）＋　12,600円　＝44,646,600円
　　　　　　　　　　　　　　　　　　　　　　　　　　　　　　　商品評価損（A商品）

貸借対照表価額

（360,000円＋900,000円＋306,000円）－（45,000円＋12,600円＋13,500円＋180,000円）＝1,314,900円

売価還元法

第1問

(1) 売価還元原価率※	(89) ％
(2) 棚 卸 減 耗 損（原価）	(178) 千円
(3) 売 上 原 価	(79,953) 千円

※ 端数が生じた場合は、小数点第三位以下は切捨てること。

(4) 期 末 整 理 仕 訳

(単位：円)

仕 訳			
借 方	金 額	貸 方	金 額
広 告 宣 伝 費	89,000	仕 入	89,000
仕 入	2,000,000	繰 越 商 品	2,000,000
棚 卸 減 耗 損	178,000	仕 入	1,958,000
繰 越 商 品	1,780,000		

第2問

売 上 原 価	351,000	千円
売 上 総 利 益	99,000	千円
棚 卸 減 耗 損	1,560	千円
期 末 商 品 の 貸借対照表価額	37,440	千円

解答へのアプローチ

第1問

　売価還元法においては、まず、原価率の算定を行い、期末帳簿棚卸高を算定する。ただし、本問においては、広告宣伝用として払出したものに注意する。

第2問

　売価還元法（売価還元原価法）においては、まず、原価率の算定を行い、期末帳簿棚卸高を算定する。なお、値上や値下の考慮に注意すること。

解答・解説

第1問

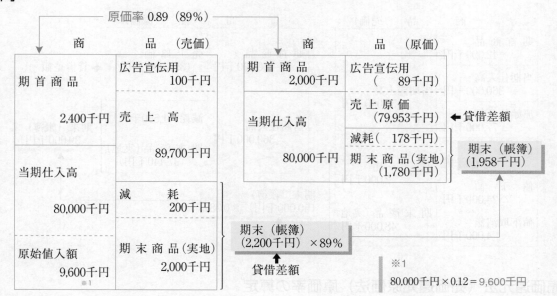

1 売価還元法原価率の算定

$$\frac{2,000千円 + 80,000千円}{2,400千円 + 80,000千円 + 80,000千円 \times 0.12} = 0.8913\cdots\cdots$$

∴　0.89（小数点第三位以下切捨て）

2 期末商品棚卸高

2,200千円 × 89％ = 1,958千円
　期末帳簿売価

3 広告宣伝費

100千円 × 89％ = 89千円

4 棚卸減耗損

（2,200千円 − 2,000千円）× 89％ = 178千円
　期末帳簿売価　　期末実地売価

5 売上原価の算定

2,000千円 + 80,000千円 − （1,958千円 + 89千円）= 79,953千円

6 期末整理仕訳（仕訳の単位：円）

〔期中取引の整理〕

（広告宣伝費）　89,000　（仕　　　　入）　89,000

〔期末整理仕訳〕

期首繰越商品の仕入勘定への振替え

（仕　　　　入）2,000,000　（繰　越　商　品）2,000,000

期末繰越商品の仕入勘定からの振替えおよび商品の評価

（繰　越　商　品）1,958,000　（仕　　　　入）1,958,000

（棚　卸　減　耗　損）　178,000　（繰　越　商　品）　178,000

なお、解答は繰越商品勘定の借方1,958,000円と貸方178,000円を相殺した仕訳となっている。

第2問

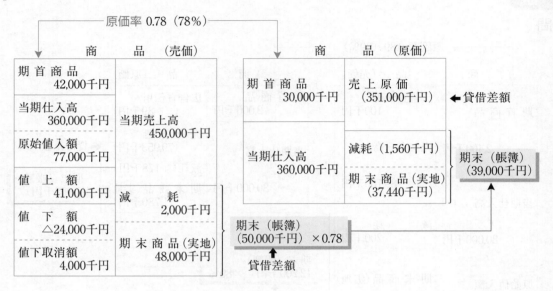

1 売価還元法（売価還元原価法）原価率の算定

$$\frac{30,000千円 + 360,000千円}{42,000千円 + 360,000千円 + 77,000千円 + 41,000千円 - 24,000千円 + 4,000千円} = 0.78$$

2 各項目の算定

(1) 売上原価

30,000千円 + 360,000千円 − 50,000千円 × 0.78 = 351,000千円
　　　　　　　　　　　　　期末帳簿売価　　原価率

(2) 売上総利益

450,000千円 − 351,000千円 = 99,000千円

(3) 棚卸減耗損

(50,000千円 − 48,000千円) × 0.78 = 1,560千円
　期末帳簿売価　　期末実地売価　　原価率

(4) 期末商品の貸借対照表価額

48,000千円 × 0.78 = 37,440千円
　期末実地売価　　原価率

⑤ 固定資産

第1問

問1	(イ)	2,314	千円
	(ロ)	1,473	千円
問2	(ハ)	5.5	年
	(ニ)	1,126	千円
	(ホ)	0	千円
	(ヘ)	貯蔵品	勘定

第2問

（単位：円）

	定　額　法
減　価　償　却　費	300,000

解答へのアプローチ

第1問

問1　解答は、鉱山の採掘権ではなく、鉱山内の建物の減価償却の計算である。減価償却の開始時期、耐用年数に注意する。

問2　平均耐用年数の計算においての端数処理に注意する。

第2問

　新たに得られた情報に基づいて、耐用年数の見積りの変更がある場合には、期首の帳簿価額を当期以降の残存耐用年数にわたり、各期間に配分する。

解　説

第1問

問1

(イ) 級数法の減価償却費　$30,000 千円 \times 0.9 \times \dfrac{18}{210^{※1}} ≒ 2,314 千円$（千円未満四捨五入）

※1
総項数　$1+2+3+\cdots+18+19+20$
$=210$

(ロ) 生産高比例法の減価償却費　$30,000 千円 \times 0.9 \times \dfrac{18万トン}{18万トン \times 15年 + 12万トン \times 5年}$

$≒1,473 千円$（千円未満四捨五入）

問2

(ハ) 平均耐用年数

機　　械	取得原価	残存価額	減価償却総額	耐 用 年 数	年 償 却 額
A	1,480千円	148千円	1,332千円	6年	222千円
B	2,400千円	240千円	2,160千円	8年	270千円
C	1,000千円	100千円	900千円	5年	180千円
D	2,000千円	200千円	1,800千円	4年	450千円
計	6,880千円	688千円	6,192千円		1,122千円

6,192千円 ÷ 1,122千円 ≒ 5.5年（小数点以下第2位四捨五入）

(ニ) 減価償却額　6,880千円 × 0.9 ÷ 5.5年 ≒ 1,126千円（千円未満四捨五入）

(ホ)および(ヘ)　総合償却方式を採用しているため、資産除却に伴う固定資産除却損は生じない。

なお、除却時の仕訳を示すと次のとおりである。（仕訳の単位：千円）

（減価償却累計額）	1,800	（機 械 装 置）	2,000
（貯　蔵　品）	200		

第2問

1 耐用年数の変更

(1)　耐用年数8年における過去2年分の減価償却費
　　2,000,000円 ÷ 8年 × 2年 = 500,000円

(2)　耐用年数7年における減価償却費（第3年目の減価償却費）
　　(2,000,000円 − 500,000円) ÷ (7年 − 2年) = 300,000円
　　　　　期首帳簿価額

6 資産除去債務

（単位：円）

	仕		訳	
借　　方	金　額	貸　　方	金　額
(1) 建　　　　　物	844,110	当　座　預　金	780,000
		資　産　除　去　債　務	64,110
(2) 利　息　費　用	2,564	資　産　除　去　債　務	2,564
減　価　償　却　費	168,822	減　価　償　却　累　計　額	168,822
減　価　償　却　累　計　額	844,110	建　　　　　物	844,110
(3) 資　産　除　去　債　務	78,000	当　座　預　金	82,000
履　行　差　額	4,000		

解答へのアプローチ

1. 有形固定資産の取得時

　資産除去債務はそれが発生したときに、有形固定資産の除去に要する割引前将来キャッシュ・フローを見積り、割引後の金額（割引現在価値）で算定する。

　そして、資産除去債務に対応する除去費用は、資産除去債務を負債として計上したときに、当該負債の計上額と同額を関連する有形固定資産の帳簿価額に加える。

2. 決算時

（1）利息費用

　割引計算により算定された期首時点における資産除去債務について、期末までの時の経過により発生する計算上の利息（時の経過による資産除去債務の調整額）をいい、期首時点の資産除去債務の帳簿価額に当初負債計上時の割引率を乗じて算定する。

　そして、利息費用は、時の経過による資産除去債務の増加額であり、その発生時の費用として処理する。

（2）減価償却

　資産計上された資産除去債務に対応する除去費用は、減価償却を通じて、当該有形固定資産の残存耐用年数にわたり、各期に費用配分する。

3. 有形固定資産の除去および資産除去債務の履行時

　資産除去債務は、有形固定資産の使用終了に伴い除去することにより履行される。そこで、資産除去債務の履行時に認識される資産除去債務残高と資産除去債務の決済のために実際に支払われた額との差額（履行差額）は、費用として処理する。

解　説

■ 事業用建物取得時に認識される資産除去債務

$$\frac{78,000円}{(1+0.04)^5} ≒ 64,110円 \quad （円未満四捨五入）$$

棚卸資産

売価還元法

固定資産

資産除去債務

リース会計

2 決算時（X2年3月31日）の利息費用

64,110円×4%≒2,564円（円未満四捨五入）
　期首資産　　割引率
　除去債務

3 各年度の減価償却費

(1) 建 物

780,000円÷5年＝156,000円
　取得原価

(2) 除去費用資産計上額

64,110円÷5年＝12,822円

(3) (1)＋(2)＝168,822円

参 考

利息費用の計算　　　　　　　　　　　　　　　　　　　　　　　　（単位：円）

	期首資産除去債務	利　息　費　用	期末資産除去債務
X1.4.1〜X2.3.31	64,110	2,564	66,674
X2.4.1〜X3.3.31	66,674	2,667	69,341
X3.4.1〜X4.3.31	69,341	2,774	72,115
X4.4.1〜X5.3.31	72,115	2,885	75,000
X5.4.1〜X6.3.31	75,000	3,000	78,000

（注）最終年度の利息費用は差引計算により求める。

リース会計 I

1 東北産業における次の各金額

① X5年度末におけるリース資産の貸借対照表価額 _____418,361_____ 円

② X5年度末におけるリース債務の貸借対照表価額 _____452,616_____ 円

③ X5年度における損益計算書上の支払リース料 _____300,000_____ 円

2 関東リースにおける次の各金額

① X5年度末における備品の貸借対照表価額 _____678,864_____ 円

② X5年度における損益計算書上の減価償却費 _____84,858_____ 円

③ X5年度における損益計算書上の受取利息 _____34,148_____ 円

解答へのアプローチ

まず、A備品・B備品・C備品のリース取引の判定を行う。

①所有権移転ファイナンス・リース取引
②所有権移転外ファイナンス・リース取引 〉 どれに該当？
③オペレーティング・リース取引

その後、それぞれの取引にあわせ、各金額を計算する。

ただし、ファイナンス・リース取引については、利子率が問題に与えられていないため、利子率を推定し、年金現価係数を選択する。

年間リース料 × 年金現価係数 = リース資産の取得原価
　　　　　　　　　　　　?
リース資産の取得原価 ÷ 年間リース料 = 年金現価係数

解 説

ファイナンス・リース取引の判定

A備品 $\frac{6\,年}{7\,年} \geq 75\%$　　B備品 $\frac{3\,年}{10\,年} < 75\%$　　C備品 $\frac{4\,年}{5\,年} \geq 75\%$

∴ A備品およびC備品はファイナンス・リース取引に該当し、B備品はオペレーティング・リース取引に該当する。また、A備品およびC備品ともに所有権移転条項など所有権移転に関する事項がないため、所有権移転外ファイナンス・リース取引に該当する。

② 東北産業における各金額の計算

① X5年度末におけるリース資産の貸借対照表価額

A備品　710,598円 − (710,598円 ÷ 6 年 × 4 年) = 236,866円
　　　取得原価　　　　当年度末までの減価償却額

C備品　725,980円 − (725,980円 ÷ 4 年 × 3 年) = 181,495円
　　　取得原価　　　　当年度末までの減価償却額

}合計　418,361円

② X5年度末におけるリース債務の貸借対照表価額

(イ) 年金現価係数の選択（契約時のリース債務がどの係数で計算されているかを推定する）

A備品　710,598円 ÷ 140,000円 = 5.0757（5 %、6 年）

C備品　725,980円 ÷ 200,000円 = 3.6299（4 %、4 年）

(ロ) リース債務の貸借対照表価額（残存年数の係数により計算する）

A備品　140,000円 × 1.8594 = 260,316円

C備品　200,000円 × 0.9615 = 192,300円

}合計　452,616円

③ X5年度における損益計算書上の支払リース料　300,000円（B備品の年間リース料）

③ 関東リースにおける各金額の計算

① X5年度末における備品の貸借対照表価額

B備品　848,580円 − (848,580円 ÷ 10年 × 2 年) = 678,864円
　　　取得原価　　　　当年度末までの減価償却額

② X5年度における損益計算書上の減価償却費

B備品　848,580円 ÷ 10年 = 84,858円

③ X5年度における損益計算書上の受取利息

A備品　140,000円 − (140,000円 × 2.7232 − 260,316円) = 19,068円
　　　年間リース料　　前期末リース投資資産　　当期末リース投資資産

C備品　200,000円 − (200,000円 × 1.8861 − 192,300円) = 15,080円
　　　年間リース料　　前期末リース投資資産　　当期末リース投資資産

}合計　34,148円

品	リース資産の取得原価	X5年度末リース債務	X5年度減価償却費
品A	1,335,540　円	1,088,970　円	216,000　円
品B	915,940　円	743,420　円	137,391　円
品C	2,076,408　円	1,397,952　円	692,136　円

解答へのアプローチ

まず、備品Ａ・備品Ｂ・備品Ｃのリース取引の判定を行う。

①所有権移転ファイナンス・リース取引
②所有権移転外ファイナンス・リース取引　　どれに該当？
③オペレーティング・リース取引

その後、それぞれの取引にあわせ、各金額を計算する。特に、ファイナンス・リース取引の場合の、取得原価相当額の計算に注意が必要である。

解　説

意義

セール・アンド・リースバック取引とは、借手がその所有する物件を貸手に対して売却し、貸手から当該物件のリースを受ける取引をいう。

※　セール・アンド・リースバック取引は、手持ちの資産を担保として資金を調達することを目的とした取引ともいえる。

ファイナンス・リース取引の判定基準

リースバック取引がファイナンス・リース取引に該当するか否かは、ファイナンス・リース取引の判定基準による。

ただし、当該リース物件の見積現金購入価額については、実際売却価額を用いるものとする。

会計処理

① ファイナンス・リース取引の場合

借手（当社）は、リースの対象となる物件の売却に伴う損益を長期前払費用または長期前受収益等として繰延処理し、リース資産の減価償却費の割合により減価償却費を加減して損益に計上する。

(イ) 物件の売却時

（減価償却累計額）	×××	（備　品　等）	×××
（現 金 預 金）	×××	（長期前受収益）	×××

(ロ) リース開始時

| （リ ー ス 資 産） | ××× | （リ ー ス 債 務） | ××× |

(ハ)　リース料支払時

　　　（リース債務）　×××　　（現金預金）　×××
　　　（支払利息）　　×××

　(ニ)　決算時（減価償却）

　　　（減価償却費）　×××　　（減価償却累計額）　×××
　　　（長期前受収益）　×××　　（減価償却費）　×××
　　　　　　　　　長期前受収益償却

　　　(注)　減価償却費の計算
　　　　　　所有権移転ファイナンス・リース取引の場合：耐用年数はリースバック以後の経済的耐用年数、
　　　　　　　　　　　　　　　　　　　　　　　　　　　存価額は、当初取得原価の10％で計算する。
　　　　　　所有権移転外ファイナンス・リース取引の場合：耐用年数はリース期間、残存価額は零で計算する。

②　オペレーティング・リース取引の場合

　　借手（当社）は、リースの対象となる物件の売却に伴う損益を長期前払費用または長期前受収益等として
　繰延処理し、支払リース料の割合により支払リース料に加減して損益に計上する。

　(イ)　物件の売却時

　　　（減価償却累計額）　×××　　（備品等）　×××
　　　（現金預金）　　　　×××　　（長期前受収益）　×××

　(ロ)　リース開始時
　　　仕訳不要

　(ハ)　リース料支払時

　　　（支払リース料）　×××　　（現金預金）　×××
　　　（長期前受収益）　×××　　（支払リース料）　×××

　(ニ)　決算時
　　　仕訳不要

以下、本問における仕訳等を示すと次のとおりである。（仕訳の単位：円）

(1)　備品A

　　所有権が移転する契約であるため、所有権移転ファイナンス・リー
　ス取引に該当する。

　①　備品の売却時

　　（減価償却累計額）　216,000　　（備品）　1,440,000
　　（現金預金）　1,335,540　　（長期前受収益）　111,540※1

　②　リース開始時

　　（リース資産）1,335,540　　（リース債務）1,335,540

　　取得原価(見積現金購入価額)については、実際売却価額を用いる。

　③　リース料支払時

　　（リース債務）　246,570※2　　（現金預金）　300,000
　　（支払利息）　　53,430※3

　④　決算時（減価償却）

　　（減価償却費）238,308※4　　（減価償却累計額）238,308
　　（長期前受収益）22,308　　（減価償却費）22,308※5
　　　長期前受収益償却

(2)　備品B

　　割安購入選択権が与えられており、その行使が確実に予想される
　ため、所有権移転ファイナンス・リース取引に該当する。

　①　リース開始時

　　（リース資産）915,940※6　　（リース債務）915,940

※1
$$1,335,540円 - (\underset{取得原価}{1,440,000円} - \underset{取得原価}{1,440,000円}$$
$$\times 0.9 \div 6 年) = 111,540円$$

※2
$$\underset{リース料}{300,000円} \times (4.4518 - 3.6299) = 246,570円$$

※3
$$\underset{リース料}{300,000円} - \underset{前記※2}{246,570円} = 53,430円$$

※4
$$(\underset{前記(1)②}{1,335,540円} - 1,440,000円 \times \underset{残存価額}{0.1}) \div 5 年$$
$$= 238,308円$$

残存価額は、当初取得原価の10％で計算する

※5
　(イ)　減価償却総額
$$\underset{前記(1)②}{1,335,540円} - 1,440,000円 \times \underset{残存価額}{0.1} = 1,191,540$$

　(ロ)　長期前受収益の償却額
$$\underset{前記※1}{111,540円} \times \frac{238,308円}{1,191,540円} = 22,308円$$

※6
　(イ)　リース料総額の割引現在価値
$$\underset{年間リース料}{200,000円} \times \underset{年金現価係数}{4.5797} = 915,940円$$

　(ロ)　見積現金購入価額　1,000,000円

　(ハ)　915,940円 ＜ 1,000,000円　∴　915,940円

② リース料支払時

（リース債務）　172,520 ※7　（現金預金）　200,000

（支払利息）　27,480 ※8

③　決算時（減価償却）

（減価償却費）　137,391 ※9　（減価償却累計額）　137,391

・備品C

所有権が移転する契約ではないため、所有権移転外ファイナンス・リース取引に該当する。

① リース開始時

（リース資産）2,076,408 ※10　（リース債務）2,076,408

② リース料支払時

（リース債務）678,456 ※11　（現金預金）　720,000

（支払利息）　41,544 ※12

③　決算時（減価償却）

（減価償却費）　692,136 ※13　（減価償却累計額）　692,136

各金額の算定

① 備品A

(イ)　取得原価　1,335,540円
　　　前記(1)②

(ロ)　X5年度末リース債務　1,335,540円 − 246,570円 = 1,088,970円
　　　　　　　　　　　　　前記(1)②　　　前記(1)③

　　　または　300,000円 × 3.6299 = 1,088,970円
　　　　　　　年間リース料　年金現価係数

(ハ)　X5年度減価償却費　238,308円 − 22,308円 = 216,000円
　　　　　　　　　　　　前記(1)④　　　前記(1)④

② 備品B

(イ)　取得原価　915,940円
　　　前記(2)①

(ロ)　X5年度末リース債務　915,940円 − 172,520円 = 743,420円
　　　　　　　　　　　　　前記(2)①　　　前記(2)②

　　　または　200,000円 × 3.7171 = 743,420円
　　　　　　　年間リース料　年金現価係数

(ハ)　X5年度減価償却費　137,391円
　　　　　　　　　　　　前記(2)③

③ 備品C

(イ)　取得原価　2,076,408円
　　　前記(3)①

(ロ)　X5年度末リース債務　2,076,408円 − 678,456円 = 1,397,952円
　　　　　　　　　　　　　前記(3)①　　　前記(3)②

　　　または　720,000円 × 1.9416 = 1,397,952円
　　　　　　　年間リース料　年金現価係数

(ハ)　X5年度減価償却費　692,136円
　　　　　　　　　　　　前記(3)③

※7
200,000円 × (4.5797 − 3.7171) = 172,520円
リース料

※8
200,000円 − 172,520円 = 27,480円
リース料　　　前記※7

※9
915,940円 × 0.9 ÷ 6 年 = 137,391円
前記(2)①

※10
(イ)　リース料総額の割引現在価値
　　　720,000円 × 2.8839 = 2,076,408円
　　　年間リース料　年金現価係数

(ロ)　見積現金購入価額　2,160,000円

(ハ)　2,076,408円 < 2,160,000円　∴2,076,408円

※11
720,000円 × (2.8839 − 1.9416) = 678,456円
リース料

※12
720,000円 − 678,456円 = 41,544円
リース料　　　前記※11

※13
2,076,408円 ÷ 3 年 = 692,136円
前記(3)①　　リース期間

(1)	支払利息	557,565 円
(2)	減価償却費	4,717,098 円
(3)	リース債務	18,585,492 円

解答へのアプローチ

リース料総額の割引現在価値の計算で、リース料が前払方式のため、特に1年目の計算に注意（割引計算なし）する。
また、未払利息の計算においては、期首時点のリース債務残高に利率を乗じるため、1年目のリース料支払額を考慮して計算する。

解 説

利息法によるリース料総額の割引現在価値は、次のように計算される。なお、初回支払分については割引計算をわないことに注意する。（前払方式）

$$5,000,000円 + \frac{5,000,000円}{(1+0.03)} + \frac{5,000,000円}{(1+0.03)^2} + \frac{5,000,000円}{(1+0.03)^3} + \frac{5,000,000円}{(1+0.03)^4} \fallingdotseq 23,585,492円 （円未満四捨五入）$$

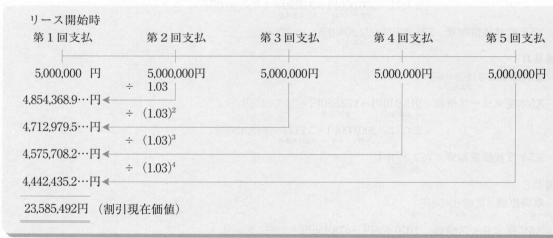

1 取得原価の算定

本問においては、貸手の購入価額が不明であるため、見積現金購入価額と割引現在価値を比較し、いずれかい額が取得原価となる。

(1) 見積現金購入価額　24,000,000円

(2) 割 引 現 在 価 値　23,585,492円

(3) (1) ＞ (2)　∴23,585,492円

2 支払利息の計算

(23,585,492円 − 5,000,000円) × 3 % ≒ 557,565円 （円未満四捨五入）
初回支払分

3 減価償却費の計算

23,585,492円 ÷ 5 年 ≒ 4,717,098円 （円未満四捨五入）

4 リース債務の計算

23,585,492円 − 5,000,000円 = 18,585,492円

10 減損会計 I

1問

問 1			470,000	千円
問 2	(イ)		278,328	千円
	(ロ)		276,000	千円
	(ハ)		61,672	千円
	(ニ)		278,328	千円

2問

①	1,250	千円
②	5,450	千円
③	1,450	千円

業甲におけるのれんの減損処理後の帳簿価額	200	千円

解答へのアプローチ

第1問

減損会計の手順にしたがい解答する。

> ①減損の兆候があるかの判定
> ↓
> ②減損損失の認識の判定
> ↓
> ③減損損失の測定

第2問

解答手順は次のとおりである。

> ① のれんの帳簿価額を事業甲と乙に分割する。
> ② 事業甲に属する資産グループごとの減損損失の計算を行う。(〔資料Ⅰ〕の表を完成させる)
> ③ 事業甲に属するのれんを含む、より大きな単位での減損損失の計算を行う。(〔資料Ⅱ〕の表を完成させる)

第1問

以下、本問における計算過程等を示すと次のとおりである。

問1

1　A資産

減損の兆候があるため減損損失の認識の判定を行う。

(1)　減損損失の認識の判定
① 帳簿価額　860,000千円
② 割引前将来キャッシュ・フロー　810,000千円
③ ①＞② ∴減損の認識をする。

(2)　減損損失の測定
① 帳簿価額　860,000千円
② 回収可能価額の算定
　　正味売却価額　370,000千円 ＜ 使用価値　390,000千円　　∴390,000千円
③ ①－②＝470,000千円

2　B資産

減損の兆候はないため減損処理は行われない。

3　C資産

減損の兆候があるため減損損失の認識の判定を行う。

(1)　減損損失の認識の判定
① 帳簿価額　650,000千円
② 割引前将来キャッシュ・フロー　670,000千円
③ ①＜② ∴減損の認識をしない。

問2

固定資産について減損の兆候があるため減損損失の認識の判定を行う。

1　減損損失の認識の判定

(1)　帳簿価額　700,000千円 － (700,000千円 × 0.9 ÷ 7年 × 4年) ＝ 340,000千円
　　　　　　　　　取得原価　　　　　　取得原価　　　　　耐用年数　経過年数

(2)　割引前将来キャッシュ・フロー　80,000千円 × 3年 ＋ 70,000千円 ＝ 310,000千円
　　　　　　　　　　　　　　　　　　　　　　残存耐用年数　　処分収入

(3)　(1)＞(2) ∴減損の認識をする。

2　使用価値の算定

$$\frac{80{,}000千円}{(1+0.05)} + \frac{80{,}000千円}{(1+0.05)^2} + \frac{80{,}000千円+70{,}000千円}{(1+0.05)^3} \fallingdotseq 278{,}328千円（千円未満四捨五入）$$

3　正味売却価額の算定

280,000千円 － 4,000千円 ＝ 276,000千円

回収可能価額の算定

- (1) 使用価値　278,328千円
- (2) 正味売却価額　276,000千円
- (3) (1)＞(2) ∴278,328千円

減損損失の測定

- (1) 帳簿価額　340,000千円
- (2) 回収可能価額　278,328千円
- (3) (1)－(2)＝61,672千円

貸借対照表価額

700,000千円－（700,000千円×0.9÷7年×4年）－61,672千円＝278,328千円

取得原価　　　　　　取得原価　　　　　　　耐用年数　経過年数

第2問

以下、本問における計算過程等を示すと次のとおりである。

のれんの帳簿価額の分割（事業甲への配分額）

$$2,000千円 \times \frac{6,000千円}{6,000千円＋3,600千円} = 1,250千円$$

事業甲に属する資産グループごとの減損損失の計算

(1) 資産グループA

　減損の兆候があるため減損損失の認識の判定を行う。

　① 減損損失の認識の判定

　（イ）帳簿価額　1,000千円

　（ロ）割引前将来キャッシュ・フロー　1,400千円

　（ハ）（イ）＜（ロ）　∴減損の認識をしない。

(2) 資産グループB

　減損の兆候があるため減損損失の認識の判定を行う。

　① 減損損失の認識の判定

　（イ）帳簿価額　2,000千円

　（ロ）割引前将来キャッシュ・フロー　2,200千円

　（ハ）（イ）＜（ロ）　∴減損の認識をしない。

(3) 資産グループC

　減損の兆候があるため減損損失の認識の判定を行う。

　① 減損損失の認識の判定

　（イ）帳簿価額　1,200千円

　（ロ）割引前将来キャッシュ・フロー　1,000千円

　（ハ）（イ）＞（ロ）　∴減損の認識をする。

　② 減損損失の測定

　　1,200千円－800千円＝400千円

　　　帳簿価額　　回収可能価額

3 事業甲に属するのれんを含む、より大きな単位での減損損失の計算

(1) 減損損失の認識の判定

減損の兆候があるため減損損失の認識の判定を行う。

① 帳簿価額　4,200千円 + 1,250千円 = 5,450千円
資産グループ　　　　のれん
A、B、C

② 割引前将来キャッシュ・フロー　4,600千円

③ ①＞②　∴減損の認識をする。

(2) 減損損失の測定

5,450千円 - 4,000千円 = 1,450千円
帳簿価額　　　回収可能価額

4 事業甲におけるのれんの減損処理後の帳簿価額

(1) 減損損失増加額

1,450千円 - 400千円 = 1,050千円
前記3(2)　　　前記2(3)②

(2) 事業甲におけるのれんの減損処理後の帳簿価額

1,250千円 - 1,050千円 = 200千円
前記1　　　　前記4(1)

減損損失1,450千円のうち、資産グループCに係る減損損失400千円を控除した減損損失の増加額1,050千円は、原則として、のれんに配分する。

問1

機械A	機械B	機械C
×	○	○

問2 (単位：千円)

機械A	機械B	機械C
	25,000	5,701

問3 (単位：千円)

仕		訳	
借　　方	金　額	貸　　方	金　額
減　損　損　失	30,701	機　　　　　械	30,701

解答へのアプローチ

減損会計の手順にしたがい解答する。

①減損の兆候があるかの判定
↓
②減損損失の認識の判定
↓
③減損損失の測定

解　説

以下、本問における計算過程等を示すと次のとおりである。（仕訳の単位：千円）

問1

機械A

(1) 帳簿価額
110,000千円

(2) 割引前将来キャッシュ・フロー
20,800千円＋21,632千円＋27,040千円＋28,122千円＋21,640千円＋9,732千円＝128,966千円

(3) (1)＜(2) ∴減損の認識をしない。

機械B

(1) 帳簿価額
88,000千円

(2) 割引前将来キャッシュ・フロー
18,720千円＋16,224千円＋15,748千円＋14,622千円＝65,314千円

(3) (1)＞(2) ∴減損の認識をする。

3 機械C

(1) 帳簿価額

42,000千円

(2) 割引前将来キャッシュ・フロー

8,736千円 + 8,220千円 + 8,436千円 + 11,698千円 + 3,276千円 = 40,366千円

(3) (1) > (2) ∴減損の認識をする。

問 2

1 機械B

(1) 使用価値の算定

$$\frac{18,720千円}{(1+0.04)} + \frac{16,224千円}{(1+0.04)^2} + \frac{15,748千円 + 14,622千円}{(1+0.04)^3} ≒ 59,999千円 （千円未満四捨五入）$$

(2) 正味売却価額

63,000千円

(3) 回収可能価額の算定

① 使用価値 59,999千円

② 正味売却価額 63,000千円

③ ① < ② ∴63,000千円

(4) 減損損失

88,000千円 − 63,000千円 = 25,000千円

帳簿価額　　　回収可能価額

2 機械C

(1) 使用価値の算定

$$\frac{8,736千円}{(1+0.04)} + \frac{8,220千円}{(1+0.04)^2} + \frac{8,436千円}{(1+0.04)^3} + \frac{11,698千円 + 3,276千円}{(1+0.04)^4} ≒ 36,299千円 （千円未満四捨五入$$

(2) 正味売却価額

30,000千円

(3) 回収可能価額の算定

① 使用価値 36,299千円

② 正味売却価額 30,000千円

③ ① > ② ∴36,299千円

(4) 減損損失

42,000千円 − 36,299千円 = 5,701千円

帳簿価額　　　回収可能価額

問 3

（減 損 損 失） 30,701 （機 械） 30,701

25,000千円 + 5,701千円 = 30,701千円

機械B　　　　機械C

解答・解説

104

第1問

研究開発費	91,000	千円
ソフトウェアの取得原価	69,000	千円
ソフトウェアの償却額	33,120	千円

第2問

(1)	研　究　開　発　費	480,000	千円
(2)	ソフトウェアの償却額	138,000	千円
(3)	ソフトウェアの貸借対照表価額	162,000	千円

解答へのアプローチ

第1問

関連費用の按分、つまり、ソフトウェア・研究開発費の金額算定を行う。
その後、ソフトウェアの償却額の計算を行う。

第2問

ソフトウェアの制作目的別分類			
ソフトウェア	研究開発目的のソフトウェア		研究開発費として処理
	市場販売目的ソフトウェア	最初に製品化された製品マスター完成までの制作費	研究開発費として処理
		最初に製品化された製品マスター完成以後の制作費	無形固定資産として処理
		製品マスター完成後の改良・バージョンアップ費用 / 改良やバージョンアップが著しい場合	研究開発費として処理
		改良やバージョンアップが著しくない場合	無形固定資産として処理
		バグ取り等・機能維持に要した費用	費用として処理
	自社利用目的ソフトウェア	研究開発に該当する部分	研究開発費として処理
		研究開発に該当しない部分 / 将来の収益獲得または費用の削減が確実な場合	無形固定資産として処理
		将来の収益獲得または費用の削減が不確実な場合	費用として処理

※製品マスター…複写可能な完成品であり、販売されるソフトウェアの複写のもとになる。
※受注制作のソフトウェア…工事契約に関する会計基準等に従って処理する。

解 説

第1問

　研究開発費に係る会計処理については、研究開発費等に係る会計基準・三で次のように規定している。

　「研究開発費は、すべて発生時に費用として処理しなければならない。

　なお、ソフトウェア制作費のうち、研究開発に該当する部分も研究開発費として費用処理する。」

　市場販売目的のソフトウェアに係る会計処理については、研究開発費等に係る会計基準・四2で次のように規定している。

　「市場販売目的のソフトウェアである製品マスターの制作費は、研究開発費に該当する部分を除き、資産として計上しなければならない。ただし、製品マスターの機能維持に要した費用は、資産として計上してはならない。」

　ソフトウェアの計上区分については、研究開発費等に係る会計基準・四4で次のように規定している。

　「市場販売目的のソフトウェア及び自社利用のソフトウェアを資産として計上する場合には、無形固定資産の区分に計上しなければならない。」

　ソフトウェアの減価償却方法については、研究開発費等に係る会計基準・四5で次のように規定している。

　「無形固定資産として計上したソフトウェアの取得原価は、当該ソフトウェアの性格に応じて、見込販売数量に基づく償却方法その他合理的な方法により償却しなければならない。

　ただし、毎期の償却額は、残存有効期間に基づく均等配分額を下回ってはならない。」としており、算式で示すと次のとおりである。

（1）ソフトウェアの未償却残高 × $\dfrac{\text{各年度の実際販売数量}}{\text{各年度の期首（初年度は販売開始時）の見込販売数量}}$

（2）ソフトウェアの未償却残高 × $\dfrac{1\text{年}}{\text{残存有効年数}}$

（3）（1）$\gtrless$（2）　∴　いずれか大きい方を減価償却費とする。

　以下、本問における計算過程等を示すと次のとおりである。

1　研究開発費およびソフトウェア（無形固定資産）の計上額

（1）X3年度のソフトウェア関連費用発生額の按分

	関　連　費　用	研　究　開　発　費		無　形　固　定　資　産	
原　材　料　費	24,500千円	（80%）	19,600千円	（20%）	4,900千円
人　　件　　費	64,050千円	（60%）	38,430千円	（40%）	25,620千円
機械減価償却費	14,000千円	（50%）	7,000千円	（50%）	7,000千円
そ　の　他　経　費	37,100千円	（70%）	25,970千円	（30%）	11,130千円
合　　　　計	139,650千円		91,000千円		48,650千円

（2）研究開発費およびソフトウェア（無形固定資産）の取得原価

　①　研究開発費　91,000千円
　　　　　　　　　前記1(1)

　②　ソフトウェア（無形固定資産）の取得原価　20,350千円 ＋ 48,650千円 ＝ 69,000千円
　　　　　　　　　　　　　　　　　　　　　　　 X2年度製品　　　X3年度製品
　　　　　　　　　　　　　　　　　　　　　　　 マスター制作費　 マスター制作費

X3年度のソフトウェア償却額の計算

(1) 見込販売数量にもとづく償却額

$$69,000千円 \times \frac{24,000個}{24,000個 + 16,000個 + 10,000個} = 33,120千円$$

(2) 残存有効期間にもとづく均等配分額

$$69,000千円 \times \frac{1年}{3年} = 23,000千円$$

(3) (1) > (2) ∴ 33,120千円

2問

以下、本問における計算過程等を示すと次のとおりである。

研究開発費の金額

$$420,000千円 + 60,000千円 = 480,000千円$$
資料1 (1) 　　　 資料1 (4)

ソフトウェアの取得原価

$$120,000千円 + 180,000千円 = 300,000千円$$
資料1 (2) 　　　 資料1 (5)

X3年度のソフトウェア償却額の計算

(1) 見込販売数量にもとづく減価償却費

$$300,000千円 \times \frac{23,000個}{23,000個 + 19,000個 + 8,000個} = 138,000千円$$

(2) 残存有効期間にもとづく均等配分額

$$300,000千円 \times \frac{1年}{3年} = 100,000千円$$

(3) (1) > (2) ∴ 138,000千円

X3年度末のソフトウェアの貸借対照表価額

$$300,000千円 - 138,000千円 = 162,000千円$$
前記2 　　　 前記3

13 債権

第1問

問1

$$1,917,531円 = \frac{60,000円}{(1+r)} + \frac{60,000円}{(1+r)^2} + \frac{2,060,000円}{(1+r)^3}$$

問2 | 1,943,820 円

問3 | 1,752,593 円

第2問

問1 (単位：千円)

仕		訳	
借　方	金　額	貸　方	金　額
受　取　利　息	458	長　期　貸　付　金	458

問2 (単位：千円)

仕		訳	
借　方	金　額	貸　方	金　額
受　取　利　息	431	長　期　貸　付　金	431

解答へのアプローチ

第1問

　本問では、割引現在価値の計算について、計算式での解答を要求している。したがって、以下の例を参考に考えるとよい。

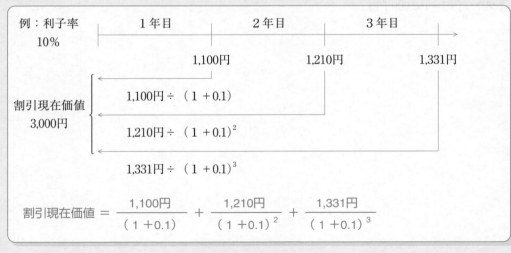

第２問

　本問は、債権金額より帳簿価額の方が大きいため、償却原価法の採用においては長期貸付金を減額することになる。なお、計算手順は増額する場合と同じ要領である。

> 利息法の場合
> 　帳簿価額×実効利率＝受取利息※1
> 　債権金額×表面利率＝現金預金※2
> 　　（現 金 預 金）　×××※2　（受 取 利 息）　×××※1
> 　　　　　　　　　　　　　　　（長 期 貸 付 金）　×××

解　説

第１問

（仕訳の単位：円）

1 貸付金と実効利子率との関係

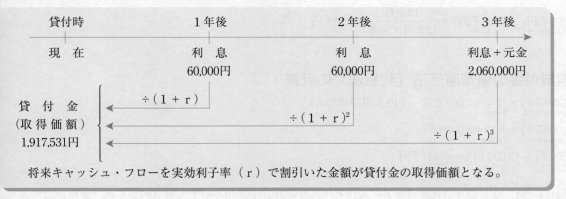

将来キャッシュ・フローを実効利子率（ r ）で割引いた金額が貸付金の取得価額となる。

2 貸付金の償却原価

(1)　貸付時
　（貸　付　金）1,917,531　（現　　　　　金）1,917,531
(2)　当期末（１年後）
　（現　　　　　金）60,000　（受 取 利 息）86,289※1
　（貸　付　金）26,289※2
(3)　当期末貸付金の償却原価
　　1,917,531円＋26,289円＝1,943,820円

※1
1,917,531円×4.5％≒86,289円（円未満四捨五入）
　期首償却原価　　実効利子率
　（取得価額）

※2
86,289円－60,000円＝26,289円
　前記※1

3 貸付金の評価額の算定

2,000,000円÷（1＋0.045）³≒1,752,593円（円未満四捨五入）

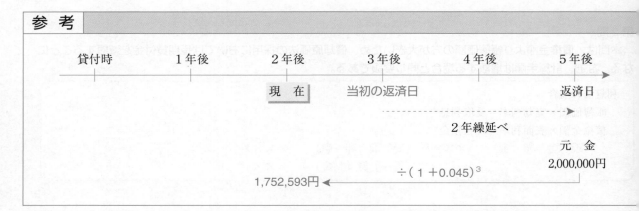

貸付時　　1年後　　2年後　　3年後　　4年後　　5年後

現　在　　当初の返済日　　　　　　返済日

2年繰延べ

元　金
2,000,000円

1,752,593円 ← $\div (1 + 0.045)^3$

第2問

（仕訳の単位：千円）

問1

1 長期貸付金の償却原価法（定額法）の計算

$$(52,290千円 - 50,000千円) \times \frac{12カ月}{12カ月 \times 5年} = 458千円$$

前T/B長期貸付金　　債権金額

問2

1 長期貸付金の償却原価法（利息法）の計算

(1) 52,290千円 × 3％ ≒ 1,569千円 （千円未満四捨五入）
　　前T/B長期貸付金　実効利率

(2) 50,000千円 × 4％ = 2,000千円
　　債権金額　　表面利率

(3) 1,569千円 − 2,000千円 = △431千円
　　前記(1)　　　前記(2)

　本問においては、決算整理前残高試算表において、受取利息2,000千円が計上されているため、表面利率を乗じて計算した利息分については記帳されていることに留意する。

〈期中の仕訳〉
　（現　金　預　金）　　2,000　（受　取　利　息）　　2,000
〈本来の仕訳〉
　（現　金　預　金）　　2,000　（受　取　利　息）　　1,569
　　　　　　　　　　　　　　　　（長　期　貸　付　金）　　431

14 有価証券 I

損 益 計 算 書

自X5年4月1日 至X6年3月31日　　　　（単位：円）

```
          :
 営業外収益
 受 取 配 当 金          (        218,000 )
 有 価 証 券 利 息        (         60,453 )
（有 価 証 券 評 価 益）    (         80,600 )
（          ）          (                )     (    359,053 )
 営業外費用
（投資有価証券評価損）       (         30,000 )
（          ）          (                )     (     30,000 )
 特 別 利 益
（          ）                                 (           )
 特 別 損 失
 関 係 会 社 株 式 評 価 損                        (  2,580,000 )
```

貸 借 対 照 表

X6年3月31日現在　　　　　　（単位：円）

```
      資 産 の 部                       負 債 の 部
 流 動 資 産                              :
        :
（有 価 証 券）  (  6,609,500 )          純 資 産 の 部
 固 定 資 産                              :
        :
（投 資 有 価 証 券）(  5,351,453 )   （その他有価証券評価差額金）(   200,000 )
 関 係 会 社 株 式  (  2,580,000 )
```

（注）すべての（　　）が埋まるとは限らない。

解答へのアプローチ

時価の著しい下落、実質価額の著しい低下による評価減（有価証券の減損）を行う。
該当しないものは、通常の評価を行う。

　売買目的有価証券……………… 時価で評価
　満期保有目的債券……………… 償却原価法
　子会社株式・関連会社株式…… 取得原価で評価
　その他有価証券………………… 時価で評価

以下、有価証券の銘柄ごとの仕訳等を示すと次のとおりである。（仕訳の単位：円）

1 A社社債・B社株式（売買目的有価証券→B/S：有価証券）

(1) X6年3月31日（決算日）

① A社社債

(売買目的有価証券)	1,500	(有価証券評価損益)	1,500 ※1
有価証券			

② B社株式

(有価証券評価損益)	80,000 ※2	(売買目的有価証券)	80,000
		有価証券	

2 C社社債（満期保有目的債券→B/S：投資有価証券）

(1) X5年9月30日（利払日）

(現　　　金)	20,000 ※3	(有価証券利息)	25,650 ※4
(満期保有目的債券)	5,650 ※5		
投資有価証券			

(2) X6年3月31日（利払日・決算日）

(現　　　金)	20,000 ※6	(有価証券利息)	25,803 ※7
(満期保有目的債券)	5,803 ※8		
投資有価証券			

3 D社株式（子会社株式→B/S：関係会社株式）

時価が著しく下落しており、回復の見込みがないため時価で評価する。

(関係会社株式評価損)	2,580,000 ※9	(子会社株式)	2,580,000
関係会社株式		関係会社株式	

4 E社株式（関連会社株式→B/S：関係会社株式）

仕訳不要

5 F社株式・G社株式（その他有価証券→B/S：投資有価証券）

(1) X6年3月31日（決算日）

① F社株式

(その他有価証券)	200,000	(その他有価証券評価差額金)	200,000 ※10
投資有価証券			

② G社株式

(投資有価証券評価損益)	50,000 ※11	(その他有価証券)	50,000
		投資有価証券	

※1
(@96.5円 － @96円) × 3,000口 ＝ 1,500円（評価〔益〕）
当期末時価　取得原価

※2
(@790円 － @800円) × 8,000株
当期末時価　取得原価
＝ △80,000円（評価損）

※3
$1,000,000円 \times 4\% \times \dfrac{6カ月}{12カ月} = 20,000円$
表面利率

※4
$950,000円 \times 5.4\% \times \dfrac{6カ月}{12カ月} = 25,650円$
実効利率

※5
25,650円 － 20,000円 ＝ 5,650円

※6
$1,000,000円 \times 4\% \times \dfrac{6カ月}{12カ月} = 20,000円$
表面利率

※7
$(950,000円 + 5,650円) \times 5.4\% \times \dfrac{6カ月}{12カ月}$
前記※5　　　　　　実効利率
≒ 25,803円（円未満四捨五入）

※8
25,803円 － 20,000円 ＝ 5,803円

※9
(@220円 － @650円) × 6,000株
当期末時価　帳簿価額
＝ △2,580,000円（評価損）

※10
(@800円 － @750円) × 4,000株
当期末時価　取得原価
＝ 200,000円（評価益）

※11
(@595円 － @620円) × 2,000株
当期末時価　取得原価
＝ △50,000円（評価損）

有価証券Ⅱ

第1問

（単位：千円）

	仕 訳			
	借 方	金 額	貸 方	金 額
A社社債	満期保有目的債券	30	有価証券利息	30
B社社債	その他有価証券	140	有価証券利息	140
	その他有価証券	80	その他有価証券評価差額金	80

第2問

約定日基準

（単位：円）

	仕 訳			
	借 方	金 額	貸 方	金 額
1)	売買目的有価証券	800,000	未 払 金	800,000
2)	売買目的有価証券	37,500	有価証券評価損益	37,500
3)	有価証券評価損益	37,500	売買目的有価証券	37,500
4)	未 払 金	800,000	当 座 預 金	800,000
5)	未 収 入 金	845,000	売買目的有価証券	800,000
			有価証券売却益	45,000
6)	現 金	845,000	未 収 入 金	845,000

修正受渡日基準

（単位：円）

	仕 訳			
	借 方	金 額	貸 方	金 額
1)	仕 訳 不 要			
2)	売買目的有価証券	37,500	有価証券評価損益	37,500
3)	有価証券評価損益	37,500	売買目的有価証券	37,500
4)	売買目的有価証券	800,000	当 座 預 金	800,000
5)	売買目的有価証券	45,000	有価証券売却益	45,000
6)	現 金	845,000	売買目的有価証券	845,000

第3問

1) 売買目的有価証券	1,463,000	円
2) その他有価証券	1,950,000	円
3) 有価証券評価（ 益 ）(注)	15,000	円
4) 有価証券利息	2,000	円

(注)（　　　）の中には「損」または「益」を記入しなさい。

減損会計

研究開発費等

債権

有価証券

引当金

第 1 問

　満期保有目的債券は償却原価法を適用するが、時価での評価は行わない。その他有価証券（債券）にも償却原価法を適用する場合があるが、その他有価証券は時価で評価をする。

第 2 問

　有価証券の発生・消滅の認識時点の違いに注意。

約定日基準と修正受渡日基準の認識時点の相違			
購入約定日　　　受取日　　　売却約定日　　　引渡日			
約定日基準：　発生を認識　　—　　消滅を認識　　—			
修正受渡日基準：　—　　発生を認識　　—　　消滅を認識			

　修正受渡日基準では、受渡日まで有価証券の発生を認識しない。したがって、約定日（購入）については仕訳不要となる点に留意しなければならない。

第 3 問

　有価証券の保有目的等による分類は、取得時点の意図によるため、取得後における保有目的区分の変更は原則として認められない。しかし、資金運用方針の変更など正当な理由がある場合には変更が認められる。ただし、満期保有目的債券への分類は、その取得当初の意図（満期まで保有）に基づいているため、取得後の満期保有目的債券への振替えは認められない。

変　更　前	変　更　後	振替価格	評価差額等
売買目的有価証券 その他有価証券	満期保有目的債券	変　更　不　可	
満期保有目的債券	売買目的有価証券 その他有価証券	変更時の 償却原価	有 価 証 券 利 息
売買目的有価証券	その他有価証券 子 会 社 株 式 関 連 会 社 株 式	時　　価	有価証券評価損益
その他有価証券	売買目的有価証券		(投資)有価証券評価損益
その他有価証券	子 会 社 株 式 関 連 会 社 株 式	帳簿価額	————（注）
子 会 社 株 式 関 連 会 社 株 式	売買目的有価証券 その他有価証券		————

（注）　その他有価証券から子会社株式または関連会社株式へ振替える場合に、その他有価証券について部分純資産直入法を採用しており、評価差損を計上していた場合には、時価による評価後の価額で振替え、評価差額を（投資）有価証券評価損益として計上する。

解　説

第1問
（仕訳の単位：千円）

■ A社社債

（1）取得時（X4年10月1日）

（満期保有目的債券）	5,700	（現 金 預 金）	5,700

（2）決算時（X5年3月31日）

① 償却原価法（定額法）

（満期保有目的債券）	30 ※1	（有 価 証 券 利 息）	30

■ B社社債

（1）取得時（X4年4月1日）

（その他有価証券）	4,580	（現 金 預 金）	4,580

（2）決算時（X5年3月31日）

① 償却原価法（定額法）

（その他有価証券）	140	（有 価 証 券 利 息）	140 ※2

② 評価替え

（その他有価証券）	80	（その他有価証券評価差額金）	80 ※3

※1
$$(\underset{\text{額面金額}}{6,000千円} - \underset{\text{取得原価}}{5,700千円}) \times \frac{6\,カ月}{60\,カ月} = 30千円$$

※2
$$(\underset{\text{額面金額}}{5,000千円} - \underset{\text{取得原価}}{4,580千円}) \times \frac{12\,カ月}{36\,カ月} = 140千円$$

※3
$$\underset{\text{時価}}{4,800千円} - (\underset{\text{取得原価}}{4,580千円} + \underset{\text{前記2(2)①}}{140千円})$$
$$= 80千円（評価益）$$

第2問

有価証券の売買については、原則として約定日基準により認識し、例外として修正受渡日基準により認識する。こ〔れ〕は当該取引の契約時から当該有価証券の時価の変動リスクや契約の相手方（発行会社）の財政状態等に基づく信用〔リ〕スクが契約当事者に生じるため、契約締結時においてその発生を認識するものである。

■ 約定日基準

約定日基準とは、約定日から受渡日までの期間が市場の規則または慣行にしたがった通常の期間である場合、売買約定日に買手は有価証券の発生を認識し、売手は有価証券の消滅の認識を行う方法をいう。

■ 修正受渡日基準

修正受渡日基準とは、保有目的区分ごとに買手は約定日から受渡日までの時価の変動のみを認識し、売手は売却損益のみを約定日に認識する。また、受渡日に買手は有価証券の発生を認識し、売手は有価証券の消滅の認識を行う方法をいう。

第3問

以下、本問における仕訳等を示すと次のとおりである。（仕訳の単位：円）

■ A社社債（その他有価証券→満期保有目的債券）

仕訳不要（保有目的区分の変更は認められないため、その他有価証券のままとなる）

■ B社社債（売買目的有価証券→その他有価証券）

（その他有価証券）	870,000	（売買目的有価証券）	855,000
		（有価証券評価損益）	15,000

〈考え方〉

(1) 売買目的有価証券の評価替え

(売買目的有価証券)　　15,000　　（有価証券評価損益）　　15,000 ※1

(2) その他有価証券への振替え

（その他有価証券）　　870,000　　（売買目的有価証券）　　870,000 ※2

3　C社社債（満期保有目的債券→その他有価証券）

（その他有価証券）　　590,000　　（満期保有目的債券）　　588,000

　　　　　　　　　　　　　　　　（有 価 証 券 利 息）　　　2,000

〈考え方〉

(1) 償却原価法

（満期保有目的債券）　　2,000 ※3　（有 価 証 券 利 息）　　2,000

(2) その他有価証券への振替え

（その他有価証券）　　590,000　　（満期保有目的債券）　　590,000 ※4

4　D社社債（その他有価証券→売買目的有価証券）

（売買目的有価証券）　1,463,000　　（その他有価証券）　1,470,000

（投資有価証券評価損益）　　7,000

〈考え方〉

(1) その他有価証券の評価替え

（投資有価証券評価損益）　7,000 ※5　（その他有価証券）　　　7,000

　　全部純資産直入法を採用しているが、変更後の保有目的区分（売買目的）に係る処理（損益）に準じている

(2) その他有価証券から売買目的有価証券への振替え

（売買目的有価証券）　1,463,000　　（その他有価証券）　1,463,000 ※6

5　各金額の計算

(1) 売買目的有価証券　1,463,000円
　　　　　　　　　　　前記 4

(2) その他有価証券　　490,000円 ＋ 870,000円 ＋ 590,000円 ＝ 1,950,000円
　　　　　　　　　　　A社社債取得原価　　前記 2　　　前記 3

(3) 有価証券評価損益　15,000円（評価益）
　　　　　　　　　　　前記 2

(4) 有 価 証 券 利 息　2,000円
　　　　　　　　　　　前記 3

※1
870,000円 － 855,000円 ＝ 15,000円（評価益）
　時 価　　　取得原価

※2
855,000円 ＋ 15,000円 ＝ 870,000円
取得原価　　前記 ※1

※3
590,000円 － 588,000円 ＝ 2,000円
償却原価　　取得原価

※4
588,000円 ＋ 2,000円 ＝ 590,000円
取得原価　　前記 ※3

※5
1,463,000円 － 1,470,000円 ＝ △7,000円（評価損）
　時 価　　　　取得原価

※6
1,470,000円 － 7,000円 ＝ 1,463,000円
取得原価　　前記 ※5

引当金

1) 一般債権に適用する当期の貸倒率

2.6	％

2) 貸倒懸念債権の将来キャッシュ・フローの現在価値

9,445	千円

3) 破産更生債権等の貸倒見積高

3,000	千円

4) 当期末に計上する貸倒引当金の合計額

4,595	千円

解答へのアプローチ

債権は、債務者の財政状態および経営成績等に応じて、次のように区分し、貸倒見積高を算定する。

区　分	内　容
一　般　債　権	経営状態に重大な問題が生じていない債務者に対する債権
貸　倒　懸　念　債　権	経営破綻には至っていないが、債務の弁済に重大な問題が生じているか、生じる可能性の高い債務者に対する債権
破　産　更　生　債　権　等	経営破綻または実質経営破綻の債務者に対する債権

(1) 一般債権（貸倒実績率法）

　　貸倒見積高＝債権額×貸倒実績率

(2) 貸倒懸念債権

① 財務内容評価法

　　貸倒見積高＝（債権額－担保処分・保証回収見込額）－回収見込額

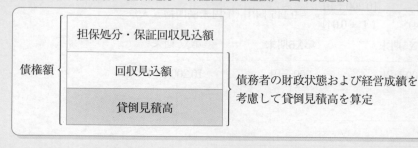

② キャッシュ・フロー見積法

　　貸倒見積高＝債権の帳簿価額－債権に係る将来キャッシュ・フローの割引現在価値

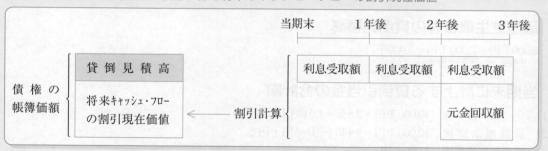

(3) 破産更生債権等（財務内容評価法）
　　貸倒見積高＝債権額－担保処分・保証回収見込額

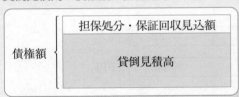

解　説

以下、本問における計算等を示すと次のとおりである。

1　一般債権に適用する当期の貸倒率

(1)　過去3期間の貸倒実績率

① 第X1期末 $\dfrac{600千円（第X2期中の貸倒高）}{25,000千円（第X1期末の残高）}=0.024（2.4\%）$

② 第X2期末 $\dfrac{840千円（第X3期中の貸倒高）}{30,000千円（第X2期末の残高）}=0.028（2.8\%）$

③ 第X3期末 $\dfrac{910千円（第X4期中の貸倒高）}{35,000千円（第X3期末の残高）}=0.026（2.6\%）$

(2)　過去3期間の貸倒実績率の平均値

$$\dfrac{2.4\%+2.8\%+2.6\%}{3年}=2.6\%$$

2　貸倒懸念債権の将来キャッシュ・フローの割引現在価値

$$\dfrac{200千円}{（1+0.04）}+\dfrac{200千円}{（1+0.04）^2}+\dfrac{10,200千円}{（1+0.04）^3}≒9,445千円（千円未満四捨五入）$$

決算日	第X5期末	第X6期末	第X7期末
	200千円	200千円	10,200千円

$\div 1.04$
192.3…千円 ←
$\div（1.04）^2$
184.9…千円 ←
$\div（1.04）^3$
9,067.7…千円 ←

9,445千円（割引現在価値）

3　破産更生債権等の貸倒見積高

5,000千円－2,000千円＝3,000千円
　債権金額　　担保処分見込額

4　当期末に計上する貸倒引当金の合計額

(1)　一　般　債　権　40,000千円×2.6％＝1,040千円

(2)　貸倒懸念債権　10,000千円－9,445千円＝555千円

(3)　破産更生債権等　3,000千円

(4)　(1)＋(2)＋(3)　＝4,595千円

解答・解説

17 退職給付会計Ⅰ

第1問

問1

(単位：円)

	仕 訳			
	借 方	金 額	貸 方	金 額
(1)	退 職 給 付 費 用	69,800	退 職 給 付 引 当 金	69,800
(2)	退 職 給 付 引 当 金	40,000	現 金	40,000

問2

X5年度末の退職給付引当金残高　　（　　　　80,000　円）

X6年度末の退職給付引当金残高　　（　　　168,000　円）

X7年度末の退職給付引当金残高　　（　　　264,600　円）

第2問

(1)	29,280	千円
(2)	7,680	千円
(3)	34,640	千円

解答へのアプローチ

第1問

退職給付債務は、退職給付見込額を認識時点まで割引くことにより計算する。

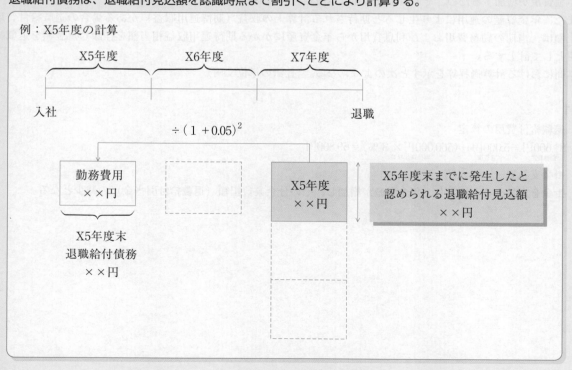

本問の解答手順
① 期首時点で判明しているものによる、退職給付費用の計上
② 退職金の支払いの処理（一時金および年金基金より年金の支払い）
③ 掛金の支払いの処理
④ 数理計算上の差異を求め、償却の処理

解 説

第1問
退職給付には企業が直接給付を行う形態と企業年金制度に基づく形態がある。

1 企業が直接給付を行う形態
企業が自己資金をもって給付するものであり、一般に従業員の退職時に一時金として給付される。

2 企業年金制度に基づく形態
厚生年金基金制度や適格退職年金制度といった企業年金制度を利用することにより、厚生年金基金や生命保険会社などが給付するものであり、一般に従業員の退職後に分割して退職年金として給付される。

3 会計処理
当期の勤務費用（一定期間の労働の対価として発生したと認められる退職給付をいい、割引計算により測定される）および利息費用（割引計算により測定された期首時点の退職給付債務について、期末までの期間で発生する計算上の利息）を退職給付費用として費用計上するとともに、同額を退職給付引当金として記帳する。

なお、退職給付につき企業年金制度を採用している場合は、企業および従業員が掛金の支払いを行うことにより年金資産が増加するため、その掛金支払額は退職給付引当金の減少として処理する。

また、年金資産の運用により生じると期待される計算上の収益（期待運用収益）がある場合の退職給付費用計上額は、当期の勤務費用および利息費用から年金資産にかかる期待運用収益相当額を控除した金額を退職給付費用として計上する。

本問における計算過程等を示すと次のようになる。（仕訳の単位：円）

問1
(1) 退職給付費用の算定
81,600円 + 5,000円 − (560,000円 × 3 %) = 69,800円
　　勤務費用　　利息費用　　　期待運用収益

(2) 掛金支払額
掛金を支払うことにより、年金資産が増加し、その分企業負担額（退職給付引当金）の減少となる。

解答・解説

問2

(1) X5年度末の退職給付引当金残高

(退職給付費用)　80,000 [※1]　(退職給付引当金)　80,000

∴　80,000円

※1
勤務費用(264,600円 ÷ 3年) ÷ $(1 + 0.05)^2$
　　　　各年度の発生額
= 80,000円

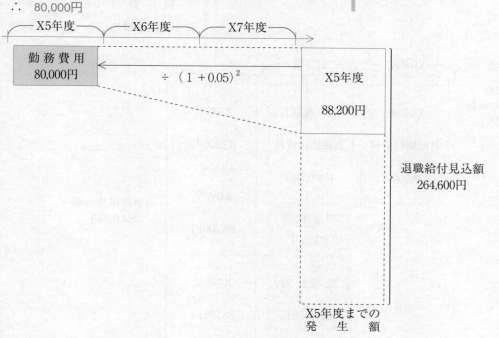

(2) X6年度末の退職給付引当金残高

(退職給付費用)　88,000 [※2]　(退職給付引当金)　88,000

∴　80,000円 + 88,000円 = 168,000円

※2
① 勤務費用 (264,600円 ÷ 3年)
　　　　　　　各年度の発生額
÷ $(1 + 0.05)$ = 84,000円
② 利息費用　80,000円 × 5% = 4,000円
　　　　　　　期首退職給付債務
③ 退職給付費用　① + ② = 88,000円

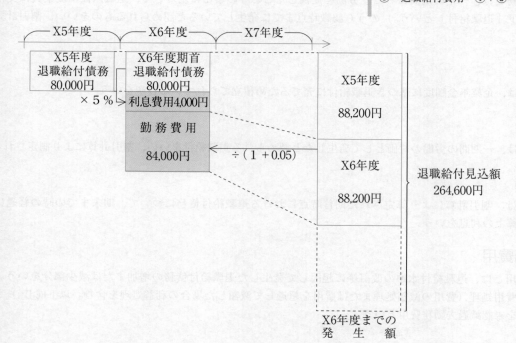

(3) X7年度末の退職給付引当金残高

（退職給付費用）　　96,600※3　（退職給付引当金）　　96,600

∴　80,000円＋88,000円＋96,600円＝264,600円

※3
① 勤 務 費 用
　　（264,600円÷3年）＝88,200円
　　　　　　　　各年度の発生額
② 利 息 費 用　168,000円×5％＝8,400円
　　　　　　　　　　　　期首退職給付債務
③ 退職給付費用　①＋②＝96,600円

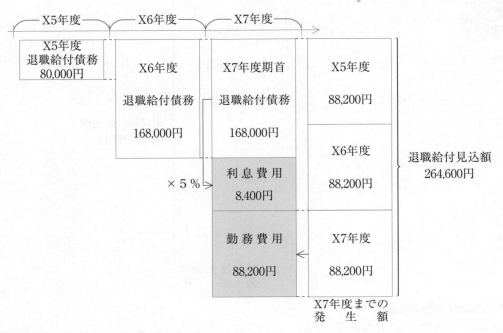

第2問

1　退職給付債務

　退職給付債務とは、一定の期間にわたり労働を提供したこと等の事由に基づいて、退職以後に従業員に支給される給付（以下「退職給付」という。）のうち認識時点までに発生していると認められるものをいい、割引計算より測定される。

2　年金資産

　年金資産とは、企業年金制度に基づき退職給付に充てるため積立てられている資産をいう。

3　勤務費用

　勤務費用とは、一期間の労働の対価として発生したと認められる退職給付をいい、割引計算により測定される

4　利息費用

　利息費用とは、割引計算により算定された期首時点における退職給付債務について、期末までの時の経過により発生する計算上の利息をいう。

5　過去勤務費用

　過去勤務費用とは、退職給付水準の改訂等に起因して発生した退職給付債務の増加または減少部分をいう。お、このうち費用処理（費用の減額処理または費用を超過して減額した場合の利益処理を含む。以下同じ。）さていないものを未認識過去勤務費用という。

数理計算上の差異

　数理計算上の差異とは、年金資産の期待運用収益と実際の運用成果との差異、退職給付債務の数理計算に用いた見積数値と実績との差異および見積数値の変更等により発生した差異をいう。なお、このうち費用処理されていないものを未認識数理計算上の差異という。

　以下、本問における計算過程等を示すと次のようになる。（仕訳の単位：千円）

(1) 当期首の退職給付引当金の算定

65,600千円 － 32,000千円 － 4,320千円 ＝ 29,280千円
　期首退職給付債務　　期首年金資産　　未　認　識
　　　　　　　　　　　　　　　　　　過去勤務費用

(2) 当期の退職給付費用の計上

（退職給付費用）	7,600 [※1]	（退職給付引当金）	7,600

(3) 当社より退職者への退職金支払時

（退職給付引当金）	1,520	（現金預金）	1,520

(4) 年金基金より退職者への退職金支払時

　　仕　訳　不　要

(5) 年金基金への掛金拠出時

（退職給付引当金）	800	（現金預金）	800

(6) 未認識数理計算上の差異の償却

（退職給付費用）	80 [※2]	（退職給付引当金）	80

(7) 当期の退職給付費用の算定

7,600千円 ＋ 80千円 ＝ 7,680千円
　前記(2)　　前記(6)

(8) 当期末の退職給付引当金の算定

29,280千円 ＋ 7,600千円 － 1,520千円 － 800千円 ＋ 80千円 ＝ 34,640千円
　前記(1)　　　　前記(2)　　　　前記(3)　　　　前記(5)　　前記(6)

※1
(1) 勤務費用
　　4,800千円
(2) 利息費用
　　65,600千円 × 5 ％ ＝ 3,280千円
　　期首退職給付債務　　割引率
(3) 期待運用収益
　　32,000千円 × 3 ％ ＝ 960千円
　　期首年金資産　　長　期　期　待
　　　　　　　　　　運用収益率
(4) 未認識過去勤務費用の償却
　　4,320千円 ÷（10年 － 1年）＝ 480千円
(5) (1) ＋ (2) － (3) ＋ (4) ＝ 7,600千円

※2
未認識数理計算上の差異の償却
(1) 年金資産期末残高（期待額）
　　32,000千円 ＋ 960千円 － 160千円 ＋ 800千円
　　期首年金資産　　期待運用収益　　年金基金より　　年金基金への
　　　　　　　　　　　　　　　　　支払われた額　　拠　出　額
　　＝ 33,600千円
(2) 未認識数理計算上の差異の計算
　　33,600千円 － 32,800千円 ＝ 800千円（借方）
　　期末年金資産　　期末年金資産
　　計算上期待額　　公正な評価額
(3) 未認識数理計算上の差異の償却
　　800千円 ÷ 10年 ＝ 80千円

退職給付会計 Ⅱ

問1

当期末の退職給付債務	2,070,240	円
当期の勤務費用	129,390	円

問2

前期末の退職給付引当金	726,450	円
当期の退職給付費用	177,030	円
当期末の退職給付引当金	820,680	円

解答へのアプローチ

問1

退職給付債務は、退職給付見込額を認識時点まで割引くことにより計算する。

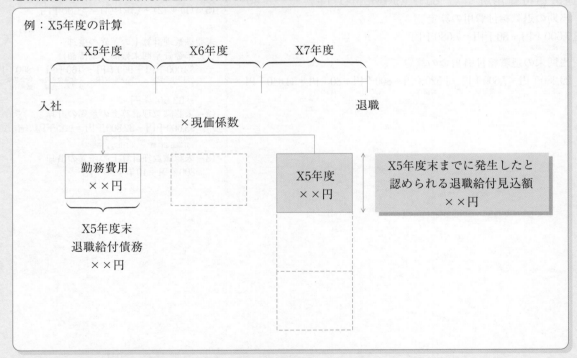

問2

本問の解答手順

① 期首時点で判明しているものによる、退職給付費用の計上

② 退職金の支払いの処理（一時金および年金基金より年金の支払い）

③ 掛金の支払いの処理

④ 数理計算上の差異を求め、償却の処理

解　説

以下、本問における計算過程等を示すと次のようになる。

1

■ 当期末までに発生したと認められる退職給付債務

(1) 毎期の発生額

3,150,000円 ÷ 21年 = 150,000円
　　　　　　　総勤務年数

(2) 当期末の退職給付債務

150,000円 × 16年 × 0.8626 = 2,070,240円
前記■(1)　　 勤続年数

■ 当期の勤務費用

150,000円 × 0.8626 = 129,390円
前記■(1)

2

■ 前期末の退職給付引当金の算定

984,000円 − 240,000円 − 17,550円 = 726,450円
前期末退職　　前期末年金資産　前期末未認識
給付債務　　　　　　　　　　　　数　　　理
　　　　　　　　　　　　　　　計算上の差異

■ 当期の退職給付費用の計上

| (退職給付費用) | 166,950 ※1 | (退職給付引当金) | 166,950 |

■ 当社より退職者への退職金支払時

| (退職給付引当金) | 22,800 | (現 金 預 金) | 22,800 |

■ 年金基金より退職者への年金支払時

仕　訳　不　要

■ 年金基金への掛金拠出時

| (退職給付引当金) | 60,000 | (現 金 預 金) | 60,000 |

■ 未認識数理計算上の差異の償却

| (退職給付費用) | 2,580 ※2 | (退職給付引当金) | 2,580 |

※1
(1) 勤務費用　123,000円
(2) 利息費用　984,000円 × 5 % = 49,200円
　　　　　　　前期末退職　　割引率
　　　　　　　給付債務
(3) 期待運用収益　240,000円 × 3 % = 7,200円
　　　　　　　　　前期末年金資産　長期期待
　　　　　　　　　　　　　　　　　運用収益率
(4) 前期発生未認識数理計算上の差異の償却
　　17,550円 ÷ (10年 − 1 年) = 1,950円
(5) (1) + (2) − (3) + (4) = 166,950円

※2
(1) 退職給付債務に係る未認識数理計算上の差異の償却
　① 退職給付債務見込額
　　984,000円 + 123,000円 + 49,200円
　　前期末退職給付債務　勤務費用　　　　利息費用
　　− 22,800円 − 7,800円 + 75,000円
　　　直接給付　　年金給付　　過去勤務費用
　　= 1,200,600円
　② 退職給付債務に係る数理計算上の差異
　　1,215,000円 − 1,200,600円
　　退職給付債務　退職給付債務
　　実　績　額　　見　込　額
　　= 14,400円（借方）
　③ 未認識数理計算上の差異の償却
　　14,400円 ÷ 10年 = 1,440円
(2) 年金資産に係る未認識数理計算上の差異の償却
　① 年金資産
　　240,000円 + 7,200円 − 7,800円 + 60,000円
　　前期末年金資産　期待運用収益　年金給付　　掛金拠出額
　　= 299,400円
　② 年金資産に係る数理計算上の差異
　　299,400円 − 288,000円 = 11,400円（借方）
　　　　　　　　　　年金資産の
　　　　　　　　　　公正な評価額
　③ 未認識数理計算上の差異の償却
　　11,400円 ÷ 10年 = 1,140円
(3) (1) + (2) = 2,580円

7 未認識過去勤務費用の償却

※3
75,000円 ÷ 10年 = 7,500円

（退 職 給 付 費 用）　　　7,500 ※3　（退職給付引当金）　　　　7,500

8 当期の退職給付費用の算定

166,950円 + 2,580円 + 7,500円 = 177,030円
　前記2　　　前記6　　　前記7

9 当期末の退職給付引当金の算定

726,450円 + 166,950円 − 22,800円 − 60,000円 + 2,580円 + 7,500円 = 820,680円
　前記1　　　前記2　　　　前記3　　　　前記5　　　　前記6　　　前記7

解答・解説

126

）正味の当期利益または⑪正味の当期損失（　　　　　　　　　△　620,000円）

(注)　解答が⑪の場合は、金額の前に△印を付けること。

解答へのアプローチ

　外貨建取引は、取引（発生）時の為替相場で円換算され、決算時の為替相場により換算替えを行うものは、外国通貨、外貨建金銭債権債務（外貨預金を含む）、外貨建有価証券である。

　また、本問では、正味損益が要求されているが、これは、その問題でのすべての収益とすべての費用の差額である。

解　説

　以下、本問における仕訳等を示すと次のとおりである。（仕訳の単位：円）

現金預金

（現　金　預　金）　65,000 ※1 （為　替　差　損　益）　65,000

売掛金

（売　　掛　　金）　400,000 ※2 （為　替　差　損　益）　400,000

買掛金

（為　替　差　損　益）　60,000 ※3 （買　　掛　　金）　60,000

長期借入金

（為　替　差　損　益）　1,000,000 ※4 （長　期　借　入　金）　1,000,000

子会社株式

取得原価で評価するため、仕訳不要

商品

（商　品　評　価　損）　25,000 ※5 （繰　越　商　品）　25,000

※1
13,000米ドル×（110円／ドル－105円／ドル）
（決算時の為替相場　　取得時の為替相場）
＝65,000円（益）

※2
40,000米ドル×（110円／ドル－100円／ドル）
（決算時の為替相場　　取得時の為替相場）
＝400,000円（益）

※3
20,000米ドル×（110円／ドル－107円／ドル）
（決算時の為替相場　　発生時の為替相場）
＝60,000円（損）

※4
50,000米ドル×（110円／ドル－90円／ドル）
（決算時の為替相場　　発生時の為替相場）
＝1,000,000円（損）

※5
500個×120米ドル×115円／ドル－500個
（簿価　　取得時の為替相場）
×125米ドル×110円／ドル＝25,000円（損）
（正味売却価額　　決算時の為替相場）

正味の当期損益

　65,000円＋400,000円－60,000円－1,000,000円－25,000円
　　＝△620,000円（損失）

　本問は為替差損または為替差益の金額だけではなく、正味の利益または損失を要求しているため、商品評価損も考慮したうえで、解答することに注意すること。

20 為替換算会計 Ⅱ

問1

前 払 金	10,500 千円	支 払 利 息	120 千円
満 期 保 有 目 的 債 券	9,270 千円	投資有価証券評価（損）	80 千円
そ の 他 有 価 証 券	6,386 千円	有 価 証 券 利 息	408 千円
借 入 金	16,480 千円	為 替 差 （ 損 ）	388 千円

（注）（　　）は損または益を明示すること。

問2

(1) そ の 他 有 価 証 券 ＿＿＿＿＿＿9,476＿千円

(2) その他有価証券評価差額金 ＿＿＿＿＿＿298＿千円

解答へのアプローチ

　外貨建取引は、取引（発生）時の為替相場で円換算され、決算時の為替相場により換算替えを行うものは、外国通貨、外貨建金銭債権債務（外貨預金を含む）、外貨建有価証券である。

　また、その他有価証券（債券）の場合には、取得差額が金利の調整と認められる債券には、まず償却原価法を適用し、取得原価と償却原価との差額を有価証券利息の修正として処理する。その上で、時価のある債券については、(1)外国通貨による時価を決算時の為替相場により円換算した額と日本円による帳簿価額または日本円による償却原価との差額はすべて評価差額として処理する方法（原則的方法）と(2)外国通貨による時価を決算時の為替相場で換算した金額のうち、外国通貨による時価の変動に係る換算差額を評価差額とし、それ以外の換算差額については為替差損益として処理する方法（例外的方法）がある。

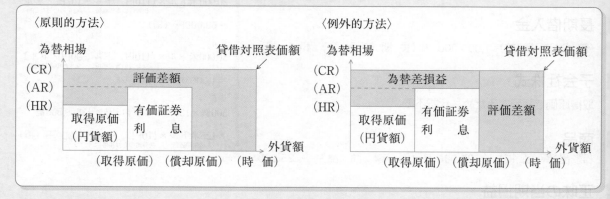

解答・解説

128

解　説

外貨建取引の処理は以下のようになる。

(1) 取引発生時の処理

外貨建取引は、原則として、当該取引発生時の為替相場による円換算額をもって記録する。

(2) 決算時の処理

① 外国通貨

外国通貨については、決算時の為替相場による円換算額を付する。

② 外貨建金銭債権債務（外貨預金を含む）

外貨建金銭債権債務については、決算時の為替相場による円換算額を付する。

③ 外貨建有価証券

(イ) 満期保有目的の外貨建債券については、決算時の為替相場による円換算額を付する。

(ロ) 売買目的有価証券およびその他有価証券については、外国通貨による時価を決算時の為替相場により円換算した額を付する。

(ハ) 子会社株式および関連会社株式については、取得時の為替相場による円換算額を付する。

(ニ) 外貨建有価証券について時価の著しい下落または実質価額の著しい低下により評価額の引下げが求められる場合には、当該外貨建有価証券の時価または実質価額は、外国通貨による時価または実質価額を決算時の為替相場により円換算した額による。

④ 償却原価法における償却額の換算

外貨建金銭債権債務および外貨建債券について償却原価法を適用する場合における償却額は、外国通貨による償却額を期中平均相場により円換算した額による。

⑤ その他有価証券に属する債券の換算差額の処理

その他有価証券のうち、取得差額が金利の調整と認められる債券には、まず償却原価法を適用し、取得原価と償却原価との差額を有価証券利息の修正として処理する。その上で、時価のある債券については、(1) 外国通貨による時価を決算時の為替相場により円換算した額と日本円による帳簿価額または日本円による償却原価との差額はすべて評価差額として処理する方法（原則的方法）と (2) 外国通貨による時価を決算時の為替相場で換算した金額のうち、外国通貨による時価の変動に係る換算差額を評価差額とし、それ以外の換算差額については為替差損益として処理する方法（例外的方法）がある。

以下、本問における仕訳等を示すと次のとおりである。（仕訳の単位：千円）

1

前払金

(1) 取得時

（前　払　金）　10,500※1　（現　金　預　金）　10,500

(2) X2年12月31日（決算時）

仕訳不要（換算替え不要）

借入金

(1) X2年10月1日（借入時）

① 借入金の処理

（現　金　預　金）　16,000　（借　入　金）　16,000※2

② 支払利息の処理

（支　払　利　息）　480※3　（現　金　預　金）　480

(2) X2年12月31日（決算時）

① 借入金の処理

（為　替　差　損　益）　480※4　（借　入　金）　480

※1
100,000ドル×105円／ドル＝10,500千円
　　　　　　　取得時の為替相場

※2
160,000ドル×100円／ドル＝16,000千円
　　　　　　　借入時の為替相場

※3
160,000ドル×3％×100円／ドル＝480千円
　　　　　　　　　　借入時の為替相場

※4
160,000ドル×（100円／ドル－103円／ドル）
　　　　　　　借入時の為替相場　　決算日の為替相場
＝△480千円（損）

② 前払利息の計上

（前 払 利 息）　　360※5　（支 払 利 息）　　360

3　A社社債

(1)　X2年7月1日（取得時）

（満期保有目的債券）　8,976※6　（現 金 預 金）　8,976

(2)　X2年12月31日（決算時）

① 償却原価法

（満期保有目的債券）　202　（有価証券利息）　202※7

② 換算替え

（満期保有目的債券）　92　（為 替 差 損 益）　92※8

※5

$$480千円 \times \frac{9カ月}{12カ月} = 360千円$$
前記※3

※6

$$88,000ドル \times 102円／ドル = 8,976千円$$
取得時の為替相場

※7

(イ)　$(100,000ドル - 88,000ドル) \times \frac{6カ月}{36カ月}$

　　$= 2,000ドル$

(ロ)　$2,000ドル \times 101円／ドル = 202千円$
期中平均相場

※8

(イ)　$(88,000ドル + 2,000ドル) \times 103円／ドル$
前記※7(イ)　　　　　　決算日の為替相場

　　$= 9,270千円$

(ロ)　$8,976千円 + 202千円 = 9,178千円$
前記※6　　　前記※7(ロ)

(ハ)　(イ) － (ロ) $= 92千円$（益）

```
                  貸借対照表価額　9,270千円
CR@103円  ┌────────────────────┬─────────┐
          │    為替差損益　92千円（益）      │         │
AR@101円  ├ ─ ─ ─ ─ ─ ─ ─ ─ ─ ─┤         │
          │                     │有価証券利息 │
HR@102円  │                     │         │
          │                     │  202千円  │
          │    帳簿価額　8,976千円 │         │
          └────────────────────┴─────────┘
              取得原価          償却原価
              88,000ドル        90,000ドル
```

③ 未収有価証券利息の計上

（未収有価証券利息）　206※9　（有価証券利息）　206

4　B社株式

(1)　X2年5月24日（取得時）

（その他有価証券）　6,466※10　（現 金 預 金）　6,466

(2)　X2年12月31日（決算時）

（投資有価証券評価損益）　80※11　（その他有価証券）　80

※9

$$100,000ドル \times 4\% \times \frac{6カ月}{12カ月} \times 103円／ドル$$
決算日の為替相場

$$= 206千円$$

※10

$$\underset{帳簿価額}{@61ドル \times 1,000株} \times \underset{取得時の為替相場}{106円／ドル} = 6,466千円$$

※11

$$\underset{時価}{@62ドル \times 1,000株} \times \underset{決算日の為替相場}{103円／ドル} - \underset{帳簿価額}{@61ドル}$$

$$\times 1,000株 \times \underset{取得時の為替相場}{106円／ドル} = △80千円（損）$$

5　X2年度末の各金額の算定

(1)　前払金

10,500千円
前記※1

(2)　満期保有目的債券

$\underset{前記※7(イ)}{(88,000ドル + 2,000ドル)} \times \underset{決算日の為替相場}{103円／ドル} = 9,270千円$

(3)　その他有価証券

$\underset{時価}{@62ドル \times 1,000株} \times \underset{決算日の為替相場}{103円／ドル} = 6,386千円$

解答・解説

(4) 借入金

160,000ドル×103円／ドル＝16,480千円
_{決算日の為替相場}

(5) 支払利息

480千円－360千円＝120千円
_{前記※3　　前記※5}

(6) 投資有価証券評価損益

80千円（損）
_{前記※11}

(7) 有価証券利息

202千円＋206千円＝408千円
_{前記※7(ロ)　　前記※9}

(8) 為替差損益

92千円－480千円＝△388千円（損）
_{前記※8　　前記※4}

2

A社社債

(1) X2年7月1日（取得時）

（その他有価証券）	8,976 ※12	（現　金　預　金）	8,976

(2) X2年12月31日（決算時）

① 償却原価法

（その他有価証券）	202	（有 価 証 券 利 息）	202 ※13

② 評価替え

（その他有価証券）	298	（その他有価証券評価差額金）	298 ※14

※12

88,000ドル×102円／ドル＝8,976千円
_{取得時の為替相場}

※13

(イ) $(100,000ドル－88,000ドル)×\dfrac{6カ月}{36カ月}$

$＝2,000ドル$

(ロ) 2,000ドル×101円／ドル＝202千円
_{期中平均為替相場}

※14

(イ) 92,000ドル×103円／ドル＝9,476千円
_{決算日の時価　　決算日の為替相場}

(ロ) 88,000ドル×102円／ドル＋202千円
_{取得時の為替相場　　　前記※13(ロ)}

$＝9,178千円$

(ハ) (イ)－(ロ)＝298千円（評価益）

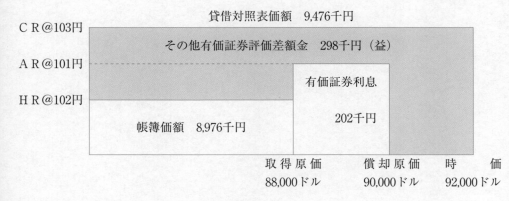

貸借対照表価額　9,476千円

その他有価証券評価差額金　298千円（益）

CR@103円

AR@101円

HR@102円

帳簿価額　8,976千円

有価証券利息

202千円

取 得 原 価	償 却 原 価	時　　　価
88,000ドル	90,000ドル	92,000ドル

X2年度末の各金額の算定

(1) その他有価証券

9,476千円
_{前記※14(イ)}

(2) その他有価証券評価差額金

298千円
_{前記※14}

参　考

　外国通貨による時価を決算時の為替相場で換算した金額のうち、外国通貨による時価の変動に係る換算差額を評価差額とし、それ以外の換算差額については為替差損益として処理する方法（例外的方法）の場合

(1) X2年7月1日（取得時）

　　（その他有価証券）　　8,976 ※12　（現　金　預　金）　　8,976

(2) X2年12月31日（決算時）

　① 償却原価法

　　（その他有価証券）　　202　　（有 価 証 券 利 息）　　202 ※13

　② 評価替え

　　（その他有価証券）　　206　　（その他有価証券評価差額金）　　206 ※15

　③ 換算替え

　　（その他有価証券）　　92　　（為 替 差 損 益）　　92 ※16

※15

(92,000ドル － 90,000ドル) × 103円／ドル
　決算日の時価　　償却原価　　　決算日の為替相場

＝206千円

※16

(イ) 92,000ドル × 103円／ドル ＝ 9,476千円
　　決算日の時価　　決算日の為替相場

(ロ) 88,000ドル × 102円／ドル ＋ 202千円
　　　　　　　　取得時の為替相場　　前記※13(ロ)

　　＋ 206千円 ＝ 9,384千円
　　　前記※15

(ハ) (イ) － (ロ) ＝ 92千円（益）

解答・解説

21 為替換算会計Ⅲ

独立処理の場合　　　　　　　　　　　　　　　　　　　　　　　（単位：円）

	仕		訳		
	借　　方	金　額	貸　　方	金　額	
1)	当 座 預 金	6,150,000	借 入 金	6,150,000	
2)	仕 訳 不 要				
3)	為 替 差 損 益	150,000	借 入 金	150,000	
	為 替 予 約	200,000	為 替 差 損 益	200,000	
	支 払 利 息	47,250	未 払 利 息	47,250	
4)	借 入 金	6,300,000	当 座 預 金	6,050,000	
	為 替 差 損 益	50,000	為 替 予 約	200,000	
			為 替 差 損 益	100,000	
	支 払 利 息	95,250	当 座 預 金	95,250	

振当処理の場合　　　　　　　　　　　　　　　　　　　　　　　（単位：円）

	仕		訳		
	借　　方	金　額	貸　　方	金　額	
1)	当 座 預 金	6,150,000	借 入 金	6,150,000	
2)	借 入 金	100,000	前 受 収 益	150,000	
	為 替 差 損 益	50,000			
3)	前 受 収 益	60,000	為 替 差 損 益	60,000	
	支 払 利 息	47,250	未 払 利 息	47,250	
4)	借 入 金	6,050,000	当 座 預 金	6,145,250	
	支 払 利 息	95,250			
	前 受 収 益	90,000	為 替 差 損 益	90,000	

退職給付会計

為替換算会計

ヘッジ会計

純資産

株主資本等変動計算書

133

解答へのアプローチ

　為替予約とは、為替相場の変動に伴う決済額の不確実性を解消するため、あらかじめ予約レートを設け、当該レートによって決済する取引をいう。

---

(1)　独立処理

　　独立処理では、外貨建取引発生後に為替予約を締結した場合には、外貨建金銭債権債務取引と為替予約取引とを別個独立の取引として処理する。

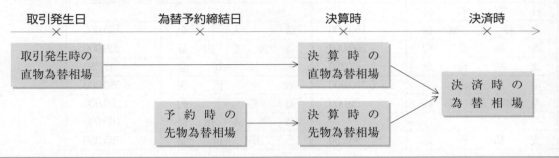

---

(2)　振当処理

　　振当処理では、外貨建取引発生後に為替予約を締結した場合には、外貨建金銭債権債務取引と為替予約取引とを一体の取引とし、外貨建金銭債権債務が発生した時点の為替相場と締結した予約レートの差額（為替予約差額）を、直々差額と直先差額に区分けし、それぞれ次のように処理する。

①　直々差額

　　金銭債権債務の発生時の直物為替相場と為替予約締結時の直物為替相場の差額をいい、為替予約を締結した日の属する期間の損益として処理する。

②　直先差額

　　為替予約締結時の直物為替相場と締結した予約レート（先物相場）の差額をいい、為替予約を締結した日の属する期から外貨建金銭債権債務の決済日の属する期までの期間に配分し、各期の損益として処理する。

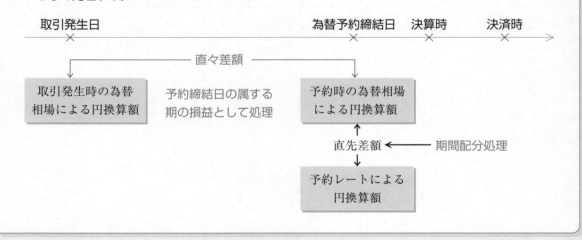

解答・解説

解 説

以下、本問における仕訳等を示すと次のとおりである。（仕訳の単位：円）

■ 1ドル当たりの為替相場の推移

	X4年 1／1	X4年 2／1	X4年 3／31	X4年 6／30
	借入時	為替予約 締 結 時	決算時	決済時
直物相場	@123円	@124円	@126円	@127円
先物相場	――	@121円	@125円	@127円

■ 独立処理の場合

(1) X4年1月1日（借入時）

（当 座 預 金）6,150,000 （借 入 金）6,150,000 ※1

(2) X4年2月1日（為替予約締結時）

仕訳不要

為替予約締結日においては、実行日に受取る権利を表す外貨の金額と、実行日に支払わなければならない義務を表す円貨の金額（先物レート1ドル当たり121円）は同じであり、正味の債権および債務の金額は生じないため、仕訳は行わない。

(3) X4年3月31日（決算時）

（為 替 差 損 益）150,000 ※2 （借 入 金）150,000
（為 替 予 約）200,000 （為 替 差 損 益）200,000 ※3
（支 払 利 息）47,250 （未 払 利 息）47,250 ※4

(4) X4年4月1日（期首再振替仕訳）

本問では解答は要求されていないが、期首において未払利息の再振替仕訳を行う。

（未 払 利 息）47,250 （支 払 利 息）47,250

(5) X4年6月30日（元金および利息支払時）

① 元金返済分

（借 入 金）6,300,000 （当 座 預 金）6,050,000
（為 替 差 損 益）50,000 ※5 （為 替 予 約）200,000
（為 替 差 損 益）100,000 ※6

② 利息支払分

（支 払 利 息）95,250 ※7 （当 座 預 金）95,250

※1
$$50,000ドル × \underset{借入時の直物レート}{123円／ドル} = 6,150,000円$$

※2
$$6,150,000円 - 50,000ドル × \underset{決算時の直物レート}{126円／ドル}$$
$$= \triangle 150,000円（損）$$

※3
$$50,000ドル × (\underset{決算時の先物レート}{125円／ドル} - \underset{予約時の先物レート}{121円／ドル})$$
$$= 200,000円（益）$$

決算時の先物レートと予約時の先物レートの差額を、当期の損益として処理する。

※4
$$50,000ドル × 3\% × \frac{3カ月}{12カ月} × \underset{決算時の直物レート}{126円／ドル}$$
$$= 47,250円$$

※5
$$50,000ドル × (\underset{決算時の直物レート}{126円／ドル} - \underset{決済時の直物レート}{127円／ドル})$$
$$= \triangle 50,000円（損）$$

※6
$$50,000ドル × (\underset{決済時の先物レート}{127円／ドル} - \underset{決算時の先物レート}{125円／ドル})$$
$$= 100,000円（益）$$

※7
$$50,000ドル × 3\% × \frac{6カ月}{12カ月} × \underset{決済時の直物レート}{127円／ドル}$$
$$= 95,250円$$

取引ごとの仕訳を示すと次のとおりである。なお、利息分は為替予約を付していないため除いている。

（単位：千円）

	借入金（外貨建金銭債権債務取引）の処理	為替予約取引の処理
借入時	（当座預金）6,150　（借　入　金）6,150	──────────
予約時	──────────	──────────
決算時	（為替差損益）150　（借　入　金）150	（為替予約）200　（為替差損益）200
決済時	（借　入　金）6,300　（当座預金）6,350 （為替差損益）　50	（当座預金）6,350　（当座預金）6,050 （為替予約）200 （為替差損益）100

3　振当処理の場合

(1) X4年1月1日（借入時）

（当座預金）6,150,000　（借　入　金）6,150,000[※8]

(2) X4年2月1日（為替予約締結時）

　　直々差額は全額を当期の損益（為替差損益）として処理し、直先差額は次期以降の期間に配分して処理するため資産または負債（本問では負債）として処理する。

（借　入　金）100,000[※9]　（前　受　収　益）150,000[※11]
（為替差損益）　50,000[※10]

(3) X4年3月31日（決算時）

　　直先差額のうち当期に属する金額を計算し、当期の損益（為替差損益）として処理する。また、利息については為替予約を付していないため、未払利息は決算時レートにて円換算する。

（前　受　収　益）60,000[※12]　（為替差損益）60,000
（支　払　利　息）47,250　（未　払　利　息）47,250[※13]

(4) X4年4月1日（期首再振替仕訳）

　　本問では解答は要求されていないが、期首において未払利息の再振替仕訳を行う。

（未　払　利　息）47,250　（支　払　利　息）47,250

(5) X4年6月30日（元利支払時）

　　元利支払いの仕訳を行うとともに、直先差額のうち当期に属する金額を当期の損益（為替差損益）として処理する。

（借　入　金）6,050,000　（当座預金）6,145,250
（支　払　利　息）　95,250[※14]
（前　受　収　益）　90,000[※15]　（為替差損益）90,000

[※8]
$50,000ドル \times \underset{\text{借入時の直物レート}}{123円/ドル} = 6,150,000円$

[※9]
$50,000ドル \times \underset{\text{予約時の先物レート}}{121円/ドル} - \underset{\text{前記※8}}{6,150,000円}$
$= 100,000円$

[※10]
$50,000ドル \times (\underset{\text{借入時の直物レート}}{123円/ドル} - \underset{\text{予約時の直物レート}}{124円/ドル})$
$= \triangle 50,000円（損）$

[※11]
$50,000ドル \times (\underset{\text{予約時の直物レート}}{124円/ドル} - \underset{\text{予約時の先物レート}}{121円/ドル})$
$= 150,000円（益）$

[※12]
$\underset{\text{前記※11}}{150,000円} \times \dfrac{2カ月}{5カ月} = 60,000円$

[※13]
$50,000ドル \times 3\% \times \dfrac{3カ月}{12カ月} \times \underset{\text{決算時の直物レート}}{126円/ドル}$
$= 47,250円$

[※14]
$50,000ドル \times 3\% \times \dfrac{6カ月}{12カ月} \times \underset{\text{決済時レート}}{127円/ドル}$
$= 95,250円$

[※15]
$\underset{\text{前記※11}}{150,000円} - \underset{\text{前記※12}}{60,000円} = 90,000円$

22 ヘッジ会計 I

繰延ヘッジ

保有国債の会計処理 (単位：円)

	借　方	金　額	貸　方	金　額
(1)	その他有価証券	107,000	現　金　預　金	107,000
(2)	その他有価証券評価差額金	7,000	その他有価証券	7,000
(3)	その他有価証券	7,000	その他有価証券評価差額金	7,000
(4)	現　金　預　金	97,000	その他有価証券	107,000
	投資有価証券売却損	10,000		

国債先物取引の会計処理 (単位：円)

	借　方	金　額	貸　方	金　額
(1)	仕　訳　不　要			
(2)	先　物　取　引　差　金	8,000	繰　延　ヘ　ッ　ジ　損　益	8,000
(3)	仕　訳　不　要			
	先　物　取　引　差　金	3,000	繰　延　ヘ　ッ　ジ　損　益	3,000
(4)	現　金　預　金	11,000	先　物　取　引　差　金	11,000
	繰　延　ヘ　ッ　ジ　損　益	11,000	先　物　損　益	11,000

時価ヘッジ

保有国債の会計処理 (単位：円)

	借　方	金　額	貸　方	金　額
(1)	その他有価証券	107,000	現　金　預　金	107,000
(2)	投資有価証券評価損益	7,000	その他有価証券	7,000
(3)	その他有価証券	7,000	投資有価証券評価損益	7,000
(4)	現　金　預　金	97,000	その他有価証券	107,000
	投資有価証券売却損	10,000		

国債先物取引の会計処理 (単位：円)

	借　方	金　額	貸　方	金　額
(1)	仕　訳　不　要			
(2)	先　物　取　引　差　金	8,000	先　物　損　益	8,000
(3)	仕　訳　不　要			
(4)	先　物　取　引　差　金	3,000	先　物　損　益	3,000
	現　金　預　金	11,000	先　物　取　引　差　金	11,000

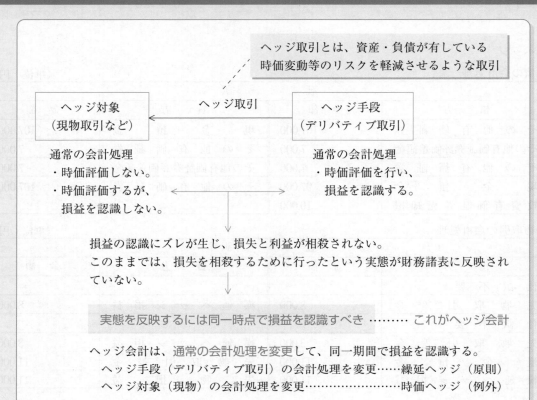

ヘッジ取引とは、資産・負債が有している
時価変動等のリスクを軽減させるような取引

ヘッジ対象
（現物取引など）　← ヘッジ取引 ← 　ヘッジ手段
　　　　　　　　　　　　　　　　　（デリバティブ取引）

通常の会計処理　　　　　　　　　　　　通常の会計処理
・時価評価しない。　　　　　　　　　　・時価評価を行い、
・時価評価するが、　←　　　　　→　　　損益を認識する。
　損益を認識しない。

損益の認識にズレが生じ、損失と利益が相殺されない。
このままでは、損失を相殺するために行ったという実態が財務諸表に反映され
ていない。

実態を反映するには同一時点で損益を認識すべき ……… これがヘッジ会計

ヘッジ会計は、通常の会計処理を変更して、同一期間で損益を認識する。
　ヘッジ手段（デリバティブ取引）の会計処理を変更……繰延ヘッジ（原則）
　ヘッジ対象（現物）の会計処理を変更……………………時価ヘッジ（例外）

解答・解説

1

（単位：千円）

仕	訳		
借　方	金　額	貸　方	金　額
その他有価証券評価差額金	15,000	その他有価証券	15,000

2

（単位：千円）

仕	訳		
借　方	金　額	貸　方	金　額
金 利 ス ワ ッ プ	16,500	繰 延 ヘ ッ ジ 損 益	16,500

3

（単位：千円）

仕	訳		
借　方	金　額	貸　方	金　額
現　　　　　　金	579,000	その他有価証券	600,000
投資有価証券売却損	21,000		

4

（単位：千円）

仕	訳		
借　方	金　額	貸　方	金　額
金 利 ス ワ ッ プ	6,000	繰 延 ヘ ッ ジ 損 益	6,000
現　　　　　　金	22,500	金 利 ス ワ ッ プ	22,500
繰 延 ヘ ッ ジ 損 益	22,500	ス ワ ッ プ 損 益	22,500

解答へのアプローチ

　ヘッジ手段について、問題22は先物取引を利用したが、本問は金利スワップ取引を利用している。ヘッジ手段の違いはあるが、処理は同じである。

以下、本問における仕訳等を示すと次のとおりである。（仕訳の単位：千円）

1 保有国債（その他有価証券）

(1) 取得時（X8年6月1日）

（その他有価証券）	600,000	（現　　　　　金）	600,000

(2) 決算時（X8年9月30日）

（その他有価証券評価差額金）	15,000 ※1	（その他有価証券）	15,000

(3) 翌期首（X8年10月1日）振戻し

（その他有価証券）	15,000	（その他有価証券評価差額金）	15,000

(4) 売却時（X8年11月30日）

（現　　　　　金）	579,000	（その他有価証券）	600,000
（投資有価証券売却損）	21,000 ※2		

2 金利スワップ

(1) 契約時（X8年6月1日）

　仕訳不要

(2) 決算時（X8年9月30日）

（金 利 ス ワ ッ プ）	16,500	（繰延ヘッジ損益）	16,500 ※3

(3) 決済時（X8年11月30日）

（金 利 ス ワ ッ プ）	6,000	（繰延ヘッジ損益）	6,000 ※4
（現　　　　　金）	22,500	（金 利 ス ワ ッ プ）	22,500 ※5
（繰延ヘッジ損益）	22,500	（ス ワ ッ プ 損 益）	22,500 ※5

※1
$585,000$千円 $- 600,000$千円 $= \triangle 15,000$千円（評価損）
　　時 価　　　　　取得原価

※2
$579,000$千円 $- 600,000$千円 $= \triangle 21,000$千円（損）
　　売却価額　　　　取得原価

※3
$16,500$千円 $- 0 = 16,500$千円（益）
　決算時　　契約時

　ヘッジ対象である保有国債について、決算時に評価差額を当期の損益として計上しないため、ヘッジ手段の損益も繰延べることになる。（繰延ヘッジ）

※4
$22,500$千円 $- 16,500$千円 $= 6,000$千円（益）
　決済時　　　　決算時

※5
$16,500$千円 $+ 6,000$千円 $= 22,500$千円
　前記※3　　　前記※4

1問

資本金の額	20,000,000	円
資本準備金の額	3,240,000	円
その他資本剰余金の額	600,000	円
利益準備金の額	1,760,000	円
その他利益剰余金の額	2,340,000	円

2問

1
1) 剰余金の額	655,200	円
2) 分配可能額	610,800	円

2
1) 剰余金の額	655,200	円
2) 分配可能額	592,800	円

解答へのアプローチ

第1問

その他資本剰余金とその他利益剰余金を同時に配当財源とした場合の資本準備金および利益準備金の積立額は、次の算式によって計算される。

---

(1) 準備金の積立基準額の算定

① （その他資本剰余金からの配当財源＋その他利益剰余金からの配当財源）× $\frac{1}{10}$

② 資本金 × $\frac{1}{4}$ －（資本準備金既積立額＋利益準備金既積立額）

③ ①$\gtrless$② いずれか小さい金額

---

(2) 資本準備金への配分

③の金額 × $\dfrac{\text{その他資本剰余金からの配当財源}}{\text{その他資本剰余金からの配当財源}＋\text{その他利益剰余金からの配当財源}}$

(3) 利益準備金への配分

③の金額 × $\dfrac{\text{その他利益剰余金からの配当財源}}{\text{その他資本剰余金からの配当財源}＋\text{その他利益剰余金からの配当財源}}$

（注）配当財源がその他資本剰余金のみの場合には、上記式の準備金の積立基準額を算定し、その額をもって資本準備金とし、また、配当財源がその他利益剰余金のみの場合には、準備金の積立基準額を算定し、その額をもって利益準備金とする。

第2問

貸借対照表（最終事業年度末日）

資　　　産	負　　　債
	資　本　金
	準備金　資本準備金
	準備金　利益準備金
	法務省令で定める額
その他資本剰余金 その他利益剰余金 合　計　額	その他資本剰余金 その他利益剰余金 合　計　額
自己株式の帳簿価額	自己株式処分差益

剰余金の額 → 自己株式消却額／配　当　額／利益準備金積立額／資本金増加額

剰余金の額 → 自己株式の帳簿価額／自己株式の対価の額／のれん等調整額による影響額／臨時計算書類の利益等／分配可能額

解　説

第1問

1 配当金額

840,000円

2 準備金の積立額の算定

(1) $\underset{\text{配当金額}}{840,000円} \times \dfrac{1}{10} = 84,000円$

(2) $\underset{\text{資本金}}{20,000,000円} \times \dfrac{1}{4} - (\underset{\substack{\text{資本準備金}\\\text{既積立額}}}{3,200,000円} + \underset{\substack{\text{利益準備金}\\\text{既積立額}}}{1,740,000円}) = 60,000円$

(3) (1) ＞ (2) ∴60,000円

3 資本準備金への配分額

$\underset{\text{前記2(3)}}{60,000円} \times \dfrac{2}{2+1} = 40,000円$

4 利益準備金への配分額

$\underset{\text{前記2(3)}}{60,000円} \times \dfrac{1}{2+1} = 20,000円$

その他資本剰余金の減少額

$$(840{,}000円 + 40{,}000円 + 20{,}000円) \times \frac{2}{2+1} = 600{,}000円$$
<small>配当金　　　資本準備金　　利益準備金</small>

その他利益剰余金の減少額

$$(840{,}000円 + 40{,}000円 + 20{,}000円) \times \frac{1}{2+1} = 300{,}000円$$
<small>配当金　　　資本準備金　　利益準備金</small>

剰余金の配当後の資本準備金

$$3{,}200{,}000円 + 40{,}000円 = 3{,}240{,}000円$$
<small>配当直前の　　　前記❸
資本準備金</small>

剰余金の配当後のその他資本剰余金

$$1{,}200{,}000円 - 600{,}000円 = 600{,}000円$$
<small>配当直前の　　　前記❺
その他資本剰余金</small>

剰余金の配当後の利益準備金

$$1{,}740{,}000円 + 20{,}000円 = 1{,}760{,}000円$$
<small>配当直前の　　　前記❹
利益準備金</small>

剰余金の配当後のその他利益剰余金

$$2{,}640{,}000円 - 300{,}000円 = 2{,}340{,}000円$$
<small>配当直前の　　　前記❻
その他利益剰余金</small>

参 考

仕　訳

（その他資本剰余金）	600,000	（未 払 配 当 金）	840,000
（その他利益剰余金）	300,000	（資 本 準 備 金）	40,000
		（利 益 準 備 金）	20,000

第2問

問1

X3年6月30日における剰余金

(1) 期末の剰余金

$$(2{,}152{,}000円 + 24{,}400円) - (1{,}114{,}000円 + 280{,}000円 + 40{,}000円 + 22{,}000円 + 18{,}000円) = 702{,}400円$$
<small>総資産　　　自己株式の　　　総負債　　　資本金　　資本準備金　利益準備金　法務省令で
　　　　　　帳簿価額　　　　　　　　　　　　　　　　　　　　　　　　　　　定める額</small>

法務省令で定める最終事業年度の末日における控除額は、基本的に純資産の額のうち、株主資本以外の項□となるため、本問では、その他有価証券評価差額金の額が該当する。また、結果的に期末の剰余金はその□資本剰余金とその他利益剰余金の合計額と同額となる。

$$185{,}200円 + 517{,}200円 = 702{,}400円$$
<small>その他資本剰余金　　その他利益剰余金</small>

なお、法務省令で定める最終事業年度の末日における控除額の算式は次のとおりである。

$$(2{,}152{,}000円 + 24{,}400円) - (1{,}114{,}000円 + 280{,}000円 + 40{,}000円 + 22{,}000円 + 185{,}200円 + 517{,}200円) = 18{,}000円$$
<small>総資産　　　自己株式の　　　総負債　　　資本金　　資本準備金　利益準備金　その他　　　その他
　　　　　　帳簿価額　　　　　　　　　　　　　　　　　　　　　　　資本剰余金　利益剰余金</small>

(2) 最終事業年度の末日後に生じる加算額

 5,600円
 自己株式
処分差益

(3) 最終事業年度の末日後に生じる減算額

 6,800円 + 20,000円 + 2,000円 + 24,000円 = 52,800円
 自己株式 配当額 利益準備金 資本金増加額
消却額   積立額

(4) 剰余金の額

 702,400円 + 5,600円 − 52,800円 = 655,200円
 前記■(1) 前記■(2) 前記■(3)

2 X3年6月30日における分配可能額

(1) X3年6月30日における自己株式の帳簿価額

 24,400円 + 13,200円 − 10,000円 − 6,800円 = 20,800円
 B／S自己株式 取得分 処分分 消却額

(2) のれん等調整額による影響額

 ① のれん等調整額

$$492,000円 \times \frac{1}{2} + 104,000円 = 350,000円$$
  のれん   繰延資産

 ② 資本等金額

  280,000円 + 40,000円 + 22,000円 = 342,000円
  資本金 資本準備金 利益準備金

 ③ 350,000円 > 342,000円
  のれん等調整額   資本等金額

> のれん等調整額が資本等金額を超えているため、資本等金額および最終事業年度の末日におけるその他資本剰余金の合計額と比較する。

 ④ 342,000円 + 185,200円 = 527,200円
  資本等金額 その他
       資本剰余金

 ⑤ 350,000円 < 527,200円
  のれん等調整額 前記■(2)④

> のれん等調整額が資本等金額および最終事業年度の末日におけるその他資本剰余金の合計額以下であるため、影響額はのれん等調整額から資本等金額を控除して算定する。

 ⑥ 分配可能額の算定において減額される金額

  350,000円 − 342,000円 = 8,000円
  のれん等調整額 資本等金額

(3) 分配可能額

 655,200円 − 20,800円 − 15,600円 − 8,000円 = 610,800円
 剰余金の額 自己株式の 自己株式の 前記■(2)⑥
     帳簿価額 対価

貸 借 対 照 表 （単位：円）

資 産	
2,152,000	総 負 債 1,114,000
	資 本 金 280,000
	資本準備金 40,000
	利益準備金 22,000
	法務省令で定める額 18,000
	その他資本剰余金
	その他利益剰余金
	合 計 額 702,400
株式の帳簿価額 24,400	

702,400

- 自己株式消却額 6,800
- 配 当 額 20,000
- 利益準備金積立額 2,000
- 資本金増加額 24,000

剰余金の額

655,200

自己株式処分差益 5,600

剰余金の額 655,200

- 自己株式の帳簿価額 20,800
- 自己株式の対価の額 15,600
- のれん等調整額による影響額 8,000
- 分配可能額 610,800

2

X3年 6 月30日における剰余金

(1) 期末の剰余金

$$(2,152,000円 + 24,400円) - (1,150,000円 + 280,000円 + 40,000円 + 22,000円 + △18,000円) = 702,400円$$
総資産　自己株式の帳簿価額　総負債　資本金　資本準備金　利益準備金　法務省令で定める額

法務省令で定める最終事業年度の末日における控除額は、基本的に純資産の額のうち、株主資本以外の項となるため、本問では、その他有価証券評価差額金の額が該当する。また、結果的に期末の剰余金はその資本剰余金とその他利益剰余金の合計額と同額となる。

$$185,200円 + 517,200円 = 702,400円$$
その他資本剰余金　その他利益剰余金

なお、法務省令で定める最終事業年度の末日における控除額の算式は次のとおりである。

$$(2,152,000円 + 24,400円) - (1,150,000円 + 280,000円 + 40,000円 + 22,000円 + 185,200円 + 517,200円) = △18,000円$$
総資産　自己株式の帳簿価額　総負債　資本金　資本準備金　利益準備金　その他資本剰余金　その他利益剰余金

退職給付会計　為替換算会計　ヘッジ会計　純資産　株主資本等変動計算書

(2) 最終事業年度の末日後に生じる加算額

    5,600円
    自己株式
処分差益

(3) 最終事業年度の末日後に生じる減算額

    6,800円 + 20,000円 + 2,000円 + 24,000円 = 52,800円
    自己株式   配当額   利益準備金 資本金増加額
    消却額   積立額

(4) 剰余金の額

    702,400円 + 5,600円 − 52,800円 = 655,200円
    前記■(1)   前記■(2) 前記■(3)

2 X3年 6 月30日における分配可能額

(1) X3年 6 月30日における自己株式の帳簿価額

    24,400円 + 13,200円 − 10,000円 − 6,800円 = 20,800円
    B／S自己株式 取得分   処分額   消却額

(2) のれん等調整額による影響額

  ① のれん等調整額

$$492,000円 \times \frac{1}{2} + 104,000円 = 350,000円$$
     のれん   繰延資産

  ② 資本等金額

    280,000円 + 40,000円 + 22,000円 = 342,000円
    資本金   資本準備金 利益準備金

  ③ 350,000円 > 342,000円
    のれん等調整額   資本等金額

> のれん等調整額が資本等金額を超えているため、資本等金額および最終事業年度の末日におけるその他資本剰余金の合計額と比較する。

  ④ 342,000円 + 185,200円 = 527,200円
    資本等金額   その他
             資本剰余金

  ⑤ 350,000円 < 527,200円
    のれん等調整額   前記■(2)④

> のれん等調整額が資本等金額および最終事業年度の末日におけるその他資本剰余金の合計額以下であるため、影響額はのれん等調整額から資本等金額を控除して算定する。

  ⑥ 分配可能額の算定において減額される金額

    350,000円 − 342,000円 = 8,000円
    のれん等調整額   資本等金額

(3) 借方残高（評価差損）である場合のその他有価証券評価差額金

    18,000円

(4) 分配可能額

    655,200円 − 20,800円 − 15,600円 − 8,000円 − 18,000円 = 592,800円
    剰余金の額 自己株式の 自己株式の 前記■(2)⑥ 前記■(3)
           帳簿価額   対価

貸 借 対 照 表 　（単位：円）

資　産	
	総　負　債　1,150,000
	資　本　金　280,000
	資本準備金　40,000
2,152,000	利益準備金　22,000
	法務省令で定める額　△18,000

その他資本剰余金
その他利益剰余金
合　計　額
702,400

702,400

自己株式消却額	6,800
配　当　額	20,000
利益準備金積立額	2,000
資本金増加額	24,000

剰余金の額

655,200

自己株式の帳簿価額　24,400

自己株式処分差益　5,600

剰余金の額

655,200

自己株式の帳簿価額	20,800
自己株式の対価の額	15,600
のれん等調整額による影響額	8,000
その他有価証券評価差額金（評価差損）	18,000
分配可能額	592,800

退職給付会計

為替換算会計

ヘッジ会計

純資産

株主資本等変動計算書

147

25 純資産Ⅱ

問1

(単位：円)

	仕 訳				
	借 方	金 額	貸 方	金 額	
X2年4月1日 発 行 時	（当 座 預 金）	7,125,000	（社　　　　債）	7,125,000	
	（当 座 預 金）	375,000	（新 株 予 約 権）	375,000	
X3年6月1日 権利行使時	（社 債 利 息）	7,500	（社　　　　債）	7,500	
	（社　　　　債）	4,327,500	（自 己 株 式）	4,380,000	
	（新 株 予 約 権）	225,000	（その他資本剰余金）	172,500	
X3年9月30日 権利行使時	（社 債 利 息）	11,250	（社　　　　債）	11,250	
	（社　　　　債）	2,171,250	（資　本　金）	1,141,875	
	（新 株 予 約 権）	112,500	（資 本 準 備 金）	1,141,875	
X3年11月30日 権利行使期間満了時	（新 株 予 約 権）	37,500	（新株予約権戻入益）	37,500	

問2

(単位：円)

	仕 訳				
	借 方	金 額	貸 方	金 額	
X3年6月1日 権利行使時	（社 債 利 息）	7,500	（社　　　　債）	7,500	
	（社　　　　債）	4,327,500	（自 己 株 式）	4,380,000	
	（その他資本剰余金）	52,500			

解答へのアプローチ

　転換社債型新株予約権付社債は、新株予約権の権利行使により社債が償還されるため、これにより新株予約権と社債の両者とも消滅する。

　なお、権利行使時に新株発行ではなく自己株式を処分（移転）する場合には、権利行使された部分に対応する社債の帳簿価額（償却原価）と新株予約権の対価部分の合計額を自己株式の処分の対価の額とし、処分された自己株式の帳簿価額との差額をその他資本剰余金（自己株式処分差益または自己株式処分差損）として処理する。

解　説

問1

1　発行時

　新株予約権付社債の発行は前期に行われており、また、過年度の処理は適正に行われ、前期末までに新株予約権の権利行使は行われていない。

　したがって、発行時の新株予約権は、375,000円となる。また、期首勘定残高（前期末勘定残高）の社債7,200,000円は、前期末において12カ月分の償却が行われた後の残高となる。

社債の対価（収入額）を χ とする。

$$\chi + (7,500,000円 - \chi) \times \frac{12カ月}{12カ月 \times 5年}(0.2) = 7,200,000円$$

$$\chi + 1,500,000円 - 0.2\chi = 7,200,000円$$

$$0.8\chi = 7,200,000円 - 1,500,000円$$

$$\chi = 7,125,000円$$

■ 権利行使時（X3年6月1日）

(1) 当期首から権利行使時までの償却額（権利行使分）

$$(\underset{\text{額面金額}}{7,500,000円} - \underset{\text{収入額}}{7,125,000円}) \times \frac{2カ月}{12カ月 \times 5年} \times 60\% = 7,500円$$

(2) 社債の帳簿価額（権利行使分）

$$\underset{\text{前期末の償却原価}}{7,200,000円} \times 60\% + \underset{\text{前記2(1)}}{7,500円} = 4,327,500円$$

(3) 減額する新株予約権

$$375,000円 \times \underset{\text{行使割合}}{60\%} = 225,000円$$

(4) その他資本剰余金（自己株式処分差益）

$$(\underset{\text{前記2(2)}}{4,327,500円} + \underset{\text{前記2(3)}}{225,000円}) - \underset{\substack{\text{自己株式の} \\ \text{帳簿価額}}}{4,380,000円} = 172,500円$$

■ 権利行使時（X3年9月30日）

(1) 当期首から権利行使時までの償却額（権利行使分）

$$(\underset{\text{額面金額}}{7,500,000円} - \underset{\text{収入額}}{7,125,000円}) \times \frac{6カ月}{12カ月 \times 5年} \times 30\% = 11,250円$$

(2) 社債の帳簿価額（権利行使分）

$$\underset{\text{前期末の償却原価}}{7,200,000円} \times 30\% + \underset{\text{前記3(1)}}{11,250円} = 2,171,250円$$

(3) 減額する新株予約権

$$375,000円 \times \underset{\text{行使割合}}{30\%} = 112,500円$$

(4) 増加資本金

$$(\underset{\text{前記3(2)}}{2,171,250円} + \underset{\text{前記3(3)}}{112,500円}) \times \frac{1}{2} = 1,141,875円$$

2

■ 権利行使時（X3年6月1日）

(1) 当期首から権利行使時までの償却額（権利行使分）

$$(\underset{\text{額面金額}}{7,500,000円} - \underset{\text{収入額}}{7,125,000円}) \times \frac{2カ月}{12カ月 \times 5年} \times 60\% = 7,500円$$

(2) 社債の帳簿価額（権利行使分）

$$\underset{\text{前期末の償却原価}}{7,200,000円} \times 60\% + \underset{\text{前記1(1)}}{7,500円} = 4,327,500円$$

(3) その他資本剰余金（自己株式処分差損）

$$\underset{\text{前記1(2)}}{4,327,500円} - \underset{\substack{\text{自己株式の} \\ \text{帳簿価額}}}{4,380,000円} = △52,500円$$

株主資本等変動計算書

(単位：千円

	株主資本							評価・換算差額等		
		資本剰余金		利益剰余金						
					その他利益剰余金					
	資本金	資本準備金	その他資本剰余金	利益準備金	繰越利益剰余金	自己株式	株主資本合計	その他有価証券評価差額金	繰延ヘッジ損益	新株予約
当期首残高	60,000	8,000	200	1,400	9,000	0	78,600	700	2,500	8
当期変動額										
新株の発行	2,500	2,500	－	－	－	－	5,000			
新株の発行（新株予約権の行使）	1,500	1,500	－	－	－	－	3,000			△ 8
剰余金の配当			－	200	△ 2,200		△ 2,000			
当期純利益					2,600		2,600			
自己株式の取得						△ 600	△ 600			
自己株式の処分			△ 20			400	380			
その他有価証券の売却による増減								△ 300		
純資産の部に直接計上されたその他有価証券評価差額金の増減								100		
ヘッジ会計の終了による増減									△ 1,700	
純資産の部に直接計上された繰延ヘッジ損益の増減									1,800	
新株予約権の発行										2,0
新株予約権の失効										△ 1
当期変動額合計	4,000	4,000	△ 20	200	400	△ 200	8,380	△ 200	100	1,1
当期末残高	64,000	12,000	180	1,600	9,400	△ 200	86,980	500	2,600	1,9

解答へのアプローチ

　株主資本等変動計算書に表示される各項目の当期首残高および当期末残高は、前期および当期の貸借対照表の純資産の部における各項目の期末残高と整合したものでなければならない。

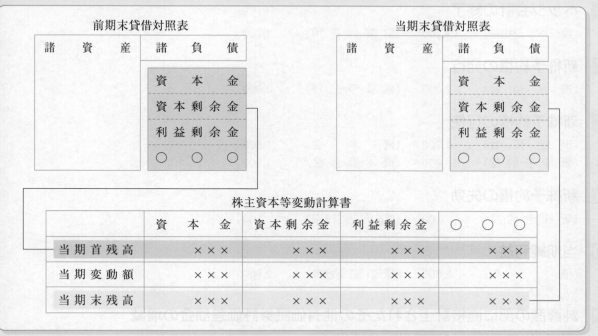

解　説

仕訳の金額は単位千円とする。

■ 新株の発行

（現　金　預　金）	5,000	（資　　本　　金）	2,500
		（資　本　準　備　金）	2,500

■ 剰余金の配当

（繰越利益剰余金）	2,200	（未　払　配　当　金）	2,000
		（利　益　準　備　金）	200

■ 自己株式の取得

（自　己　株　式）	600	（現　金　預　金）	600

■ 自己株式の処分

（現　金　預　金）	380	（自　己　株　式）	400
（その他資本剰余金） 　自己株式処分差損	20		

退職給付会計

為替換算会計

ヘッジ会計

純資産

株主資本等変動計算書

5 その他有価証券（投資有価証券）の売却

（現　金　預　金）	1,500	（その他有価証券）	1,200
		（投資有価証券売却益）	300

6 ヘッジ会計の終了

（繰延ヘッジ損益）	1,700	（営　業　外　費　用）	1,700

7 新株予約権の発行

（現　金　預　金）	2,000	（新　株　予　約　権）	2,000

8 新株予約権の行使

（現　金　預　金）	2,200	（資　　本　　金）	1,500
（新　株　予　約　権）	800	（資　本　準　備　金）	1,500

9 新株予約権の失効

（新　株　予　約　権）	100	（新株予約権戻入益）	100

10 当期純利益

（損　　　　　益）	2,600	（繰越利益剰余金）	2,600

11 純資産の部に直接計上されたその他有価証券評価差額金の増減

（500千円－700千円）－（△300千円）＝100千円

12 純資産の部に直接計上された繰延ヘッジ損益の増減

（2,600千円－2,500千円）－（△1,700千円）＝1,800千円

解答・解説

合併後貸借対照表			(単位：円)
資　　産	金　　額	負債・純資産	金　　額
現　　　　　金	640,000	買　掛　　金	680,000
売　掛　　金	990,000	長期借入金	370,000
商　　　　　品	530,000	資　本　　金	1,600,000
備　　　　　品	1,360,000	資本準備金	680,000
の　れ　ん	80,000	利益準備金	50,000
長期貸付金	110,000	繰越利益剰余金	330,000
合　　　計	3,710,000	合　　　計	3,710,000

解答へのアプローチ

1. 取得とされた企業結合の会計処理

取得とは、ある企業が他の企業または企業を構成する事業に対する支配を獲得することをいい、共同支配企業の形成および共通支配下の取引以外の企業結合は取得となる。なお、取得とされた企業結合の会計処理は、パーチェス法による。

パーチェス法とは、被結合企業から受入れる資産および負債の取得原価を、対価として交付する現金および株式等の時価（公正価値）とする方法をいう。なお、取得とされた企業結合の手続きを示すと次のようになる。

(1) 取得企業の決定	通常、他の企業の意思決定機関を支配することとなった企業を取得企業とする。
(2) 取得原価の算定	原則として、取得の対価となる財の時価で算定する。
(3) 取得原価の配分	取得原価は、識別可能資産および負債の時価を基礎として当該資産および負債に配分する。
(4) のれんの処理	取得原価と受入れた資産および引受けた負債に配分された純額との差額はのれんまたは負ののれんとする。

2．交付株式数の算定

（1）企業評価額の算定
① 純資産額を基準とする方法
② 収益還元価値を基準とする方法（稼高式評価法）
③ 株式市価を基準とする方法
④ 2つ以上の基準の平均値を基準とする方法（折衷法）

（2）交換比率（合併比率）の算定

$$交換比率（合併比率）＝\frac{被合併会社の1株当たりの企業評価額}{合併会社の1株当たりの企業評価額}$$

（3）交付株式数の算定

交付株式数＝被合併会社の発行済株式数×交換比率（合併比率）

解 説

1 企業評価額の算定

（1）資産合計（時価）

A社　2,500,000円

B社　240,000円＋390,000円＋210,000円＋460,000円＝1,300,000円
　　　現金　　　売掛金　　　商品（時価）　備品（時価）

（2）純資産額（時価）を基準とする方法

A社　2,500,000円－900,000円＝1,600,000円
　　　A社資産合計　　A社負債合計
　　　（時　価）

B社　1,300,000円－300,000円＝1,000,000円
　　　B社資産合計　　B社負債合計
　　　（時　価）

（3）収益還元価値を基準とする方法

A社　$\dfrac{(2,500,000円－900,000円)×15\%}{10\%}＝2,400,000円$

B社　$\dfrac{(1,300,000円－300,000円)×14\%}{10\%}＝1,400,000円$

　本問では「時価に対する自己資本利益率を用いる」とあるため、収益還元価値は、純資産額（時価）に基づいて計算する。

（4）（2）と（3）の平均値

A社　（1,600,000円＋2,400,000円）÷2＝2,000,000円

B社　（1,000,000円＋1,400,000円）÷2＝1,200,000円

2 発行済株式数

A社　1,000,000円÷@50円＝20,000株
　　　A社資本金

B社　800,000円÷@50円＝16,000株
　　　B社資本金

交換比率の算定

$$\frac{1,200,000円 \div 16,000株}{2,000,000円 \div 20,000株} = 0.75$$

交付株式数の算定

16,000株 × 0.75 = 12,000株
B社発行済　交換比率
株　式　数

取得原価の算定

@90円 × 12,000株 = 1,080,000円
　　　　　交付株式数

取得原価の配分

(1)　識別可能資産　240,000円 + 390,000円 + 210,000円 + 460,000円 = 1,300,000円
　　　　　　　　　現　金　　　　　売掛金　　　　　商　品　　　　　備　品

(2)　識別可能負債　200,000円 + 100,000円 = 300,000円
　　　　　　　　　買掛金　　　長期借入金

のれんの認識

1,080,000円 − (1,300,000円 − 300,000円) = 80,000円
取得原価　　　　　識別可能資産　　識別可能負債

増加資本金

@50円 × 12,000株 = 600,000円
　　　　　交付株式数

資本準備金

1,080,000円 − 600,000円 = 480,000円
　　　　　増加資本金

10 合併受入仕訳

合併仕訳

（現　　　　金）	240,000	（買　　掛　　金）	200,000
（売　　掛　　金）	390,000	（長 期 借 入 金）	100,000
（商　　　　品）	210,000	（資　　本　　金）	600,000
（備　　　　品）	460,000	（資 本 準 備 金）	480,000
（の　　れ　　ん）	80,000		
（支 払 手 数 料）	20,000	（現　　　　金）	20,000

（B社：被取得企業）

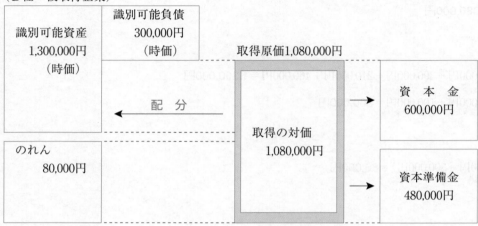

11 債権債務の相殺

（買　　掛　　金）	120,000	（売　　掛　　金）	120,000
（長 期 借 入 金）	30,000	（長 期 貸 付 金）	30,000

1

分 割 後 貸 借 対 照 表

東京株式会社　　　　　　　　X2年4月1日現在　　　　　　（単位：千円）

借　方　科　目	金　　額	貸　方　科　目	金　　額
諸　　資　　産	8,200,000	諸　　負　　債	1,840,000
		資　　本　　金	4,600,000
		利　益　準　備　金	460,000
		繰越利益剰余金	1,300,000
	8,200,000		8,200,000

2

分 割 後 貸 借 対 照 表

大原商事株式会社　　　　　　X2年4月1日現在　　　　　　（単位：千円）

借　方　科　目	金　　額	貸　方　科　目	金　　額
諸　　資　　産	9,610,000	諸　　負　　債	2,460,000
		資　　本　　金	5,150,000
		資　本　準　備　金	300,000
		利　益　準　備　金	200,000
		任　意　積　立　金	1,000,000
		繰越利益剰余金	500,000
	9,610,000		9,610,000

解答へのアプローチ

　会社分割とは、既存の会社の営業の全部または一部を、他の会社に移転させる手続きをいう。会社法における会社分割では、分割会社の営業の全部または一部を新設会社に移転する新設分割および、既存会社に移転する吸収分割の制度が設けられている。

　また、分割に際して営業を承継する会社が発行する株式を分割会社に割当てる分社型および、当該株式を分割会社の株主に割当てる分割型がある。

　なお、本問は、分社型吸収分割の問題である。

解　説

（仕訳の単位：千円）

問1

1 移転した事業に関する投資が清算されたとみる場合

（B 事 業 負 債）	460,000	（B 事 業 資 産）	1,610,000	※1
（投 資 有 価 証 券）	1,300,000※1	（移 転 利 益）	150,000	@65千円×20,000株＝1,300,000千円

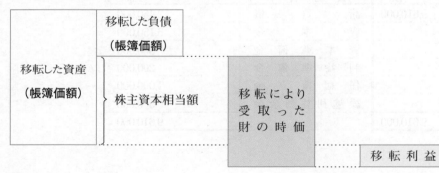

問2

1 移転した事業に関する投資がそのまま継続しているとみる場合

（B 事 業 資 産）	1,610,000	（B 事 業 負 債）	460,000
		（資 本 金）	1,150,000

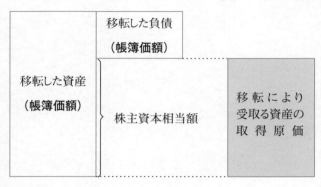

29 企業結合Ⅲ

貸　借　対　照　表　（単位：円）				
資　　産	金　　額	負債・純資産	金　　額	
諸　資　産	（　3,000,000　）	諸　負　債	（　1,400,000　）	
（関係会社株式）	（　1,200,000　）	資　本　金	（　2,050,000　）	
		資本準備金	（　400,000　）	
		利益準備金	（　40,000　）	
		繰越利益剰余金	（　310,000　）	
	（　4,200,000　）		（　4,200,000　）	

解答へのアプローチ

　株式交換とは、既存会社（Ｂ社）の株主が有する株式の全部を他の会社（Ａ社）が有する株式と交換して、他の会社（Ａ社）が完全親会社となる行為をいう。

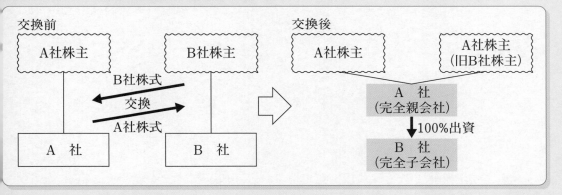

解　説

交付株式数の算定

2,000株×0.8＝1,600株
Ｂ社発行済　交換比率
株　式　数

子会社株式の取得原価の算定

(1) 取得の対価
　　@750円×1,600株＝1,200,000円
　　　　　　交付株式数

増加資本金

@500円×1,600株＝800,000円
　　　　　交付株式数

4 資本準備金

1,200,000円 － 800,000円 ＝ 400,000円
　　取得の対価　　　　増加資本金

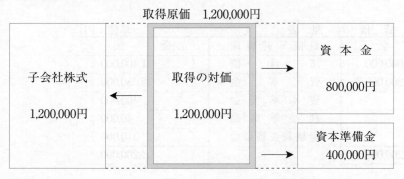

取得原価　1,200,000円

子会社株式
1,200,000円

取得の対価
1,200,000円

資　本　金
800,000円

資本準備金
400,000円

（子 会 社 株 式）　1,200,000　　（資　　本　　金）　800,000
　　　　　　　　　　　　　　　　（資 本 準 備 金）　400,000

30 企業結合Ⅳ

貸　借　対　照　表				(単位：円)
資　　産	金　　額	負債・純資産	金　　額	
関係会社株式　）	(　　695,000　）	(　資　本　金　）	(　　695,000　）	

解答へのアプローチ

　株式移転とは、完全子会社となる既存会社（Ａ社およびＢ社）の株主が有する株式のすべてを新設される完全親会社となる会社（Ｃ社）に移転し、完全親会社が発行する株式を完全子会社の株主に割当てることによって新設会社が完全親会社となる行為をいう。

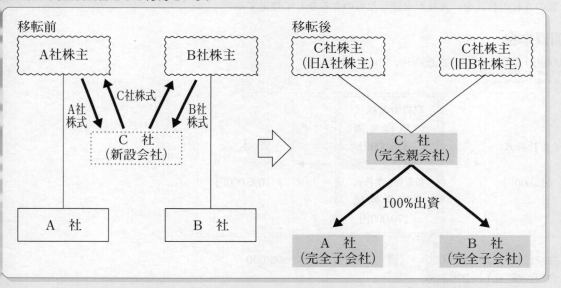

解　説

取得企業株式の取得原価

375,000円 ＋ 12,500円 ＋ 37,500円 ＝ 425,000円
　資本金　　　　資本準備金　　繰越利益剰余金

取得企業株式の取得原価は、取得企業の適正な帳簿価額による純資産額により算定する。

被取得企業株式の取得原価

(1)　Ｃ社設立による発行株式数

　①　Ａ社株主に交付するＣ社株式

　　750株 × 1株 ＝ 750株
　　Ａ社発行済
　　株　式　数

② B社株主に交付するC社株式

600株×0.75株＝450株
B社発行済
株　式　数

③ ①＋②＝1,200株

(2) B社株主のC社に対する議決権比率

$$\frac{450株}{1,200株}＝0.375（37.5\%）$$

(3) B社株主に交付したとみなすA社株式数

1,200株×0.375＝450株
C社発行　議決権比率
株式数

(4) B社株主に交付したA社株式の時価総額

@600円×450株＝270,000円

取得の対価であるC社の株式は、C社が新設会社のため株式移転の合意公表日における時価は存在しない。〔そ〕のため、取得の対価となる財の時価は、B社の株主がC社に対する実際の議決権比率と同じ比率を保有するの〔に〕必要な数のA社の株式を、A社が交付したものとみなして算定する。

3 増加資本金

425,000円＋270,000円＝695,000円
取得企業株式　　　　被取得企業株式
の取得原価　　　　　の取得原価

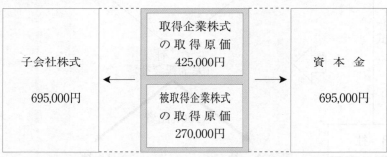

（子会社株式）　425,000　（資　本　金）　695,000
（子会社株式）　270,000

（大阪支店）損　　　　　益　　　　　（単位：千円）

X5. 9／30	繰 越 商 品	265,000	X5. 9／30	繰 越 商 品	431,500
〃	仕　　　　　入	1,584,300	〃	売　　　　　上	2,660,000
〃	本 店 よ り 仕 入	874,000			
〃	販　　売　　費	37,040			
〃	貸 倒 引 当 金 繰 入	13,470			
〃	一 般 管 理 費	17,490			
〃	減 価 償 却 費	9,900			
〃	（本　　　　　店）	290,300			
		3,091,500			3,091,500

（東京本店）損　　　　　益　　　　　（単位：千円）

X5. 9／30	繰 越 商 品	723,000	X5. 9／30	繰 越 商 品	833,000
〃	仕　　　　　入	4,053,200	〃	売　　　　　上	3,670,000
〃	販　　売　　費	74,260	〃	支 店 へ 売 上	874,000
〃	貸 倒 引 当 金 繰 入	20,280	〃	受 取 利 息 配 当 金	7,000
〃	一 般 管 理 費	26,720			
〃	減 価 償 却 費	19,860			
〃	支 払 利 息	4,000			
〃	本 店 損 益	462,680			
		5,384,000			5,384,000
X5. 9／30	（繰延内部利益控除）	16,500	X5. 9／30	本 店 損 益	462,680
〃	法人税、住民税及び事業税	378,740	〃	支　　　　　店	290,300
〃	（繰越利益剰余金）	378,740	〃	（繰延内部利益戻入）	21,000
		773,980			773,980

本 支 店 合 併 損 益 計 算 書　　　　（単位：千円）

Ⅰ	売　　上　　高			（　6,330,000　）
Ⅱ	売　上　原　価			
	1.期 首 商 品 棚 卸 高	（　967,000　）		
	2.当 期 商 品 仕 入 高	（　5,637,500　）		
	計	（　6,604,500　）		
	3.期 末 商 品 棚 卸 高	（　1,248,000　）	（　5,356,500　）	
	売 上 総 利 益		（　973,500　）	

解答へのアプローチ

　本問は、問題文の指示にあるように、本店の帳簿上に総合損益勘定は設定せずに損益勘定のみで処理する方法である。この方法は、本店固有の純損益を算定したあとに中間締切りを行う点が大きな特徴であるが、締切り後に記入される内容は総合損益勘定の内容と同一である。

企業結合

本支店会計

連結会計

税効果会計

連結税効果会計

（仕訳の単位：千円）

1　支店の決算手続き

《決算整理仕訳》

（1）売上原価の算定

| （損　　　　益） | 265,000 | （繰　越　商　品） | 265,000 |
| （繰　越　商　品） | 431,500 | （損　　　　益） | 431,500 |

　（注）本問は、売上原価の算定を損益勘定で行う問題であり、その方法を示すと次のとおりである。

　　　（本店も同様）

①　期首商品棚卸高を繰越商品勘定より損益勘定へ振替える。

| （損　　　　益） | ××× | （繰　越　商　品） | ××× |

②　当期商品仕入高を仕入勘定（本店より仕入勘定）より損益勘定へ振替える。

| （損　　　　益） | ××× | （仕　　　　入） | ××× |
| | | （本　店　よ　り　仕　入） | ××× |

③　期末商品棚卸高を損益勘定より繰越商品勘定へ振替える。

| （繰　越　商　品） | ××× | （損　　　　益） | ××× |

なお、本問の解説では上記②の仕訳は決算振替仕訳で行っている。

（2）減価償却

| （減　価　償　却　費） | 9,900 | （建物減価償却累計額） | 5,900 ※1 |
| | | （備品減価償却累計額） | 4,000 ※2 |

※1
（97,000千円 − 38,000千円）× 10% = 5,900千円

※2
（36,000千円 − 16,000千円）× 20% = 4,000千円

（3）貸倒引当金

| （貸倒引当金繰入） | 13,470 ※3 | （貸　倒　引　当　金） | 13,470 |

※3
（600,000千円 + 560,000千円）× 2%
　　　　受取手形　　　　売掛金
− 9,730千円 = 13,470千円
　貸倒引当金

（4）費用の未払い

| （販　　売　　費） | 1,100 | （未　払　販　売　費） | 1,100 |

《決算振替仕訳》

（損　　　　益）	2,536,200	（仕　　　　入）	1,584,300
		（本　店　よ　り　仕　入）	874,000
		（販　　　売　　　費）	37,040
		（貸倒引当金繰入）	13,470
		（一　般　管　理　費）	17,490
		（減　価　償　却　費）	9,900
（売　　　　上）	2,660,000	（損　　　　益）	2,660,000

　この段階で支店固有の純損益が算定され、この金額を「本店」勘定へ振替える。

| （損　　　　益） | 290,300 ※4 | （本　　　　店） | 290,300 |

※4
3,091,500千円 − 2,801,200千円
損益勘定の貸方合計　　損益勘定の借方合計
= 290,300千円（利益）

本店の決算手続き

《決算整理仕訳》

(1) 売上原価の計算

（損　　　　　益）	723,000	（繰 越 商 品）	723,000
（繰 越 商 品）	833,000	（損　　　　　益）	833,000

(2) 減価償却

（減 価 償 却 費）	19,860	（建物減価償却累計額）	10,260 [※5]
		（備品減価償却累計額）	9,600 [※6]

(3) 貸倒引当金

（貸倒引当金繰入）	20,280 [※7]	（貸 倒 引 当 金）	20,280

(4) 費用の未払い

（支 払 利 息）	850	（未 払 利 息）	850

[※5]
$$(165,000千円 - 62,400千円) \times 10\% = 10,260千円$$

[※6]
$$(84,000千円 - 36,000千円) \times 20\% = 9,600千円$$

[※7]
$$\underset{受取手形}{(710,000千円} + \underset{売掛金}{834,000千円)} \times 2\% - \underset{貸倒引当金}{10,600千円}$$
$$= 20,280千円$$

《決算振替仕訳～全体利益を算定するための処理を含む～》

(1) 損益勘定への振替え

（損　　　　　益）	4,198,320	（仕　　　　　入）	4,053,200
		（販 　売 　費）	74,260
		（貸倒引当金繰入）	20,280
		（一 般 管 理 費）	26,720
		（減 価 償 却 費）	19,860
		（支 払 利 息）	4,000
（売　　　　　上）	3,670,000	（損　　　　　益）	4,551,000
（支 店 へ 売 上）	874,000		
（受取利息配当金）	7,000		

この段階で本店固有の純損益が算定される。

$$\underset{損益勘定の貸方合計}{5,384,000千円} - \underset{損益勘定の借方合計}{4,921,320千円} = 462,680千円（利益）$$

(2) 支店純損益の振替え

（支　　　　　店）	290,300	（損　　　　　益）	290,300

　上記の処理を行うことにより、本店における支店勘定と支店における本店勘定の残高が一致し、当該金額が次期に繰越される。

(3) 内部利益の調整

（繰延内部利益）	21,000	（繰延内部利益戻入）	21,000
（繰延内部利益控除）	16,500 [※8]	（繰延内部利益）	16,500

[※8]
$$\underset{本店仕入分}{126,500千円} \times \frac{21,000千円}{161,000千円}$$
$$= 16,500千円$$

　本店における残高試算表上の繰延内部利益は、支店の期首商品（繰越商品）に含まれる内部利益であり、これは実現利益として当期に全額戻入れることになる。

　上記に対し、支店の当期末商品のうち本店より仕入分に含まれる内部利益は、未実現利益であるため控除しなければならない。

$$内部利益率 \cdots \frac{\overset{繰延内部利益}{21,000千円}}{\underset{支店の期首商品のうち本店より仕入分}{161,000千円}}$$

（注）毎期一定の利益を加えているため、前年の利益率が当期においても採用されることになる。

企業結合　本支店会計　連結会計　税効果会計　連結税効果会計

(4) 繰延内部利益戻入・控除の損益勘定への振替え

（繰延内部利益戻入）　　21,000　　（損　　　　　　益）　　21,000

（損　　　　　　益）　　16,500　　（繰延内部利益控除）　　16,500

　　この段階での損益勘定残高が、税引前当期純利益となる。

(5) 法人税、住民税及び事業税

（法人税、住民税及び事業税）　378,740 ※9　（未払法人税等）　378,740

※9
757,480千円×50％＝378,740千円
税引前当期純利益

(6) 法人税、住民税及び事業税の損益勘定への振替え

（損　　　　　　益）　378,740　（法人税、住民税及び事業税）　378,740

(7) 当期純利益の繰越利益剰余金勘定への振替え

（損　　　　　　益）　378,740　（繰越利益剰余金）　378,740

③ 合併損益計算書上の各金額

(1) 売　　上　　高　　3,670,000千円 ＋ 2,660,000千円 ＝ 6,330,000千円
　　　　　　　　　　　　　　本店分　　　　　　支店分

(2) 期首商品棚卸高　723,000千円 ＋ 265,000千円 － 21,000千円 ＝ 967,000千円
　　　　　　　　　　　本店分　　　　　支店分　　　　繰延内部利益戻入

(3) 当期商品仕入高　4,053,200千円 ＋ 1,584,300千円 ＝ 5,637,500千円
　　　　　　　　　　　本店分　　　　　　支店分

(4) 期末商品棚卸高　833,000千円 ＋ 431,500千円 － 16,500千円 ＝ 1,248,000千円
　　　　　　　　　　　本店分　　　　　支店分　　　　繰延内部利益控除

本支店会計Ⅱ

本 支 店 合 併 損 益 計 算 書
X5年4月1日からX6年3月31日まで　　　（単位：千円）

売 上 高		163,000
売 上 原 価		
1．期首商品棚卸高	24,250	
2．当 期 仕 入 高	130,000	
計	154,250	
3．期末商品棚卸高	23,500	
差 引	130,750	
4．商 品 評 価 損	800	131,550
売 上 総 利 益 ※		31,450
販売費及び一般管理費		19,500
営 業 利 益 ※		11,950

※　損失の場合は、当該金額に△印を付けること。

解答へのアプローチ

　商品評価損、棚卸減耗損の算定にあたって、支店の本店仕入分には、内部利益が含まれているため、控除して考えること。

解 説

1 決算整理事項

(1) 売上原価の内訳科目

① 期首商品棚卸高

15,200千円（本店分）＋10,000千円（支店分）－950千円（期首内部利益）※1＝24,250千円

② 期末商品棚卸高

@150千円×100個（本店分）＋9,600千円（支店分）－1,100千円（期末内部利益）※2

＝23,500千円

この帳簿棚卸高が損益計算書の期末商品棚卸高になる。

> ※1
> 前T/B繰延内部利益
>
> ※2
> (9,600千円（支店分）－@200千円×15個（外部仕入分）)×$\frac{0.2}{1.2}$
> ＝1,100千円

③ 商品評価損

〈本店〉(@150千円－@145千円)×100個＝500千円

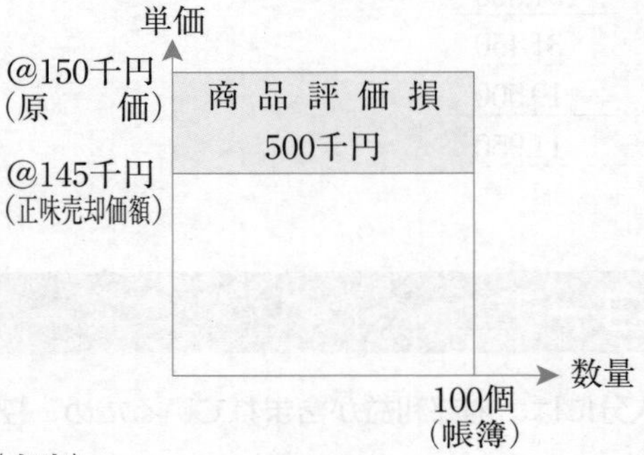

〈支店〉

外部仕入分

(@200千円－@180千円)×15個＝300千円

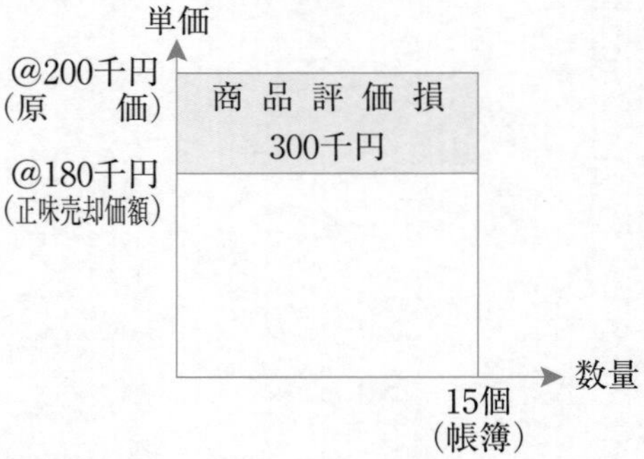

本店仕入分

9,600千円－@200千円×15個（外部仕入分）＝6,600千円

支店の期末商品のうち、本店仕入分には本店が支店対して商品を送付する際に付加した内部利益が含まれいるため、その金額を控除する。

∴ 6,600千円－6,600千円×$\frac{0.2}{1.2}$＝5,500千円

5,500千円÷55個＝@100千円

@100千円（原価）＜@105千円（正味売却価額）

∴ 評価損は計上されない。

(2) 棚卸減耗損（支店のみ）

支店の実地棚卸数量のうち外部からの仕入分は15個であるから、棚卸減耗は生じていない。

本店仕入分

(55個－50個（実地数量）)×@100千円（原価）＝500千円

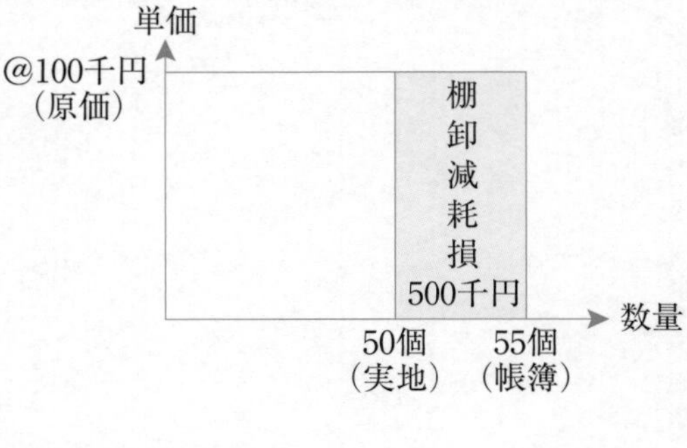

2 損益計算書上の各金額の算定

(1) 売 上 高 103,000千円 + 60,000千円 = 163,000千円
　　　　　　　　　　　本店　　　　　支店

(2) 期首商品棚卸高 前記 **1** (1)①より24,250千円

(3) 当期仕入高 110,000千円 + 20,000千円 = 130,000千円
　　　　　　　　　　　本店　　　　　支店

(4) 期末商品棚卸高 前記 **1** (1)②より23,500千円

(5) 商品評価損 前記 **1** (1)③より800千円

(6) 販売費及び一般管理費 14,500千円 + 4,500千円 + 500千円 = 19,500千円
　　　　　　　　　　　　　本店　　　　支店　　棚卸減耗損

（支店）	損　益　計　算　書	（単位：円）	
売 上 原 価 （	1,240,000 ）	売　　　　　上 （	2,480,000 ）
そ の 他 費 用 （	775,000 ）	そ の 他 収 益 （	500,000 ）
貸 倒 引 当 金 繰 入 （	4,800 ）	（ ――――― ） （	――――― ）
減 価 償 却 費 （	100,800 ）		
商 品 評 価 損 （	10,400 ）		
（為　替　差　損） （	201,200 ）		
当 期 純 利 益 （	647,800 ）		
（	2,980,000 ）	（	2,980,000 ）

（支店）	貸　借　対　照　表	（単位：円）	
現　　　　　金 （	2,592,000 ）	買　　掛　　金 （	288,000 ）
売　　掛　　金 （	360,000 ）	貸 倒 引 当 金 （	7,200 ）
繰　越　商　品 （	460,800 ）	減 価 償 却 累 計 額 （	201,600 ）
建　　　　　物 （	1,680,000 ）	本　　　　　店 （	5,523,200 ）
土　　　　　地 （	1,575,000 ）	当 期 純 利 益 （	647,800 ）
（	6,667,800 ）	（	6,667,800 ）

不要な（　　）には「―――」を記入すること。

解答へのアプローチ

　在外支店における外貨建取引については、原則として、本店と同様に処理する。ただし、外国通貨で表示されている在外支店の財務諸表に基づき本支店合併財務諸表を作成する場合には、在外支店の財務諸表について次の方法によることができる。

1．収益および費用の換算の特例
　　収益および費用（収益性負債の収益化額および費用性資産の費用化額を除く。）の換算については、期中平均相場によることができる。
2．外貨表示財務諸表項目の換算の特例
　　在外支店の外国通貨で表示された財務諸表項目の換算にあたり、非貨幣性項目の額に重要性がない場合には、すべての貸借対照表項目（支店における本店勘定等を除く。）について決算時の為替相場による円換算額を付する方法を適用することができる。この場合において、損益項目についても決算時の為替相場によることを妨げない。
3．換算差額の処理
　　本店と異なる方法により換算することによって生じた換算差額は、当期の為替差損益として処理する。

解　説

以下、本問における仕訳等を示すと次のとおりである。（仕訳の単位：ドル）

決算整理

(1) 売上原価の算定

（繰 越 商 品）　3,800　（仕　　　入）　3,800

(2) 貸倒引当金（差額補充法）

（貸倒引当金繰入）　40[※1]　（貸 倒 引 当 金）　40

(3) 減価償却費

（減 価 償 却 費）　960[※2]　（減価償却累計額）　960

※1
$\underset{\text{売掛金}}{3,000 \text{ドル}} \times 2\% - \underset{\text{貸倒引当金}}{20 \text{ドル}} = 40 \text{ドル}$

※2
$\underset{\text{建物}}{16,000 \text{ドル}} \times 0.9 \div 15\text{年} = 960 \text{ドル}$

参　考

決算整理後残高試算表（ドル建）を作成すると次のとおりである。

(支店)　決算整理後残高試算表　(単位：ドル)

現　　　　　金	21,600	買　掛　金	2,400
売　　掛　　金	3,000	貸 倒 引 当 金	60
繰　越　商　品	3,800	減価償却累計額	1,920
建　　　　　物	16,000	本　　　店	48,220
土　　　　　地	15,000	売　　　上	20,000
仕　　　　　入	10,000	その他収益	4,000
そ の 他 費 用	6,200		
貸倒引当金繰入	40		
減 価 償 却 費	960		
	76,600		76,600

各金額の算定

(1) 貸借対照表項目

① 現　　　　　金　$21,600 \text{ドル} \times \underset{\text{決算日レート}}{120\text{円} / \text{ドル}} = 2,592,000\text{円}$

② 売　　掛　　金　$3,000 \text{ドル} \times \underset{\text{決算日レート}}{120\text{円} / \text{ドル}} = 360,000\text{円}$

③ 繰　越　商　品　$\underset{\text{原価}}{3,800 \text{ドル}} \times \underset{\text{商品仕入時レート}}{124\text{円} / \text{ドル}} = 471,200\text{円} > \underset{\text{正味売却価額}}{3,840 \text{ドル}} \times \underset{\text{決算日レート}}{120\text{円} / \text{ドル}} = 460,800\text{円}$

∴　460,800円

④ 建　　　　　物　$16,000 \text{ドル} \times \underset{\text{取得日レート}}{105\text{円} / \text{ドル}} = 1,680,000\text{円}$

⑤ 土　　　　　地　$15,000 \text{ドル} \times \underset{\text{取得日レート}}{105\text{円} / \text{ドル}} = 1,575,000\text{円}$

⑥ 買　　掛　　金　$2,400 \text{ドル} \times \underset{\text{決算日レート}}{120\text{円} / \text{ドル}} = 288,000\text{円}$

⑦ 貸 倒 引 当 金　$60 \text{ドル} \times \underset{\text{決算日レート}}{120\text{円} / \text{ドル}} = 7,200\text{円}$

⑧ 減価償却累計額　$1,920 \text{ドル} \times \underset{\text{取得日レート}}{105\text{円} / \text{ドル}} = 201,600\text{円}$

⑨ 本　　　　　店　資料5. より5,523,200円

⑩ 当 期 純 利 益　貸借差額より647,800円

(2)　損益計算書項目

① 売　　　　　　上　　20,000ドル×124円／ドル＝2,480,000円
　　　　　　　　　　　　　　　　　　　商品販売時レート

② そ の 他 収 益　　4,000ドル×125円／ドル＝500,000円
　　　　　　　　　　　　　　　　　　期中平均レート

③ 売　上　原　価　　10,000ドル×124円／ドル＝1,240,000円
　　　　　　　　　　　　　　　　　　　商品仕入時レート

④ そ の 他 費 用　　6,200ドル×125円／ドル＝775,000円
　　　　　　　　　　　　　　　　　　期中平均レート

⑤ 貸倒引当金繰入　　40ドル×120円／ドル＝4,800円
　　　　　　　　　　　　　　　　　決算日レート

⑥ 減 価 償 却 費　　960ドル×105円／ドル＝100,800円
　　　　　　　　　　　　　　　　　取得日レート

⑦ 商 品 評 価 損　　471,200円－460,800円＝10,400円
　　　　　　　　　　　原価　　　　正味売却価額

⑧ 当 期 純 利 益　　貸借対照表より647,800円

⑨ 為 替 差 損 益　　貸借差額より201,200円（損）

ニューヨーク支店）	決算整理後残高試算表		（単位：千円）
現　金　預　金	（　31,250　）	買　　掛　　金	（　7,500　）
繰　越　商　品	（　9,600　）	減価償却累計額	（　2,070　）
備　　　　　品	（　11,500　）	本　　　　店	（　14,100　）
売　上　原　価	（　42,000　）	売　　　　上	（　55,320　）
減　価　償　却　費	（　1,035　）	本　店　へ　売　上	（　21,750　）
そ　の　他　費　用	（　6,000　）	（為　替　差　損　益）	（　645　）
（　　　　　　　　）	（　　　　　　　　）		
	（　101,385　）		（　101,385　）

注：不要な（　　）には「―――」を記入すること。

解答へのアプローチ

　在外支店における外貨建取引については、原則として、本店と同様に処理する。ただし、外国通貨で表示されている在外支店の財務諸表に基づき本支店合併財務諸表を作成する場合には、在外支店の財務諸表について次の方法によることができる。

１．収益および費用の換算の特例
　　収益および費用（収益性負債の収益化額および費用性資産の費用化額を除く。）の換算については、期中平均相場によることができる。

２．外貨表示財務諸表項目の換算の特例
　　在外支店の外国通貨で表示された財務諸表項目の換算にあたり、非貨幣性項目の額に重要性がない場合には、すべての貸借対照表項目（支店における本店勘定等を除く。）について決算時の為替相場による円換算額を付する方法を適用することができる。この場合において、損益項目についても決算時の為替相場によることを妨げない。

３．換算差額の処理
　　本店と異なる方法により換算することによって生じた換算差額は、当期の為替差損益として処理する。

1 各金額の計算

(1) 貸借対照表項目

① 現 金 預 金　250千ドル×125円／ドル＝31,250千円
　　　　　　　　　　　　　　　決算時の為替相場

② 繰 越 商 品　80千ドル×120円／ドル＝9,600千円
　　　　　　　　　　　　　　　期中平均相場

③ 備　　　品　100千ドル×115円／ドル＝11,500千円
　　　　　　　　　　　　　　　取得時の為替相場

④ 買 　掛　 金　60千ドル×125円／ドル＝7,500千円
　　　　　　　　　　　　　　　決算時の為替相場

⑤ 減価償却累計額　18千ドル×115円／ドル＝2,070千円
　　　　　　　　　　　　　　　取得時の為替相場

⑥ 本　　　店　本店の支店勘定より14,100千円

(2) 損益計算書項目

① 売　　　上　461千ドル×120円／ドル＝55,320千円
　　　　　　　　　　　　　　　期中平均相場

② 本 店 へ 売 上　本店の支店より仕入勘定より21,750千円

③ 売 上 原 価　350千ドル×120円／ドル＝42,000千円
　　　　　　　　　　　　　　　期中平均相場

④ 減 価 償 却 費　9千ドル×115円／ドル＝1,035千円
　　　　　　　　　　　　　　　取得時の為替相場

⑤ そ の 他 費 用　50千ドル×120円／ドル＝6,000千円
　　　　　　　　　　　　　　　期中平均相場

⑥ 為 替 差 損 益　円貨による決算整理後残高試算表の貸借差額より645千円（益）

連結貸借対照表
(X4.3.31現在)　　　　　　　　　　　単位：百万円

資 産 の 部		負債・純資産の部	
諸　資　産	(286,500)	諸　負　債	(165,150)
(の　れ　ん)	(1,080)	(　　　　　)	(　　　　　)
(　　　　　)	(　　　　　)	資　本　金	(80,000)
(　　　　　)	(　　　　　)	(利 益 剰 余 金)	(32,190)
		非 支 配 株 主 持 分	(10,240)
		(　　　　　)	(　　　　　)
	(287,580)		(287,580)

連結損益計算書
(X3.4.1からX4.3.31まで)　　　　　単位：百万円

諸　　損　　益	(24,810)
(の れ ん 償 却 額)	(120)
(　　　　　　　　)	(　　　　)
当 期 純 利 益	(24,690)
非支配株主に帰属する当期純利益	(1,200)
親会社株主に帰属する当期純利益	(23,490)

連結株主資本等変動計算書
(X3.4.1からX4.3.31まで)　　　　　単位：百万円

利 益 剰 余 金 期 首 残 高	(21,700)
当 期 変 動 額	
(配　　当　　金)	(13,000)
親会社株主に帰属する当期純利益	(23,490)
利 益 剰 余 金 期 末 残 高	(32,190)

注)　(　　)内への記入は、必ずしも全部必要であるとは限らない。

本問における連結第1年度の連結手続きは、次のとおりである。
1. 子会社資産・負債の時価評価
2. 個別財務諸表に基づいて作成する。（個別財務諸表の合算）
3. 開始仕訳
4. 当年度の修正
 (1) のれんの償却（10年償却）
 (2) 当期純利益の非支配株主持分への振替え
 (3) 配当金の修正

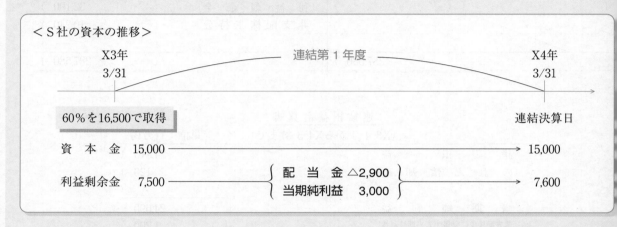

<＜S社の資本の推移＞>

解 説

（金額の単位は百万円、以下すべて同じ）

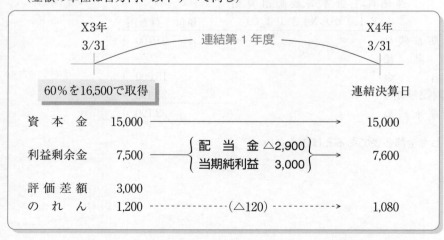

子会社の資産および負債の時価評価

（諸　資　産）	3,000	（評　価　差　額）	3,000[※1]

開始仕訳

（資　本　金） 当期首残高	15,000	（S　社　株　式）	16,500
（利　益　剰　余　金） 当期首残高	7,500	（非支配株主持分） 当期首残高	10,200[※3]
（評　価　差　額）	3,000		
（の　れ　ん）	1,200[※2]		

のれんの償却

（のれん償却額）	120[※4]	（の　れ　ん）	120

当期純利益の非支配株主持分への振替え

（非支配株主に帰属 する当期純損益）	1,200[※5]	（非支配株主持分） 当期変動額	1,200

配当金の修正

（非支配株主持分） 当期変動額	1,160[※6]	（配　当　金）	1,160
（受取配当金）	1,740[※7]	（配　当　金）	1,740

※1
$$63,000 - 60,000 = 3,000$$
時価　　　簿価

※2
$$16,500 - (15,000 + 7,500 + 3,000) \times 60\%$$
子会社株式　S社資本金　利益剰余金　評価差額　親会社持分割合
の取得原価
$$= 1,200$$

※3
$$(15,000 + 7,500 + 3,000) \times 40\% = 10,200$$
S社資本金　利益剰余金　評価差額　非支配株主持分割合

※4
$$1,200 \times \frac{1\,年}{10\,年} = 120$$

※5
$$3,000 \times 40\% = 1,200$$
子会社　非支配株主
当期純利益　持分割合

※6
$$2,900 \times 40\% = 1,160$$
非支配株主
持分割合

※7
$$2,900 \times 60\% = 1,740$$
親会社
持分割合

連結会計 Ⅱ

問1　内部売上の相殺消去の仕訳　　　　　　　　　　　　　　　　　　（単位：万円）

| 仕　　　　　訳 | | | | |
借　　　　方	金　額	貸　　　　方	金　額
Ａ 社 へ の 売 上 高	4,000	売　　上　　原　　価	4,000

内部利益の消去の仕訳　　　　　　　　　　　　　　　　　　　　　　（単位：万円）

| 仕　　　　　訳 | | | |
借　　　　方	金　額	貸　　　　方	金　額
売　　上　　原　　価	400	棚　　卸　　資　　産	400

問2　連結財務諸表上の各金額（単位：万円）

(1)	棚 卸 資 産 （ 期 末 ）	11,600
(2)	の　　　れ　　　ん	38
(3)	非 支 配 株 主 持 分	620
(4)	利 益 剰 余 金 期 末 残 高	7,218
(5)	売　　上　　原　　価	3,400
(6)	非支配株主に帰属する当期純利益	320
(7)	親会社株主に帰属する当期純利益	6,718

解答へのアプローチ

　連結第1年度における連結財務諸表上の各金額のみを答える問題であるため、自ら連結財務諸表を作成する必要がある。本問における連結第1年度の連結手続きは次のとおりである。

1．子会社資産・負債の時価評価
2．個別財務諸表に基づいて作成する。（個別財務諸表の合算）
3．開始仕訳
4．当年度の修正
　(1)　のれんの償却（20年償却）
　(2)　当期純利益の非支配株主持分への振替え
　(3)　配当金の修正
　(4)　連結会社相互間取引の相殺消去（商品売買取引、売上債権・仕入債務）
　(5)　未実現利益の消去（棚卸資産）

解答・解説

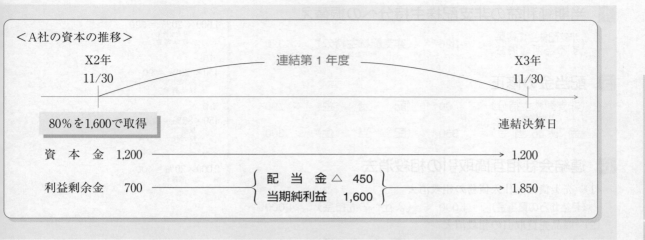

<A社の資本の推移>

解 説

（金額の単位は万円、以下すべて同じ）

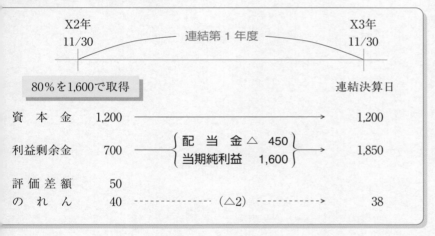

子会社の資産および負債の時価評価

| （その他の資産） | 50 | （評 価 差 額） | 50 |

開始仕訳

（資　本　金） 当期首残高	1,200	（投　　　　資）	1,600
（利 益 剰 余 金） 当期首残高	700	（非支配株主持分） 当期首残高	390 ※2
（評 価 差 額）	50		
（の　れ　ん）	40 ※1		

のれんの償却

| （のれん償却額） | 2 ※3 | （の　れ　ん） | 2 |

※1
$$1,600 - (1,200 + 700 + 50) \times 80\% = 40$$
子会社株式　　子会社資本　評価差額　親会社
の取得原価　　　　　　　　　　　　持分割合

※2
$$(1,200 + 700 + 50) \times 20\% = 390$$
　子会社資本　評価差額　非支配株主
　　　　　　　　　　　　持分割合

※3
$$40 \times \frac{1\,年}{20\,年} = 2$$

179

4 当期純利益の非支配株主持分への振替え

(非支配株主に帰属) する当期純損益	320 ※4	(非支配株主持分) _{当期変動額}	320

5 配当金の修正

(非支配株主持分) _{当期変動額}	90 ※5	(配 当 金)	90
(受 取 配 当 金)	360 ※6	(配 当 金)	360

6 連結会社相互間取引の相殺消去

(1) 売上債権・仕入債務の相殺消去

(P社からの買掛金)	4,000	(A社への売掛金)	4,000

(2) 商品売買取引の相殺消去

(A社への売上高)	4,000	(売 上 原 価)	4,000

7 未実現利益の消去

(売 上 原 価)	400 ※7	(棚 卸 資 産)	400

※4
$1,600 \times \underset{\substack{\text{非支配株主}\\\text{持 分 割 合}}}{20\%} = 320$

※5
$450 \times \underset{\substack{\text{非支配株主}\\\text{持 分 割 合}}}{20\%} = 90$

※6
$450 \times \underset{\substack{\text{親 会 社}\\\text{持分割合}}}{80\%} = 360$

※7
$2,000 \times \underset{\text{利益率}}{20\%} = 400$

解答・解説

）連結修正仕訳 （単位：千円）

仕			訳	
借　方	金　額	貸　方	金　額
売　　上　　高	18,000	売　上　原　価	18,000
売　上　原　価	3,600	棚　卸　資　産	3,600
非支配株主持分	760	非支配株主に帰属する当期純損益	760

）期末棚卸資産の連結貸借対照表価額　　（　　　　6,400　　　）千円

解答へのアプローチ

　連結会社間で売買された棚卸資産につき、連結会社外部へ再売却されずに残っている場合には、当該棚卸資産の中に含まれている未実現利益は連結決算上消去しなければならない。

　連結会社における棚卸資産の売買取引を大別すると、①親会社から子会社への販売（ダウン・ストリーム）と②子会社から親会社への販売（アップ・ストリーム）に分けられる。

　本問は②の子会社から親会社への販売（アップ・ストリーム）である。

棚卸資産の流れ

解　説

（仕訳の単位は千円、以下すべて同じ）

1　連結修正仕訳

(1)　商品売買取引の相殺消去

（売　上　高）　18,000 [※1]　（売 上 原 価）　18,000

(2)　未実現利益の消去

（売 上 原 価）　3,600 [※2]　（棚 卸 資 産）　3,600

（非支配株主持分）　760　　（非支配株主に帰属する当期純損益）　760 [※3]
　　当期変動額

2　期末棚卸資産の連結貸借対照表価額

10,000千円 − 3,600千円 = 6,400千円

※1
① B社からP社への売上高
　10,000千円
② A社からB社への売上高
　10,000千円 × 80% = 8,000千円
　　　　　　　原価率
③ ① + ② = 18,000千円

※2
① B社からP社への販売分
　10,000千円 × 20% = 2,000千円
　　　　　　　利益率
② A社からB社への販売分
　10,000千円 × 80% × 20% = 1,600千円
　　　　　　　原価率　利益率
③ ① + ② = 3,600千円

※3
① B社からP社への販売分
　10,000千円 × 20% × 30% = 600千円
　　　　　　　利益率　非支配株主
　　　　　　　　　　　持 分 割 合
② A社からB社への販売分
　10,000千円 × 80% × 20% × 10% = 160千
　　　　　　　原価率　利益率　非支配株主
　　　　　　　　　　　　　　　持 分 割 合
③ ① + ② = 760千円

38 連結会計Ⅳ

1

(1) の れ ん　　　　　2,000　千円

(2) 非支配株主持分　　11,000　千円

2

(1) の れ ん　　　　　1,800　千円

(2) 非支配株主持分　　22,500　千円

3

S 社株式売却益の修正額　　3,250　千円

解答へのアプローチ

　子会社株式を一部売却した場合には、売却した株式に対応する持分を親会社の持分から減額し、非支配株主持分を増額する。

　売却による親会社の持分の減少額（売却持分）と売却価額との間に生じた差額は、資本剰余金として処理する。

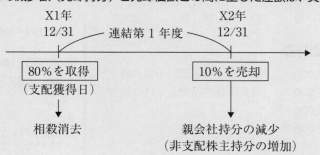

以下、本問における仕訳等を示すと次のとおりである。（仕訳の単位：千円）

1 S社の資本の推移

問1

1 子会社の資産および負債の時価評価

（諸　資　産）　5,000　（評　価　差　額）　5,000※1

2 投資と資本の相殺消去

（資　本　金）	40,000	（S　社　株　式）	46,000
（利 益 剰 余 金）	10,000	（非支配株主持分）	11,000※3
（評　価　差　額）	5,000		
（の　れ　ん）	2,000※2		

問2、問3

1 子会社の資産および負債の時価評価

（諸　資　産）　5,000　（評　価　差　額）　5,000※1

2 開始仕訳

（資　本　金） 当期首残高	40,000	（S　社　株　式）	46,000
（利 益 剰 余 金） 当期首残高	10,000	（非支配株主持分） 当期首残高	11,000※3
（評　価　差　額）	5,000		
（の　れ　ん）	2,000※2		

3 のれんの償却

（のれん償却額）　200※4　（の　れ　ん）　200

4 利益剰余金増加額の非支配株主持分への振替え

（非支配株主に帰属
する当期純損益）　4,000※5　（非支配株主持分）
当期変動額　4,000

※1
25,000千円 － 20,000千円 ＝ 5,000千円

※2
46,000千円 －（40,000千円 ＋ 10,000千円 ＋ 5,000千円
　S社株式　　　　　X4年3月31日現在子会社資本　　　評価差額
×80％ ＝ 2,000千円
親 会 社
持分割合

※3
（40,000千円 ＋ 10,000千円 ＋ 5,000千円）× 20％
　S社資本金　　　S社利益剰余金　　　評価差額　　　非支配株主
　　　　　　　　　　　　　　　　　　　　　　　持 分 割 合

＝ 11,000千円

※4
2,000千円 × $\frac{1 \text{年}}{10 \text{年}}$ ＝ 200千円

※5
（30,000千円 － 10,000千円）× 20％ ＝ 4,000千円
　支配獲得後増加利益剰余金　　　　　非支配株主
　　　　　　　　　　　　　　　　　持 分 割 合

解答・解説

5 持分の一部売却

(S 社 株 式)	5,750 ※6	(非支配株主持分)	7,500 ※7
		当期変動額	
(S社株式売却益)	3,250	(資 本 剰 余 金)	1,500 ※8
		当期変動額	

※6
　連結にあたっての開始仕訳では、株式売却前のS社株式46,000千円が消去されているが、期末のP社個別貸借対照表では売却後のS社株式の金額40,250千円が計上されており、期中に売却されたS社株式の簿価5,750千円は計上されていない。開始仕訳では、売却されたS社株式の簿価を含めた46,000千円で投資と資本の相殺消去が行われているため、S社株式5,750千円を増加させる必要がある。

※7
　親会社持分の売却（非支配株主持分の増加額）
(40,000千円 ＋ 30,000千円 ＋ 5,000千円)×10%
　子会社資本金　　子会社利益剰余金　　評価差額　　売却持分
＝7,500千円
　売却した株式に対応する持分を親会社の持分から減額し、非支配株主持分を増額させる。

※8
　資本剰余金
① 売却持分
　(40,000千円 ＋ 30,000千円 ＋ 5,000千円)×10%
　　子会社資本金　　子会社利益剰余金　　評価差額
　＝7,500千円
② 資本剰余金
　9,000千円 － 7,500千円 ＝ 1,500千円
　　売却価額　　　売却持分
　または、次のように計算することもできる。
① S社株式の売却簿価と売却持分の差額
　5,750千円 － 7,500千円 ＝ △1,750千円
　　S社株式の　　　売却持分
　　売却簿価
② 資本剰余金
　3,250千円 － 1,750千円 ＝ 1,500千円
　　S社株式
　　売却益

185

個別会計上のS社株式売却時の仕訳を示すと次のとおりである。

（現　金　預　金）	9,000	（S　社　株　式）	5,750
		（S社株式売却益）	3,250

連結会計上の売却簿価の算定

当初の親会社持分80%

売却持分 10%　当初の非支配株主持分 20%

X 4 年 3 月 31 日
子 会 社 資 本
資 本 金　40,000千円
利益剰余金　10,000千円
評 価 差 額　5,000千円

7,500千円 ※7

X 5 年 3 月 31 日
子 会 社 資 本
資 本 金　40,000千円
利益剰余金　30,000千円
評 価 差 額　5,000千円

一部売却における法人税等の調整

　子会社株式の一部売却において、関連する法人税等は、資本剰余金から控除する。その場合の一部売却に係る連結修正仕訳を示すと次のようになる（法定実効税率を40%とした場合）。

（S　社　株　式）	5,750	（非支配株主持分） 当期変動額	7,500
（S社株式売却益）	3,250	（資 本 剰 余 金） 当期変動額	1,500
（資 本 剰 余 金） 当期変動額	600 ※9	（法人税、住民税及び事業税）	600

※9
資本剰余金から控除する法人税等
1,500千円×40%＝600千円

- 第1年度末の非支配株主持分 — | 4,800 | 万円
- 第1年度末ののれん — | 1,200 | 万円
- 第2年度末の非支配株主持分 — | 2,600 | 万円
- 第2年度末ののれん — | 1,080 | 万円
- 第2年度の持分法による投資損益 — | 410 | 万円
- 第2年度末のE社株式 — | 4,260 | 万円

解答へのアプローチ

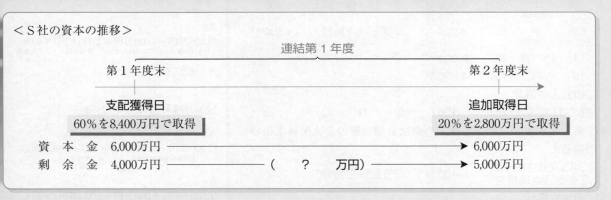

＜S社の資本の推移＞

連結第1年度

第1年度末 ———————————————————————→ 第2年度末

支配獲得日　　　　　　　　　　　　　　　　追加取得日

60％を8,400万円で取得　　　　　　　　20％を2,800万円で取得

資　本　金　6,000万円 ——————————————→ 6,000万円
剰　余　金　4,000万円 —————（　？　万円）——→ 5,000万円

＜E社の資本の推移＞

第1年度

第1年度末 ———————————————————————→ 第2年度末

30％を4,000万円で取得

資　本　金　5,000万円 ——————————————→ 5,000万円
剰　余　金　5,000万円 ———{ 配　当　金　　△500万円 } ——→ 6,000万円
　　　　　　　　　　　　　{ 当期純利益　（　？　）万円 }

（仕訳の単位：万円）

1 S社の資本の推移

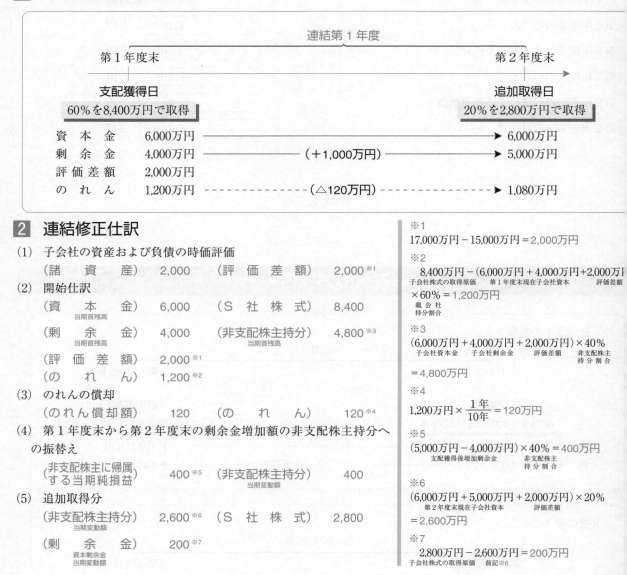

2 連結修正仕訳

(1) 子会社の資産および負債の時価評価

| (諸　資　産) | 2,000 | (評　価　差　額) | 2,000※1 |

(2) 開始仕訳

(資　本　金) 当期首残高	6,000	(S　社　株　式)	8,400
(剰　余　金) 当期首残高	4,000	(非支配株主持分) 当期首残高	4,800※3
(評　価　差　額)	2,000※1		
(の　れ　ん)	1,200※2		

(3) のれんの償却

| (のれん償却額) | 120 | (の　れ　ん) | 120※4 |

(4) 第1年度末から第2年度末の剰余金増加額の非支配株主持分への振替え

| (非支配株主に帰属
する当期純損益) | 400※5 | (非支配株主持分)
当期変動額 | 400 |

(5) 追加取得分

| (非支配株主持分)
当期変動額 | 2,600※6 | (S　社　株　式) | 2,800 |
| (剰　余　金)
資本剰余金
当期変動額 | 200※7 | | |

※1
17,000万円 − 15,000万円 = 2,000万円

※2
8,400万円 − (6,000万円 + 4,000万円 + 2,000万円)
子会社株式の取得原価　　第1年度末現在子会社資本　評価差額
× 60% = 1,200万円
親会社
持分割合

※3
(6,000万円 + 4,000万円 + 2,000万円) × 40%
子会社資本金　子会社剰余金　評価差額　非支配株主
持分割合
= 4,800万円

※4
$1,200万円 × \dfrac{1年}{10年} = 120万円$

※5
(5,000万円 − 4,000万円) × 40% = 400万円
支配獲得後増加剰余金　　非支配株主
持分割合

※6
(6,000万円 + 5,000万円 + 2,000万円) × 20%
第2年度末現在子会社資本　評価差額
= 2,600万円

※7
2,800万円 − 2,600万円 = 200万円
子会社株式の取得原価　前記※6

第1年度

第1年度末　　　　　　　　　　　　　　　　　　　　　　　第2年度末

| 30%を4,000万円で取得 |

資　本　金　5,000万円　──────────────→　5,000万円

剰　余　金　5,000万円　{ 配　当　金　△ 500万円 } ──→　6,000万円
　　　　　　　　　　　　{ 当期純利益　（1,500万円）}

評 価 差 額　600万円（30%）

の　れ　ん　400万円 ------------（△40万円）------------▶　360万円

（注）本問の資料ではE社の当期純利益が与えられていないため、以下のように算定する。

$$6{,}000万円 - (5{,}000万円 - 500万円) = 1{,}500万円$$
　　第2年度末　　　　第1年度末　　　配当金
　　E社剰余金　　　　E社剰余金

持分法修正仕訳

(1) 評価差額

　$(22{,}000万円 - 20{,}000万円) \times 30\% = 600万円$
　　　　　　　　　　　　　　　　投資割合

(2) のれんの償却

　（持分法による投資損益）　40 ※8　（E　社　株　式）　40

(3) 配当金

　（受 取 配 当 金）　150　（E　社　株　式）　150 ※9

(4) 当期純利益

　（E　社　株　式）　450 ※10　（持分法による投資損益）　450

各金額の算定

(1) 第1年度末の非支配株主持分　4,800万円
　　　　　　　　　　　　　　　　前記2(2)

(2) 第1年度末ののれん　1,200万円
　　　　　　　　　　　　前記2(2)

(3) 第2年度末の非支配株主持分　4,800万円 + 400万円 − 2,600万円 = 2,600万円
　　　　　　　　　　　　　　　　前記2(2)　前記2(4)　前記2(5)

(4) 第2年度末ののれん　1,200万円 − 120万円 = 1,080万円
　　　　　　　　　　　　前記2(2)　前記2(3)

(5) 第2年度の持分法による投資損益　450万円 − 40万円 = 410万円
　　　　　　　　　　　　　　　　　　前記4(4)　前記4(2)

(6) 第2年度末のE社株式　4,000万円 − 40万円 − 150万円 + 450万円 = 4,260万円
　　　　　　　　　　　　　取得原価　前記4(2)　前記4(3)　前記4(4)

※8
① のれんの計算
　$4{,}000万円 - \{(5{,}000万円 + 5{,}000万円)$
　E社株式取得原価　　第1年度末現在E社資本
　$\times 30\% + 600万円\} = 400万円$
　投資割合　　評価差額

② 償却額の計算
　$400万円 \times \dfrac{1年}{10年} = 40万円$

※9
$500万円 \times 30\% = 150万円$
　　　　　投資割合

※10
$1{,}500万円 \times 30\% = 450万円$
　　　　　　投資割合

40 連結会計Ⅵ

問1　X6年度の持分法による投資損益の金額　　　　　　　　1,206　千円

　　　X6年度末のＡ社株式の金額　　　　　　　　　　　　38,556　千円

問2　X7年度の持分法による投資損益の金額　　　　　　　　1,656　千円

　　　X7年度末のＡ社株式の金額　　　　　　　　　　　　39,612　千円

解答へのアプローチ

＜Ａ社の資本の推移＞

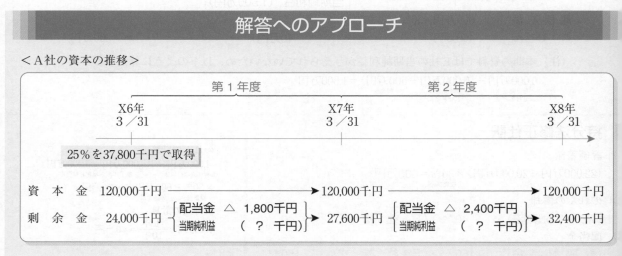

解　説

　以下、本問における計算過程等を示すと次のとおりである。（仕訳の単位：千円）

問1

1　Ａ社の資本の推移

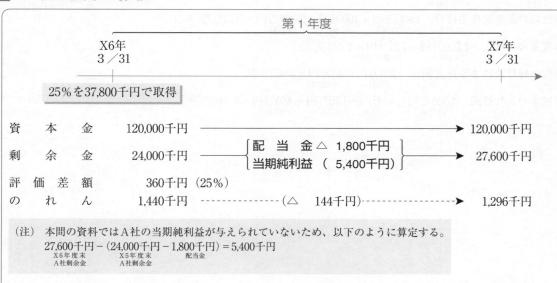

（注）　本問の資料ではＡ社の当期純利益が与えられていないため、以下のように算定する。

　　27,600千円 −（24,000千円 − 1,800千円）= 5,400千円
　　　X6年度末　　　　　　X5年度末　　　　配当金
　　　Ａ社剰余金　　　　　Ａ社剰余金

のれんの償却

(持分法による投資損益)	144	（A　社　株　式）	144

1）評価差額

$$1,440千円 \times \underset{投資割合}{25\%} = 360千円$$

2）のれん

$$\underset{A社株式の取得原価}{37,800千円} - \{(\underset{A社資本金}{120,000千円} + \underset{A社剰余金}{24,000千円}) \times \underset{投資割合}{25\%} + \underset{評価差額}{360千円}\} = 1,440千円（借方）$$

3）のれんの償却

$$1,440千円 \times \underset{前記問1 \cdot \boxed{2}(2)}{\frac{1年}{10年}} = 144千円$$

配当金の修正

(受　取　配　当　金)	450	（A　社　株　式）	450

$$1,800千円 \times \underset{投資割合}{25\%} = 450千円$$

当期純利益

（A　社　株　式）	1,350	(持分法による投資損益)	1,350

$$5,400千円 \times \underset{投資割合}{25\%} = 1,350千円$$

各金額の計算

1）X6年度の持分法による投資損益

$$\underset{前記問1 \cdot \boxed{4}}{1,350千円} - \underset{前記問1 \cdot \boxed{2}}{144千円} = 1,206千円（益）$$

2）X6年度末のA社株式

$$\underset{A社株式取得原価}{37,800千円} - \underset{前記問1 \cdot \boxed{2}}{144千円} - \underset{前記問1 \cdot \boxed{3}}{450千円} + \underset{前記問1 \cdot \boxed{4}}{1,350千円} = 38,556千円$$

2

A社の資本の推移

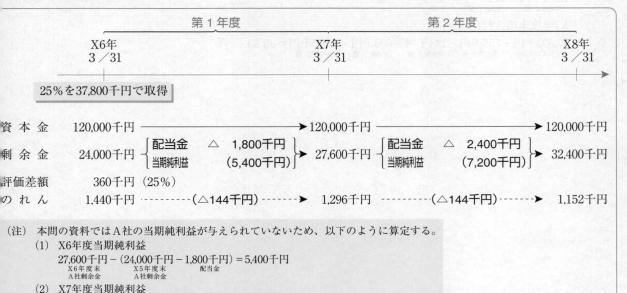

(注)　本問の資料ではA社の当期純利益が与えられていないため、以下のように算定する。

(1)　X6年度当期純利益

$$\underset{\substack{X6年度末\\A社剰余金}}{27,600千円} - (\underset{\substack{X5年度末\\A社剰余金}}{24,000千円} - \underset{配当金}{1,800千円}) = 5,400千円$$

(2)　X7年度当期純利益

$$\underset{\substack{X7年度末\\A社剰余金}}{32,400千円} - (\underset{\substack{X6年度末\\A社剰余金}}{27,600千円} - \underset{配当金}{2,400千円}) = 7,200千円$$

2 開始仕訳

| （A 社 株 式） | 756 | （利 益 剰 余 金）
当期首残高 | 756 |

開始仕訳は以下の（1）～（2）を累積したものである。

（1） 投資差額の償却

| （利 益 剰 余 金）
当期首残高 | 144 | （A 社 株 式） | 144 |

（2） X6年度増加剰余金の振替え

| （A 社 株 式） | 900 | （利 益 剰 余 金）
当期首残高 | 900 |

$$（27,600千円 － 24,000千円）\times 25\% ＝ 900千円$$
X6年度末　　　　X5年度末　　　投資割合
A社剰余金　　　A社剰余金

3 のれんの償却

| （持分法による投資損益） | 144 | （A 社 株 式） | 144 |

$$1,440千円 \times \frac{1年}{10年} ＝ 144千円$$
前記問1・2(2)

4 配当金の修正

| （受 取 配 当 金） | 600 | （A 社 株 式） | 600 |

$$2,400千円 \times 25\% ＝ 600千円$$
投資割合

5 当期純利益

| （A 社 株 式） | 1,800 | （持分法による投資損益） | 1,800 |

$$7,200千円 \times 25\% ＝ 1,800千円$$
投資割合

6 各金額の計算

（1） X7年度の持分法による投資損益

$$1,800千円 － 144千円 ＝ 1,656千円　（益）$$
前記問2・5　　　前記問2・3

（2） X7年度末のA社株式

$$37,800千円 ＋ 756千円 － 144千円 － 600千円 ＋ 1,800千円 ＝ 39,612千円$$
A社株式取得原価　　前記問2・2　　　前記問2・3　　　前記問2・4　　　前記問2・5

41

貸 借 対 照 表 2000年12月31日				（単位：円）
資　　産	金　　額	負債・純資産	金　　額	
現　　　　　金	1,300,000	買　　掛　　金	5,200,000	
売　　掛　　金	8,450,000	長 期 借 入 金	6,500,000	
商　　　　　品	7,800,000	資　　本　　金	16,000,000	
建　　　　　物	19,500,000	資 本 剰 余 金	12,800,000	
同減価償却累計額	△ 1,300,000	当 期 純 利 益	2,600,000	
備　　　　　品	2,600,000	為替換算調整勘定	△ 5,400,000	
同減価償却累計額	△ 650,000			
合　　　　　計	37,700,000	合　　　　　計	37,700,000	

解答へのアプローチ

どの時点のレートを用いるのかがポイントである。

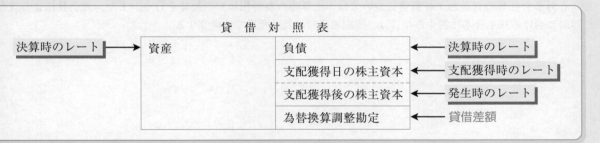

企業結合

本支店会計

連結会計

税効果会計

連結税効果会計

解　説

	ド ル 表 示 2000.12.31	換 算 率	円 表 示 2000.12.31
現　　　　　金	$　 10,000	130	¥　 1,300,000
売　　掛　　金	65,000	130	8,450,000
商　　　　　品	60,000	130	7,800,000
建　　　　　物	150,000	130	19,500,000
同減価償却累計額	△　 10,000	130	△　 1,300,000
備　　　　　品	20,000	130	2,600,000
同減価償却累計額	△　 5,000	130	△　 650,000
合　　　　計	$　 290,000		¥ 37,700,000
買　　掛　　金	$　 40,000	130	¥　 5,200,000
長 期 借 入 金	50,000	130	6,500,000
資　　本　　金	100,000	160	16,000,000
資 本 剰 余 金	80,000	160	12,800,000
当 期 純 利 益	20,000	130	2,600,000
為替換算調整勘定			△　 5,400,000
合　　　　計	$　 290,000		¥ 37,700,000

※　在外子会社等の資産および負債については、決算時の為替相場で円換算を行う。また、親会社による支配獲
得時における株主資本に属する項目は、支配獲得時の為替相場で円換算する。

42 連結会計Ⅷ

損 益 計 算 書
自X3年1月1日　　至X3年12月31日　　　　　　　（単位：千円）

借　　　方	金　　額	貸　　　方	金　　額
費　　　　　用	25,275	収　　　　　益	27,000
（為　替　差　損）	105	（　　　　　　）	
当　期　純　利　益	1,620		
	27,000		27,000

包 括 利 益 計 算 書
自X3年1月1日　　至X3年12月31日　　　　　　　（単位：千円）

借　　　方	金　　額	貸　　　方	金　　額
（包　括　利　益）	1,773	当　期　純　利　益	1,620
		（為替換算調整勘定）	153
	1,773		1,773

株主資本等変動計算書
自X3年1月1日　　至X3年12月31日　　　　　　　（単位：千円）

借　　　方	金　　額	貸　　　方	金　　額
剰　余　金　の　配　当	339	利益剰余金期首残高	5,300
利益剰余金期末残高	6,581	当　期　純　利　益	1,620
	6,920		6,920

貸 借 対 照 表
X3年12月31日現在　　　　　　　　　　　　　　（単位：千円）

借　　　方	金　　額	貸　　　方	金　　額
資　　　　　産	33,384	負　　　　　債	16,050
		資　　本　　金	10,600
		利　益　剰　余　金	6,581
		（為替換算調整勘定）	153
	33,384		33,384

企業結合

本支店会計

連結会計

税効果会計

連結税効果会計

どの時点のレートを用いるのかがポイントである。

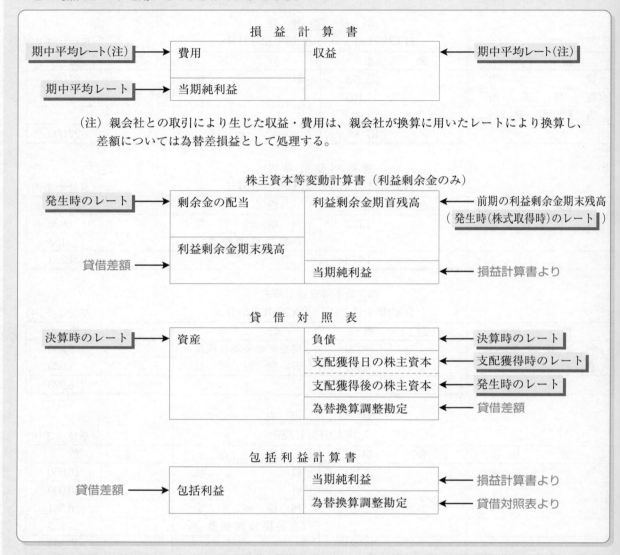

(注) 親会社との取引により生じた収益・費用は、親会社が換算に用いたレートにより換算し、差額については為替差損益として処理する。

以下、本問における計算過程を示すと次のとおりである。

■ 損益計算書項目

）収益　250,000ドル×@108円＝27,000千円
_{期中平均相場}

）費用

①　P社との取引分　35,000ドル×@105円＝3,675千円
_{取引時の為替相場}

②　P社以外との取引分　（235,000ドル－35,000ドル）×@108円＝21,600千円
_{期中平均相場}

③　①＋②＝25,275千円

）当期純利益　15,000ドル×@108円＝1,620千円
_{期中平均相場}

）為替差損益　(2)＋(3)－(1)＝△105千円（損）

■ 株主資本等変動計算書項目

）利益剰余金期首残高　50,000ドル×@106円＝5,300千円
_{支配獲得時の為替相場}

）当期純利益　前記 1 (3)より 1,620千円

）剰余金の配当　3,000ドル×@113円＝339千円
_{剰余金の配当時の為替相場}

）利益剰余金期末残高　(1)＋(2)－(3)＝6,581千円

■ 貸借対照表項目

）資産　312,000ドル×@107円＝33,384千円
_{決算時の為替相場}

）負債　150,000ドル×@107円＝16,050千円
_{決算時の為替相場}

）資本金　100,000ドル×@106円＝10,600千円
_{支配獲得時の為替相場}

）利益剰余金　前記 2 (4)より 6,581千円

）為替換算調整勘定　(1)－(2)－(3)－(4)＝153千円

■ 包括利益計算書項目

）当期純利益　前記 1 (3)より 1,620千円

）為替換算調整勘定　前記 3 (5)より 153千円

）包括利益　(1)＋(2)＝1,773千円

企業結合

本支店会計

連結会計

税効果会計

連結税効果会計

(1)   16,000 　千円　　　　(2)   800 　千円

(3)   6,400 　千円　　　　(4)   2,400 　千円

解答へのアプローチ

　繰延税金資産と繰延税金負債は、企業会計上の資産または負債と課税所得計算上の資産または負債の差異により、次のように分類できる。

企 業 会 計 上		課税所得計算上	
資　産	＜	資　産	⎫ 将来減算一時差異×法定実効税率＝繰延税金資産
負　債	＞	負　債	⎭
資　産	＞	資　産	⎫ 将来加算一時差異×法定実効税率＝繰延税金負債
負　債	＜	負　債	⎭

解　説

　以下、本問における仕訳等を示すと次のとおりである。(仕訳の単位：千円)

1 建物

(1) 前期（X3年度）

① 補助金受取時

　　(現 金 預 金) 20,000 　(国庫補助金収入) 20,000

② 建物取得時

　　(建　　　　物) 80,000 　(現 金 預 金) 80,000

③ 圧縮記帳時

　　仕 訳 不 要

④ 決算時

　　(法人税等調整額) 8,000 　(繰 延 税 金 負 債) 8,000 ※1

　　(繰越利益剰余金) 12,000 　(固定資産圧縮積立金) 12,000 ※2

(2) 当期（X4年度）

① 決算時

　　(減 価 償 却 費) 16,000 ※3 (減価償却累計額) 16,000

　　(繰 延 税 金 負 債) 1,600 　(法人税等調整額) 1,600 ※4

　　(固定資産圧縮積立金) 2,400 　(繰越利益剰余金) 2,400 ※5

※1
(イ) 会計上の簿価　80,000千円
　　　　　　　　　 取得原価

(ロ) 税務上の簿価
　　80,000千円－20,000千円＝60,000千円
　　 取得原価 　　　国庫補助金

(ハ) 資産簿価の差異 (イ)－(ロ)＝20,000千円

(ニ) 20,000千円×40%＝8,000千円
　　　　　　　　 実効税率

※2
20,000千円×（1－40%）＝12,000千円
　　　　　　　　 実効税率

※3
80,000千円÷5年＝16,000千円
　取得原価

※4
(イ) 会計上の減価償却費　16,000千円
　　　　　　　　　　　　 前記※3

(ロ) 税務上の減価償却費
　　（80,000千円－20,000千円）÷5年
　　　 取得原価 　　　国庫補助金
　　＝12,000千円

(ハ) ｛(イ)－(ロ)｝×40%＝1,600千円
　　　　　　　　　　 実効税率

※5
12,000千円÷5年＝2,400千円
　前記※2

② A社株式（その他有価証券）

（1）その他有価証券取得時（当期首）

（その他有価証券）	15,000	（現　金　預　金）	15,000

（2）決算時

（投資有価証券評価損益）	2,000 ※6	（その他有価証券）	2,000
（繰延税金資産）	800	（法人税等調整額）	800 ※7

※6
13,000千円 － 15,000千円 ＝ △2,000千円（評価損）
　時　価　　　　簿　価

※7
2,000千円 × 40% ＝ 800千円
　　　　　実効税率

③ 各金額の算定

（1）当期末の建物における資産簿価の差異

① 会計上の簿価　80,000千円 － 16,000千円 ＝ 64,000千円
　　　　　　　　　取得原価　　　X4年度減価償却費

② 税務上の簿価　80,000千円 － 20,000千円 － 12,000千円 ＝ 48,000千円
　　　　　　　　　取得原価　　　国庫補助金　　X4年度減価償却費

③ ① － ② ＝ 16,000千円

（2）繰延税金資産の金額

800千円
前記②(2)

（3）繰延税金負債の金額

16,000千円 × 40% ＝ 6,400千円
前記③(1)③　　実効税率

（4）法人税等調整額

① 期首繰延税金負債

8,000千円
前記①(1)④

② 期末繰延税金負債（純額）

6,400千円 － 800千円 ＝ 5,600千円
前記③(3)　　　前記③(2)

③ 5,600千円 － 8,000千円 ＝ △2,400千円
前記③(4)②　　前記③(4)①

44 税効果会計 II

(1)

エ	カ
60,000	337,500

(2)

イ	エ	オ

(3)

繰延税金資産または繰延税金負債
(65,000)

(注) 負債を表す場合には、金額を（　　）でくくりなさい。

(4)

損益計算書 （単位：円）

税引前当期純利益	352,000
法人税、住民税及び事業税	200,000
法人税等（調整額）	（　31,000　）
当期純利益	（　183,000　）

解答へのアプローチ

① 税効果会計の対象となるのは一時差異のみである。永久差異（受取配当金、交際費、寄付金等）は税効果会計の対象とはならない。将来減算一時差異、将来加算一時差異に該当するものの例は次のとおりである。

　　将来減算一時差異…貸倒引当金損金算入限度超過額、減価償却費損金算入限度超過額、商品評価損損金不算入額、その他有価証券の評価差損損金不算入額等

　　将来加算一時差異…その他有価証券の評価差益、積立金方式による圧縮記帳積立金等

② 繰延税金資産は固定資産（投資その他の資産）の区分に表示し、繰延税金負債は固定負債の区分に表示する。なお、同一納税主体の繰延税金資産と繰延税金負債は、双方を相殺して表示する。

③ 損益計算書の法人税等調整額は、繰延税金資産と負債の差額を期首と期末で比較した増減額として計上される。ただし、その他有価証券の評価差額が直接純資産の部に計上されている場合は、これに係る法人税等調整額は計上されない。

解説

1 エ（備品）とカ（機械）における会計上と税務上の資産簿価の差異

(1) 備品

① 企業会計上の備品簿価

(イ) 減価償却額

$$500,000円 \times 0.9 \div 3年 = 150,000円$$
 取得原価　　企業会計上の　耐用年数

(ロ) 　500,000円 − 150,000円 = 350,000円
　　取得原価　　企業会計上の
　　　　　　　減価償却額

200

② 課税所得計算上（税務上）の備品簿価

(イ) 減価償却額

$$500,000円 \times 0.9 \div 5年 = 90,000円$$
　　取得原価　　　　　税務上の
　　　　　　　　　　　耐用年数

(ロ) $$\underset{取得原価}{500,000円} - \underset{\substack{税務上の\\減価償却額}}{90,000円} = 410,000円$$

③ 資産簿価の差異

$$\underset{\substack{税務上の\\備品簿価}}{410,000円} - \underset{\substack{企業会計上の\\備品簿価}}{350,000円} = 60,000円$$

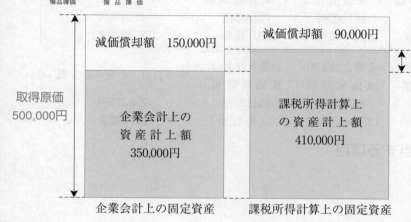

(2) 機　械

① 企業会計上の機械簿価

(イ) 減価償却額

　イ X1年度

$$\underset{取得原価}{1,800,000円} \times \underset{償却率}{0.25} = 450,000円$$

　ロ X2年度

$$(\underset{取得原価}{1,800,000円} - \underset{\substack{X1年度\\減価償却額}}{450,000円}) \times \underset{償却率}{0.25} = 337,500円$$

　ハ X3年度

$$\{\underset{取得原価}{1,800,000円} - (\underset{\substack{X1年度\\減価償却額}}{450,000円} + \underset{\substack{X2年度\\減価償却額}}{337,500円})\} \times \underset{償却率}{0.25} = 253,125円$$

(ロ) $$\underset{取得原価}{1,800,000円} - (\underset{\substack{X1年度\\減価償却額}}{450,000円} + \underset{\substack{X2年度\\減価償却額}}{337,500円} + \underset{\substack{X3年度\\減価償却額}}{253,125円}) = 759,375円$$

② 課税所得計算上（税務上）の機械簿価

(イ) 減価償却額

　イ X1年度

$$(\underset{取得原価}{1,800,000円} - \underset{圧縮額}{800,000円}) \times \underset{償却率}{0.25} = 250,000円$$

　ロ X2年度

$$\{(\underset{取得原価}{1,800,000円} - \underset{圧縮額}{800,000円}) - \underset{\substack{X1年度\\減価償却額}}{250,000円}\} \times \underset{償却率}{0.25} = 187,500円$$

　ハ X3年度

$$\{(\underset{取得原価}{1,800,000円} - \underset{圧縮額}{800,000円}) - (\underset{\substack{X1年度\\減価償却額}}{250,000円} + \underset{\substack{X2年度\\減価償却額}}{187,500円})\} \times \underset{償却率}{0.25} = 140,625円$$

(ロ) $$\underset{取得原価}{1,800,000円} - \underset{圧縮額}{800,000円} - (\underset{\substack{X1年度\\減価償却額}}{250,000円} + \underset{\substack{X2年度\\減価償却額}}{187,500円} + \underset{\substack{X3年度\\減価償却額}}{140,625円}) = 421,875円$$

③ 資産簿価の差異

421,875円 − 759,375円 = △ 337,500円
　税務上の　　　企業会計上の
　機械簿価　　　機械簿価

圧　縮　額 800,000円	一時差異解消額 200,000円 （X1年度分）	一時差異解消額 150,000円 （X2年度分）	一時差異解消額 112,500円 （X3年度分）	将来加算一時差異残高 337,500円 （X3年度末）	企業会計上 固定資 1,800,000
課税所得計算上 の固定資産 1,000,000円	課税所得計算上 の減価償却額 250,000円 （X1年度分）	課税所得計算上 の減価償却額 187,500円 （X2年度分）	課税所得計算上 の減価償却額 140,625円 （X3年度分）	課税所得上の資産計上額 421,875円 （X3年度末）	
	企業会計上の 減価償却額 450,000円 （X1年度分）	企業会計上の 減価償却額 337,500円 （X2年度分）	企業会計上の 減価償却額 253,125円 （X3年度分）	企業会計上の資産計上額 759,375円 （X3年度末）	

2 将来減算一時差異に該当する項目

ア．受取配当金の益金不算入額

　　永久差異に該当する。

イ．商品評価損の損金不算入額

　　企業会計上の商品 ＜ 課税所得計算上の商品

　　∴　将来減算一時差異

ウ．寄付金の損金不算入額

　　永久差異に該当する。

エ．減価償却費の損金不算入額

　　企業会計上の備品 ＜ 課税所得計算上の備品

　　∴　将来減算一時差異

オ．その他有価証券の評価差額（評価損）

　　企業会計上のその他有価証券 ＜ 課税所得計算上のその他有価証券

　　∴　将来減算一時差異

カ．積立金方式による圧縮記帳

　　企業会計上の機械 ＞ 課税所得計算上の機械

　　∴　将来加算一時差異

3 貸借対照表に計上されるべき繰延税金資産または繰延税金負債

(1) 繰延税金資産

① 商　品　30,000円 × 40％ = 12,000円
　　　　　　　　　　　　法定実効
　　　　　　　　　　　　税　率

② 備　品　60,000円 × 40％ = 24,000円
　　　　　　前記1(1)③　法定実効
　　　　　　　　　　　　税　率

③ その他有価証券　85,000円 × 40％ = 34,000円
　　　　　　　　　　　　　　　法定実効
　　　　　　　　　　　　　　　税　率

④ ① + ② + ③ = 70,000円

(2) 繰延税金負債

337,500円 × 40％ = 135,000円
前記1(2)③　法定実効
　　　　　　税　率

(3) 70,000円 − 135,000円 = △65,000円（繰延税金負債（純額））
　　繰延税金資産　　繰延税金負債

法人税等調整額

(1) 期首繰延税金負債（純額）

130,000円

繰延税金資産	繰延税金負債
期首残高 50,000円※2	期首残高
期首繰延税金負債（純額）130,000円	180,000円※1

※1
（337,500円 + 112,500円）× 40% = 180,000円
X3年度期末将来　X3年度将来加算　法定実効
加 算 一 時 差 異　一時差異解消額　税　率

※2
180,000円 − 130,000円 = 50,000円
期首繰延税金　　期首繰延税金
負 債（総 額）　負 債（純 額）

　　問題資料から計算される期首の繰延税金負債は180,000円であるが、問題文では当期首現在の繰延税金負債は130,000円となっているため、180,000円の繰延税金負債から繰延税金資産の50,000円が控除されていることになる。

(2) 期末繰延税金資産または期末繰延税金負債

① 繰延税金資産（評価差額を除く）

12,000円 + 24,000円 = 36,000円
　商品　　　備品

② 繰延税金負債

135,000円

③ 36,000円 − 135,000円 = △99,000円（繰延税金負債（純額））
　繰延税金資産　　繰延税金負債

繰延税金資産	繰延税金負債
商　　　品 12,000円	期末残高
備　　　品 24,000円	
その他有価証券 34,000円	135,000円
期末繰延税金負債（純額）（評価差額除く）99,000円	

④ 99,000円 − 130,000円 = △31,000円
　X3年度期末繰延　X3年度期首繰延
　税金負債（純額）　税金負債（純額）

　　繰延税金負債（純額）の減少であるため、法人税等調整額は貸方に計上される。

連結税効果会計Ⅰ

Ⅰ (1) 将来（減 算）一時差異が生じた場合には繰延税金資産を計上する。

(2) 将来（加 算）一時差異が生じた場合には繰延税金負債を計上する。

Ⅱ

連 結 精 算 表（一部のみ）

（単位：千円）

	P 社	S 社	合 計	消去・振替仕訳	連結財務諸表
売　　掛　　金	250,000	125,000	375,000	（ 省 略 ）	350,000
商　　　　　品	120,000	50,000	170,000		165,500
土　　　　　地	230,000	40,000	270,000		262,000
繰 延 税 金 資 産	2,000	1,000	3,000		7,800
貸 倒 引 当 金	(5,000)	(2,500)	(7,500)		(7,000)
法 人 税 等 調 整 額	(2,000)	(1,000)	(3,000)		(7,800)

解答へのアプローチ

　連結財務諸表固有の一時差異は、個別貸借対照表の資産および負債と連結貸借対照表の資産および負債の差額であり、具体的に次のようなものがある。

① 子会社の資産および負債の時価評価により評価差額が生じた場合
② 連結会社相互間の取引から生じる未実現損益を消去した場合
③ 連結会社相互間の債権と債務の相殺消去により貸倒引当金を減額修正した場合
　なお、個別財務諸表上で当該貸倒引当金につき税効果会計を適用しているか否かにより、会計処理が異なる点に注意する。
(イ) 個別財務諸表上、貸倒引当金について税効果会計を適用していない場合
　連結財務諸表固有の一時差異（将来加算一時差異）として、繰延税金負債を計上する。
(ロ) 個別財務諸表上、貸倒引当金について税効果会計を適用している場合
　連結財務諸表固有の一時差異（将来加算一時差異）として、繰延税金負債を計上するが、個別財務諸表において計上した貸倒引当金に係る将来減算一時差異に対する繰延税金資産と相殺する。

解　説

1 将来減算一時差異と将来加算一時差異

　将来（減算）一時差異が生じた場合には繰延税金資産を計上し、将来（加算）一時差異が生じた場合には繰延税金負債を計上することになる。

2 連結精算表上の各金額

　本問における仕訳等を示すと次のとおりである。（仕訳の単位：千円）

(1) 商品売買取引の相殺消去

　　（売　　上　　高）120,000　（売　上　原　価）120,000

(2) 債権債務の相殺消去

　　（買　　掛　　金）25,000　（売　　掛　　金）25,000

(3) 未実現利益の消去
 ① 商　品
　　（売　上　原　価）　4,500　（商　　　　品）　4,500 ※1
　　（繰 延 税 金 資 産）　1,800 ※2　（法人税等調整額）　1,800
 ② 土　地
　　（土 地 売 却 益）　8,000 ※3　（土　　　　地）　8,000
　　（繰 延 税 金 資 産）　3,200 ※4　（法人税等調整額）　3,200
(4) 貸倒引当金の修正
　　（貸 倒 引 当 金）　500 ※5　（貸倒引当金繰入）　500
　　（法人税等調整額）　200　（繰 延 税 金 負 債）　200 ※6
　　（繰 延 税 金 負 債）　200　（繰 延 税 金 資 産）　200

※1
18,000千円×25％＝4,500千円
　期末商品　　　利益率

※2
4,500千円× 40％＝1,800千円
　　　　　実効税率

※3
30,000千円－22,000千円＝8,000千円

※4
8,000千円× 40％＝3,200千円
　　　　　実効税率

※5
25,000千円× 2 ％＝500千円
　売掛金

※6
500千円× 40％＝200千円
　　　　実効税率

　　貸倒引当金の全額について個別財務諸表上、税効果会計を適用しているため、連結財務諸表固有の一時差異（将来加算一時差異）として繰延税金負債を計上するが、個別財務諸表において計上されている繰延税金資産と相殺する。

参　考

貸倒引当金の修正
　　貸倒引当金の減額修正において、当該貸倒引当金につき個別財務諸表上、税効果会計を適用していない場合は、連結財務諸表固有の一時差異（将来加算一時差異）として、繰延税金負債を計上する。その場合の貸倒引当金の修正に係る連結修正仕訳を示すと次のようになる。
　　　　（貸 倒 引 当 金）　500　　　（貸倒引当金繰入）　500
　　　　（法人税等調整額）　200　　　（繰 延 税 金 負 債）　200

連結税効果会計 II

連 結 貸 借 対 照 表

X3年3月31日現在

(単位：千円)

借　　方	金　額	貸　　方	金　額
現 金 預 金	19,500	諸 　 負 　 債	46,400
売 上 債 権	41,400	繰 延 税 金 負 債	704
棚 卸 資 産	22,160	資 　 本 　 金	50,000
土 　 　 地	44,000	資 本 剰 余 金	4,000
（ の 　 れ 　 ん ）	950	（利 益 剰 余 金）	21,242
		（非支配株主持分）	5,664
	128,010		128,010

連 結 損 益 計 算 書

自X2年4月1日
至X3年3月31日

(単位：千円)

科　　　　　　目	金	額
売 　 上 　 高		476,000
売 上 原 価		315,240
売 上 総 利 益		160,760
販売費及び一般管理費		130,000
（の れ ん 償 却 額）		50
営 業 利 益		30,710
営 業 外 収 益		2,800
営 業 外 費 用		5,800
税金等調整前当期純利益		27,710
法人税、住民税及び事業税	11,200	
（法 人 税 等 調 整 額）	96	11,104
当 期 純 利 益		16,606
非支配株主に帰属する当期純利益		1,164
親会社株主に帰属する当期純利益		15,442

解答へのアプローチ

　解答のポイント等については、問題45の解答へのアプローチ（P．204）参照。

　本問では、連結貸借対照表の作成において、同一納税主体の繰延税金資産と繰延税金負債を相殺して表示することに注意する必要がある。

　なお、異なる納税主体の繰延税金資産と繰延税金負債は双方を相殺してはならない。（P社の繰延税金資産とS社の繰延税金負債など）

（仕訳の単位：千円）

連結第1年度

X2年
3／31

X3年
3／31

75%を14,500千円で取得

資　本　金	12,000千円	─────────→	12,000千円
利益剰余金	4,800千円	（当期純利益＋4,800千円）	9,600千円
評　価　差　額	1,200千円（1−40%）		
の　れ　ん	1,000千円	（△50千円）─────→	950千円

子会社の資産および負債の時価評価

| （土　　地） | 2,000 | （繰延税金負債）
S　　社 | 800 ※1 |
| | | （評　価　差　額） | 1,200 |

開始仕訳

（資　本　金） _{当期首残高}	12,000	（S　社　株　式）	14,500
（利益剰余金） _{当期首残高}	4,800	（非支配株主持分） _{当期首残高}	4,500 ※3
（評　価　差　額）	1,200		
（の　れ　ん）	1,000 ※2		

のれんの償却

| （のれん償却額） | 50 ※4 | （の　れ　ん） | 50 |

当期純利益の非支配株主持分への振替え

| （非支配株主に帰属
する当期純損益） | 1,200 ※5 | （非支配株主持分）
_{当期変動額} | 1,200 |

商品売買取引の相殺消去

| （売　上　高） | 4,000 | （売　上　原　価） | 4,000 |

未実現利益の消去

（売　上　原　価）	240 ※6	（棚　卸　資　産）	240
（繰延税金資産） S　社	96	（法人税等調整額）	96 ※7
（非支配株主持分） _{当期変動額}	36	非支配株主に帰属 する当期純損益	36 ※8

※1
2,000千円 × 40% = 800千円
　　　　　　実効税率

※2
14,500千円 −（12,000千円 + 4,800千円 + 1,200千円）
子会社株式　　　子会社資本金　　子会社利益剰余金　　評価差額
の取得原価
× 75% = 1,000千円
親　会　社
持分割合

※3
（12,000千円 + 4,800千円 + 1,200千円）× 25%
子会社資本金　　子会社利益剰余金　　評価差額　　非支配株主
　　　　　　　　　　　　　　　　　持分割合
= 4,500千円

※4
$1,000千円 \times \dfrac{1年}{20年} = 50千円$

※5
4,800千円 × 25% = 1,200千円
　　　　非支配株主
　　　　持分割合

※6
$800千円 \times \left(1 - \dfrac{98,000千円}{140,000千円}\right) = 240千円$
　　　　　　　　S社利益率

※7
240千円 × 40% = 96千円
前記※6　　実効税率

※8
（240千円 − 96千円）× 25% = 36千円
前記※6　　前記※7　　非支配株主
　　　　　　　　　　持分割合

連結貸借対照表に計上されるべき繰延税金資産または繰延税金負債

(1)　P　社　　P社に係る繰延税金資産および繰延税金負債はない。

(2)　S　社

①　繰延税金資産　96千円

②　繰延税金負債　800千円

(3)　96千円 − 800千円 = △704千円（繰延税金負債（純額））
　　S社繰延　　　S社繰延
　　税金資産　　　税金負債

企業結合

本支店会計

連結会計

税効果会計

連結税効果会計

キャッシュ・フロー計算書 I

（1）直接法によるキャッシュ・フロー計算書

キャッシュ・フロー計算書

○○株式会社　　　　　自 X1年4月1日　至 X2年3月31日　　　　　　　　　　（単位：千

I	営業活動によるキャッシュ・フロー	
	営業収入	（ 3,000,000
	商品の仕入支出	（△ 2,000,000
	人件費支出	（△ 515,00
	その他の営業支出	（△ 265,00
	小　計	220,00
	利息及び配当金の受取額	（ 10,00
	利息の支払額	（△ 3,00
	法人税等の支払額	（△ 85,00
	営業活動によるキャッシュ・フロー	（ 142,00

（2）間接法によるキャッシュ・フロー計算書

キャッシュ・フロー計算書

○○株式会社　　　　　自 X1年4月1日　至 X2年3月31日　　　　　　　　　　（単位：千

I	営業活動によるキャッシュ・フロー	
	税引前当期純利益	（ 147,600
	減価償却費	（ 60,00
	貸倒引当金の増加高	（ 5,00
	受取利息配当金	（△ 9,800
	有価証券評価益	（△ 2,00
	有価証券売却益	（△ 10,00
	支払利息	（ 3,200
	売上債権の増加高	（△ 250,00
	たな卸資産の増加高	（△ 49,00
	仕入債務の増加高	（ 325,00
	小　計	220,00
	利息及び配当金の受取額	（ 10,00
	利息の支払額	（△ 3,00
	法人税等の支払額	（△ 85,00
	営業活動によるキャッシュ・フロー	（ 142,00

解答・解説

解答へのアプローチ

① 直接法による場合の営業収入、商品の仕入支出の計算は、次のようなイメージで行うとよい。

② 間接法による場合の小計までの調整は次のように行う。

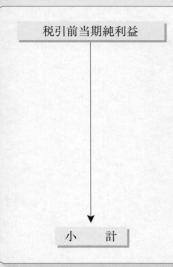

| ① 減価償却費や引当金の増減額などの非資金損益項目加減 |
| 減価償却費・引当金の増加　→　加算 |
| 引当金の減少　→　減算 |

| ② 損益計算書に計上されている営業外損益・特別損益の加減 |
| 営業外収益・特別利益　→　減算 |
| 営業外費用・特別損失　→　加算 |

| ③ 営業活動に係る資産・負債の増減額の加減 |
| 資産の増加・負債の減少　→　減算 |
| 資産の減少・負債の増加　→　加算 |

③ 小計欄以下の利息及び配当金の受取額、利息の支払額の計算は、次のようなイメージで行うとよい。

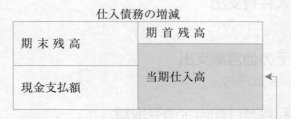

1 営業収入

293,000千円 + 247,000千円 + 3,250,000千円 − 493,000千円 − 297,000千円 = 3,000,000千円
　　期首受取手形　　　期首売掛金　　　　売 上 高　　　　期末受取手形　　　期末売掛金

2 商品の仕入支出

359,000千円 + 1,000千円 + 2,275,000千円 − 310,000千円 = 2,325,000千円
　期末商品　　棚卸減耗損　　　売上原価　　　　期首商品　　　　当期商品仕入高

190,000千円 + 148,000千円 + 2,325,000千円 − 290,000千円 − 373,000千円 = 2,000,000千円
期首支払手形　　期首買掛金　　当期商品仕入高　　期末支払手形　　　期末買掛金

3 人件費支出

515,000千円
　人 件 費

4 その他営業支出

265,000千円

5 利息及び配当金の受取額

4,000千円 + 9,800千円 − 3,800千円 = 10,000千円
前 期 未 収　　受取利息　　　当 期 未 収
利息配当金　　配 当 金　　　利息配当金

6 利息の支払額

1,200千円 + 3,200千円 − 1,400千円 = 3,000千円
前期未払利息　　支払利息　　当期未払利息

7 法人税等の支払額

85,000千円 + 73,800千円 − 73,800千円 = 85,000千円
　前期未払　　　法人税、住民税　　当期未払
　法人税等　　　及 び 事 業 税　　法人税等

8 売上債権の増加高

493,000千円 + 297,000千円 − 293,000千円 − 247,000千円 = 250,000千円
　期末受取手形　　　期末売掛金　　　期首受取手形　　　期首売掛金

9 たな卸資産の増加高

359,000千円 − 310,000千円 = 49,000千円
　商　　品　　　　期首商品

10 仕入債務の増加高

290,000千円 + 373,000千円 − 190,000千円 − 148,000千円 = 325,000千円
　期末支払手形　　　期末買掛金　　　期首支払手形　　　期首買掛金

キャッシュ・フロー計算書Ⅱ

キャッシュ・フロー計算書
自 X1 年 4 月 1 日　至 X2 年 3 月 31 日

○○株式会社　　　　　　　　　　　　　　　　　　　　　　　　（単位：千円）

Ⅰ　営業活動によるキャッシュ・フロー
　　　　税引前当期純利益　　　　　　　　　　　　　　（　　　　710,000　）
　　　　減価償却費　　　　　　　　　　　　　　　　　（　　　　120,000　）
　　　　貸倒引当金の増加高　　　　　　　　　　　　　（　　　　　4,000　）
　　　　退職給付引当金の増加高　　　　　　　　　　　（　　　　 10,000　）
　　　　受取利息配当金　　　　　　　　　　　　　　　（△　　　 20,500　）
　　　　有価証券売却益　　　　　　　　　　　　　　　（△　　　 50,000　）
　　　　支払利息　　　　　　　　　　　　　　　　　　（　　　　 6,500　）
　　　　有価証券評価損　　　　　　　　　　　　　　　（　　　　 35,000　）
　　　　売上債権の増加高　　　　　　　　　　　　　　（△　　　200,000　）
　　　　たな卸資産の減少高　　　　　　　　　　　　　（　　　　 35,000　）
　　　　仕入債務の増加高　　　　　　　　　　　　　　（　　　　100,000　）
　　　　　　小　　　計　　　　　　　　　　　　　　　（　　　　750,000　）
　　　　利息及び配当金の受取額　　　　　　　　　　　（　　　　 20,000　）
　　　　利息の支払額　　　　　　　　　　　　　　　　（△　　　　6,000　）
　　　　法人税等の支払額　　　　　　　　　　　　　　（△　　　150,000　）
　　　営業活動によるキャッシュ・フロー　　　　　　（　　　　614,000　）
Ⅱ　投資活動によるキャッシュ・フロー
　　　　有価証券の取得による支出　　　　　　　　　　（△　　　300,000　）
　　　　有価証券の売却による収入　　　　　　　　　　（　　　　300,000　）
　　　　有形固定資産の取得による支出　　　　　　　　（△　　3,000,000　）
　　　　貸付けによる支出　　　　　　　　　　　　　　（△　　　200,000　）
　　　投資活動によるキャッシュ・フロー　　　　　　（△　　3,200,000　）
Ⅲ　財務活動によるキャッシュ・フロー
　　　　借入による収入　　　　　　　　　　　　　　　（　　　　300,000　）
　　　　借入金の返済による支出　　　　　　　　　　　（△　　　200,000　）
　　　　株式の発行による収入　　　　　　　　　　　　（　　　3,000,000　）
　　　　配当金の支払い　　　　　　　　　　　　　　　（△　　　150,000　）
　　　財務活動によるキャッシュ・フロー　　　　　　（　　　2,950,000　）
Ⅳ　現金及び現金同等物の増加額　　　　　　　　　　　（　　　　364,000　）
Ⅴ　現金及び現金同等物期首残高　　　　　　　　　　　（　　　　390,000　）
Ⅵ　現金及び現金同等物期末残高　　　　　　　　　　　（　　　　754,000　）

解答へのアプローチ

有価証券については、次のようなイメージで考えるとよい。

有価証券増減額

期首残高	期末残高
当期取得	評価損
	売却分

有価証券売却時の仕訳

（現 金 預 金）×××　（有 価 証 券）×××
　　　　　　　　　　（有価証券売却益）×××

解　説

1　売上債権の増加高

350,000千円 + 450,000千円 − 280,000千円 − 320,000千円 = 200,000千円
　期末受取手形　　　期末売掛金　　　期首受取手形　　　期首売掛金

2　たな卸資産の減少高

175,000千円 − 210,000千円 = △35,000千円
　期末商品　　　　期首商品

3　仕入債務の増加高

100,000千円 + 300,000千円 − 80,000千円 − 220,000千円 = 100,000千円
　期末支払手形　　期末買掛金　　期首支払手形　　期首買掛金

4　利息及び配当金の受取額

1,500千円 + 20,500千円 − 2,000千円 = 20,000千円
前期未収　　　受取利息　　　当期未収
利息配当金　　配当金　　　　利息配当金

5　利息の支払額

500千円 + 6,500千円 − 1,000千円 = 6,000千円
前期未払利息　支払利息　　当期未払利息

6　法人税等の支払額

150,000千円 + 355,000千円 − 355,000千円 = 150,000千円
　前期未払、　　法人税、住民税　　当期未払、
　法人税等　　　及 び 事 業 税　　法人税等

7　有価証券の取得による支出

415,000千円 + 35,000千円 − (400,000千円 − 250,000千円) = 300,000千円
当期末有価証券　有価証券評価損　前期末有価証券　　期中売却分

8　有価証券の売却による収入

250,000千円 + 50,000千円 = 300,000千円
期中売却分　　有価証券売却益

9　有形固定資産の取得による支出

5,000,000千円 + 3,000,000千円 − 3,000,000千円 − 2,000,000千円 = 3,000,000千円
　当期末建物　　　　当期末土地　　　前期末建物　　　　前期末土地

10　貸付けによる支出

1,000,000千円 − 800,000千円 = 200,000千円
当期末長期貸付金　前期末長期貸付金

11　借入による収入

300,000千円

12　株式の発行による収入

6,500,000千円 − 3,500,000千円 = 3,000,000千円
当期末資本金　　　前期末資本金

49 キャッシュ・フロー計算書Ⅲ

）	営業活動によるキャッシュ・フロー	7,890	千円
）	投資活動によるキャッシュ・フロー	△ 5,930	千円
）	財務活動によるキャッシュ・フロー	240	千円
）	現金及び現金同等物の当期増減額	2,200	千円

解答へのアプローチ

　キャッシュ・フロー計算書を自ら作成すること。なお、本問では営業活動によるキャッシュ・フローは間接法によることとなっているが、営業活動によるキャッシュ・フローの最終値は直接法でも間接法でも同じであり、キャッシュ・フロー計算書の作成自体は求められていないため、どちらで計算してもよいこととなる。

　また、現金及び現金同等物の増減額については、前期末現金預金と当期末現金預金が与えられているため、容易に求めることができる。

解　説

以下、キャッシュ・フロー計算書を示すと次のとおりである。（単位：千円）

■営業活動によるキャッシュ・フロー

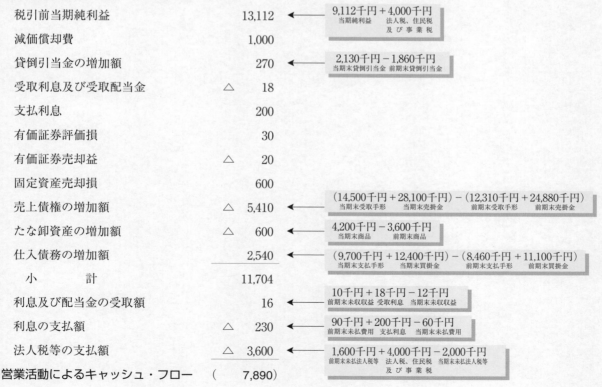

税引前当期純利益		13,112	← 9,112千円＋4,000千円 当期純利益　法人税、住民税 及び事業税
減価償却費		1,000	
貸倒引当金の増加額		270	← 2,130千円－1,860千円 当期末貸倒引当金 前期末貸倒引当金
受取利息及び受取配当金	△	18	
支払利息		200	
有価証券評価損		30	
有価証券売却益	△	20	
固定資産売却損		600	
売上債権の増加額	△	5,410	← (14,500千円＋28,100千円)－(12,310千円＋24,880千円) 当期末受取手形 当期末売掛金　前期末受取手形 前期末売掛金
たな卸資産の増加額	△	600	← 4,200千円－3,600千円 当期末商品　前期末商品
仕入債務の増加額		2,540	← (9,700千円＋12,400千円)－(8,460千円＋11,100千円) 当期末支払手形 当期末買掛金　前期末支払手形 前期末買掛金
小　　　計		11,704	
利息及び配当金の受取額		16	← 10千円＋18千円－12千円 前期末未収収益 受取利息 当期末未収収益
利息の支払額	△	230	← 90千円＋200千円－60千円 前期末未払費用 支払利息 当期末未払費用
法人税等の支払額	△	3,600	← 1,600千円＋4,000千円－2,000千円 前期末未払法人税等 法人税、住民税 当期末未払法人税等 及び事業税
営業活動によるキャッシュ・フロー	（	7,890）	

2 投資活動によるキャッシュ・フロー

有価証券の取得による支出	△	200
有価証券の売却による収入		270
有形固定資産の取得による支出	△	10,000
有形固定資産の売却による収入		4,000
投資活動によるキャッシュ・フロー	（△	5,930）

620千円 ＋ 30千円 ＋250千円 － 700千円
当期末有価証券　有価証券評価損　売却分　前期末有価証券

250千円 ＋20千円
帳簿価額　有価証券売却益

45,800千円 ＋5,000千円 －40,800千円
当期末有形固定資産　売却分　前期末有形固定資産

5,000千円 － 400千円 － 600千円
取得原価　減価償却累計額　固定資産売却損

3 財務活動によるキャッシュ・フロー

短期借入による収入		40
長期借入による収入		1,500
長期借入金の返済による支出	△	100
配当金の支払額	△	1,200
財務活動によるキャッシュ・フロー	（	240）

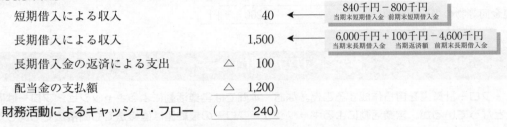

840千円 － 800千円
当期末短期借入金　前期末短期借入金

6,000千円 ＋100千円 －4,600千円
当期末長期借入金　当期返済額　前期末長期借入金

4 現金及び現金同等物の増加額

26,200千円 － 24,000千円 ＝ 2,200千円
当期末現金預金　前期末現金預金

連結キャッシュ・フロー計算書

○株式会社　　　　自X3年4月1日　至X4年3月31日　　　　　　　　　（単位：円）

Ⅰ	営業活動によるキャッシュ・フロー	
	（税金等調整前当期純利益）	（　113,904　）
	減価償却費	（　30,870　）
	（の れ ん 償 却 額）	（　840　）
	貸倒引当金の（減少額）	（△　42　）
	受取利息及び受取配当金	（△　6,510　）
	支払利息	（　10,920　）
	（持 分 法 に よ る 投 資 利 益）	（△　1,764　）
	有形固定資産売却益	（△　21,000　）
	売上債権の（減少額）	（　2,100　）
	たな卸資産の（増加額）	（△　7,980　）
	仕入債務の（増加額）	（　19,719　）
	前払費用の（減少額）	（　2,037　）
	未払費用の（増加額）	（　231　）
	小　　　計	（　143,325　）
	利息及び配当金の受取額	（　6,930　）
	利息の支払額	（△　10,920　）
	法人税等の支払額	（△　52,290　）
	営業活動によるキャッシュ・フロー	（　87,045　）
Ⅱ	投資活動によるキャッシュ・フロー	
	有形固定資産の売却による収入	（　42,000　）
	投資活動によるキャッシュ・フロー	（　42,000　）
Ⅲ	財務活動によるキャッシュ・フロー	
	短期借入金の返済による支出	（△　10,500　）
	（親会社による配当金の支払額）	（△　33,600　）
	（非支配株主への配当金の支払額）	（△　840　）
	財務活動によるキャッシュ・フロー	（△　44,940　）
Ⅳ	現金及び現金同等物の増加額	（　84,105　）
Ⅴ	現金及び現金同等物期首残高	（　147,735　）
Ⅵ	現金及び現金同等物期末残高	（　231,840　）

（注）キャッシュ・フローの減少となる場合は、金額の前に△を付けること。

　原則法の場合、個別キャッシュ・フロー計算書に計上されている金額は、個別財務諸表上の金額であるため、連結財務諸表上の金額に修正する必要がある。

　例えば、個別キャッシュ・フロー計算書上の売上債権の増減額は、個別財務諸表上の金額であるが、連結上、売上債権・仕入債務の相殺消去が行われた場合、個別財務諸表上の売上債権と連結財務諸表上の売上債権は異なる。

　したがって、個別キャッシュ・フロー計算書上の売上債権の増減額を、連結財務諸表上の売上債権の増減額に修正しなければならない。

　また、間接法における連結固有の項目として「のれん償却額」や「持分法による投資損益」などが特徴的な部分である。

解　説

1 減価償却費

$$\underset{\text{個別C/F合計額}}{34,650円} - \underset{\text{連結修正額}}{3,780円} = 30,870円（加算）$$

2 のれん償却額（参考事項（2）より）

840円（加算）

3 貸倒引当金減少額（個別キャッシュ・フロー計算書合計額より）

42円（減算）

　本問では、連結会社間の債権に対する貸倒引当金は設定していないため、個別キャッシュ・フロー計算書の計額を計上すればよい。

4 受取利息及び受取配当金

$$\underset{\text{個別C/F合計額}}{11,970円} - \underset{\substack{\text{連結修正額}\\\text{（S 社 分）}}}{(4,200円 \times 80\%)} - \underset{\substack{\text{連結修正額}\\\text{（A 社 分）}}}{(4,200円 \times 30\%)} - \underset{\substack{\text{連結修正額}\\\text{（受取利息）}}}{840円} = 6,510円（減算）$$

5 支払利息

$$\underset{\text{個別C/F合計額}}{11,760円} - \underset{\substack{\text{連結修正額}\\\text{（支払利息）}}}{840円} = 10,920円（加算）$$

6 持分法による投資利益（参考事項（2）より）

1,764円（減算）

7 有形固定資産売却益

$$\underset{\text{個別C/F合計額}}{63,000円} - \underset{\text{連結修正額}}{42,000円} = 21,000円（減算）$$

8 売上債権の減少額

$$\underset{\substack{\text{個別C/F合計額}\\\text{（減 少 額）}}}{12,600円} - (\underset{\text{期首売上債権}}{69,300円} - \underset{\text{期末売上債権}}{58,800円}) = 2,100円（加算）$$

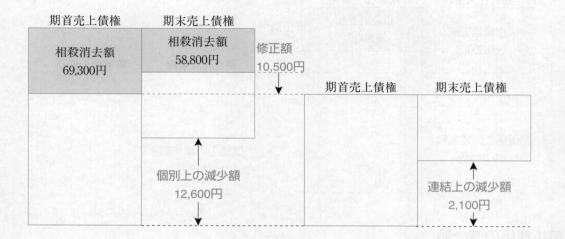

たな卸資産の増加額

(1) 期首商品棚卸高に含まれる未実現利益
　　14,700円×40% = 5,880円

(2) 期末商品棚卸高に含まれる未実現利益
　　18,900円×40% = 7,560円

(3) 9,660円 −（7,560円 − 5,880円）= 7,980円（減算）
　　個別C/F合計額　　期末未実現利益 期首未実現利益
　　（増　加　額）

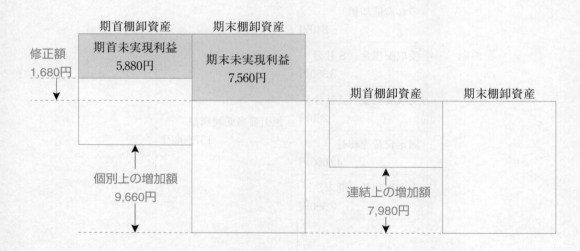

仕入債務の増加額

　9,219円 +（69,300円 − 58,800円）= 19,719円（加算）
個別C/F合計額　　　期首仕入債務　　期末仕入債務
（増　加　額）

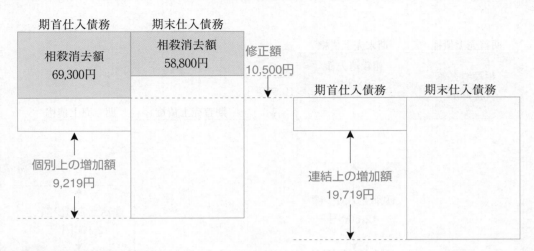

11 前払費用の減少額

2,037円（加算）

12 未払費用の増加額

231円（加算）

参 考

税金等調整前当期純利益の計算を示すと次のとおりである。

税金等調整前当期純利益

のれん償却額 840円	税引前当期純利益 157,500円
受取配当金（S社分） 3,360円	
受取配当金（A社分） 1,260円	
固定資産売却益 42,000円	
未実現利益（期末） 7,560円	
税金等調整前当期純利益 113,904円	減価償却費 3,780円
	未実現利益（期首） 5,880円
	持分法による投資利益 1,764円

解答・解説

⊠ 利息及び配当金の受取額

(1) S社のP社に対する配当金支払額

$$4,200円 × 80\% = 3,360円$$
親　会　社
持分割合

(2) $10,290円 - 3,360円 = 6,930円$
個別C/F計上額　　S社からの
　　　　　　　　受　取　額

　　本問では、P社・S社間の貸付金・借入金の利息は未収額・未払額であるため、考慮する必要はない。

⊠ 有形固定資産の売却による収入

$$126,000円 - 84,000円 = 42,000円$$
個別C/F計上額　　S社への売却分

⊠ 貸付けによる支出および短期借入れによる収入

　　本問では、全額が連結会社間キャッシュ・フローとなっているため、全額相殺消去する。

⊠ 非支配株主への配当金の支払額

$$4,200円 × 20\% = 840円$$
非支配株主
持　分　割　合

⊠ その他

　　上記以外の項目については、連結会社相互間キャッシュ・フロー等ではないため、個別キャッシュ・フロー計算書の合計額を連結キャッシュ・フロー計算書に計上すればよい。

問1

連結キャッシュ・フロー計算書

○○株式会社　　　　　　　　　自X2年4月1日　至X3年3月31日　　　　　　　　（単位：円）

Ⅰ	営業活動によるキャッシュ・フロー		
	税金等調整前当期純利益	(	65,088
	減価償却費	(	17,640
	のれん償却額	(	480
	貸倒引当金の減少額	(△	24
	受取利息及び受取配当金	(△	3,720
	支払利息	(	6,240
	持分法による投資利益	(△	1,008
	有形固定資産売却益	(△	12,000
	売上債権の減少額	(	1,200
	たな卸資産の増加額	(△	4,560
	仕入債務の増加額	(	11,268
	前払費用の減少額	(	1,164
	未払費用の増加額	(	132
	小　計	(	81,900
	利息及び配当金の受取額	(	4,440
	利息の支払額	(△	6,240
	法人税等の支払額	(△	29,880
	営業活動によるキャッシュ・フロー	(	50,220
Ⅱ	投資活動によるキャッシュ・フロー		
	有形固定資産の売却による収入	(	24,000
	投資活動によるキャッシュ・フロー	(	24,000
Ⅲ	財務活動によるキャッシュ・フロー		
	短期借入金の返済による支出	(△	6,000
	親会社による配当金の支払額	(△	19,200
	非支配株主への配当金の支払額	(△	480
	財務活動によるキャッシュ・フロー	(△	25,680
Ⅳ	現金及び現金同等物の増加額	(	48,540
Ⅴ	現金及び現金同等物期首残高	(	84,420
Ⅵ	現金及び現金同等物期末残高	(	132,960

問2

営業収入　　| 633,336円 |　　　　商品の仕入支出　　| △　306,492円 |

連結会社間におけるキャッシュ・フロー（利息等の受払い、貸付・借入など）を相殺消去する。
　また、財務活動によるキャッシュ・フローの区分において、配当金の支払額については、親会社による配当金の支払額と非支配株主への配当金の支払額に区分する点が特徴的な部分である。

解　説

1

減価償却費（連結損益計算書より）
17,640円（加算）

のれん償却額（連結損益計算書より）
480円（加算）

貸倒引当金の減少額（連結貸借対照表より）
5,808円 － 5,832円 ＝ △24円（減算）
<small>　期末残高　　　期首残高</small>

受取利息及び受取配当金（連結損益計算書より）
960円 ＋ 2,760円 ＝ 3,720円（減算）
<small>P/L受取利息　P/L受取配当金</small>

支払利息（連結損益計算書より）
6,240円（加算）

持分法による投資利益（連結損益計算書より）
1,008円（減算）

有形固定資産売却益（連結損益計算書より）
12,000円（減算）

売上債権の減少額（連結貸借対照表より）
290,400円 － 291,600円 ＝ △1,200円（加算）
<small>　期末残高　　　　期首残高</small>

たな卸資産の増加額（連結貸借対照表より）
64,080円 － 59,520円 ＝ 4,560円（減算）
<small>　期末残高　　　期首残高</small>

仕入債務の増加額（連結貸借対照表より）
105,864円 － 94,596円 ＝ 11,268円（加算）
<small>　期末残高　　　期首残高</small>

前払費用の減少額（連結貸借対照表より）
6,168円 － 7,332円 ＝ △1,164円（加算）
<small>　期末残高　　期首残高</small>

未払費用の増加額（連結貸借対照表より）
4,416円 － 4,284円 ＝ 132円（加算）
<small>　期末残高　　期首残高</small>

利息及び配当金の受取額
(1)　利息受取額（連結損益計算書より）
　　960円

(2)　配当金受取額
　　2,760円 ＋ 2,400円 × 30％ ＝ 3,480円
<small>　P/L受取配当金　　A社からの受取額</small>

(3)　(1) ＋ (2) ＝ 4,440円

14 利息の支払額（連結損益計算書より）

6,240円

15 法人税等の支払額

29,880円 ＋ 31,200円 － 31,200円 ＝ 29,880円
期首未払 P／L法人税、 期末未払
法人税等 住民税及び事業税 法人税等

なお、以下のように算定することもできる。

（1） 未払法人税等の増減額

31,200円 － 29,880円 ＝ 1,320円（増加額）
期末残高 期首残高

（2） 31,200円 － 1,320円 ＝ 29,880円
法人税、住民税 未払法人税等
及び事業税 増 加 額

16 有形固定資産の売却による収入

72,000円 － 48,000円 ＝ 24,000円
S社への売却分

17 短期借入金の返済による支出（参考事項（7）より）

6,000円

18 親会社による配当金の支払額（参考事項（5）より）

19,200円

19 非支配株主への配当金の支払額

2,400円 × 20％ ＝ 480円
S社配当金 非支配株主
支 払 額 持分割合

問2

1 営業収入

291,600円 ＋ 636,240円 － 290,400円 － 4,104円 ＝ 633,336円
期首売上債権 売上高 期末売上債権 貸倒高

なお、以下のように算定することもできる。

（1） 売上債権増減額

290,400円 － 291,600円 ＝ △1,200円（減少額）
期末残高 期首残高

（2） 636,240円 ＋ 1,200円 － 4,104円 ＝ 633,336円
売 上 高 売上債権 貸倒高
減 少 額

2 商品の仕入支出

（1） 当期商品仕入高

64,080円 ＋ 313,200円 － 59,520円 ＝ 317,760円
期末棚卸資産 売上原価 期首棚卸資産

（2） 商品の仕入支出

94,596円 ＋ 317,760円 － 105,864円 ＝ 306,492円
期首仕入債務 当期商品仕入高 期末仕入債務

なお、以下のように算定することもできる。

① 仕入債務増減額

105,864円 － 94,596円 ＝ 11,268円（増加額）
期末残高 期首残高

② 棚卸資産増減額

64,080円 － 59,520円 ＝ 4,560円（増加額）
期末残高 期首残高

③ 313,200円 － 11,268円 ＋ 4,560円 ＝ 306,492円
売上原価 仕入債務 棚卸資産
増 加 額 増 加 額

解答・解説

222

損益計算書 I

損 益 計 算 書
自X2年10月1日　至X3年9月30日

（単位：千円）

I	売　　上　　高		（　　　　　129,320 ）
II	売　上　原　価		
1	期 首 商 品 棚 卸 高	（　　　　9,600 ）	
2	当 期 商 品 仕 入 高	（　　　73,600 ）	
	合　　　　計	（　　　83,200 ）	
3	期 末 商 品 棚 卸 高	（　　　　6,400 ）	
	差　　　　引	（　　　76,800 ）	
4	商 品 評 価 損	（　　　　　380 ）	（　　　　　77,180 ）
	売 上 総 利 益		（　　　　　52,140 ）
III	販売費及び一般管理費		
1	販　　売　　費	（　　　20,320 ）	
2	一 般 管 理 費	（　　　10,650 ）	
3	貸 倒 償 却	（　　　　　141 ）	
4	減 価 償 却 費	（　　　 2,904 ）	
5	支 払 保 険 料	（　　　 1,600 ）	（　　　　　35,615 ）
	営 業 利 益		（　　　　　16,525 ）
IV	営 業 外 収 益		
1	受 取 利 息	（　　　　　990 ）	
2	受 取 配 当 金	（　　　 4,380 ）	
3	有 価 証 券 利 息	（　　　　　144 ）	
4	（為　替　差　益）	（　　　 1,716 ）	（　　　　　 7,230 ）
V	営 業 外 費 用		
1	支 払 利 息	（　　　 6,325 ）	
2	棚 卸 減 耗 損	（　　　　　320 ）	
3	有 価 証 券 評 価 損	（　　　 1,800 ）	
4	（貸 倒 償 却）	（　　　　　600 ）	
5	（雑　　　　　損）	（　　　　　 12 ）	（　　　　　 9,057 ）
	経 常 利 益		（　　　　　14,698 ）
VI	特 別 利 益		
1	（保 険 差 益）		（　　　　　　 780 ）
VII	特 別 損 失		
1	関 係 会 社 株 式 評 価 損		（　　　　　 2,200 ）
	税引前当期純利益		（　　　　　13,278 ）
	法人税、住民税及び事業税		（　　　　　 6,639 ）
	当 期 純 利 益		（　　　　　 6,639 ）

解答へのアプローチ

　総合問題の解答においては、簿記一巡の流れの理解が必要である。なお、英米式決算法を前提とした簿記一巡の手続きは次のようになる。

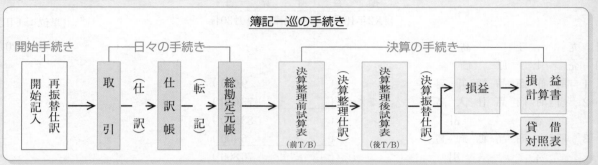

簿記一巡の手続き

　具体的に財務諸表や損益勘定等の作成の場合には、下記のように決算整理仕訳（未処理事項や訂正仕訳含む）を行い、決算整理前残高試算表に加減して、解答用紙に記入する。
　どのような解答用紙かの違いはあるが、解答手順（出題形式）は同じである。

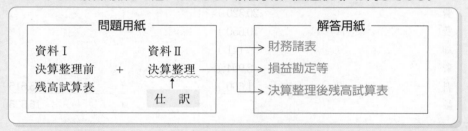

　1級の総合問題では、与えられている最初の資料が前期末貸借対照表のように、当期の期首時点からはじまり、当期中の取引および決算整理を処理して解答していく場合もある。
　したがって、まずは与えられている資料がどのようなものか、しっかり確認してから解答する必要がある。

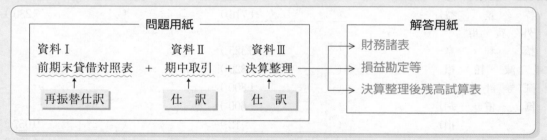

　なお、この形式（期首時点の資料からの解答）の場合、前期末貸借対照表から、期首における経過勘定項目の再振替仕訳を行う必要があるため、忘れないように注意しなければならない。
　検定試験における商業簿記・会計学の制限時間は90分である。したがって、商業簿記（総合問題）は、会計学の内容にもよるが、おおよそ50分を目安に解答しなければならない。
　そのため、決算整理仕訳等においては、すぐに処理できるものだけ仕訳を行い、該当する項目（金額）を解答用紙に記入する。その後、不明だった項目を考え、可能な限り解答用紙に記入するという解答の仕方も1つの方法である。これは、採点を考慮したときに、部分的な採点がされるため、すべて記入されていなくても、得点可能なためである。
　本問は、決算整理前残高試算表が与えられ、期末整理事項についての処理を行い、損益計算書を作成する問題である。解答においては、損益計算書の表示区分にも注意する必要がある。

解答・解説

解　説

（仕訳の単位：千円）

■ 現金

（雑　　　　損）	12	（現　金　預　金）	12

■ 当座預金

(1) 未取付小切手

仕　訳　不　要

(2) 掛代金振込未通知

（現　金　預　金）	300	（売　　掛　　金）	300

■ 外貨建債権（売掛金）の換算

（売　　掛　　金）	1,716	（為　替　差　損　益）	1,716 ※1

※1

78千ドル×142円／ドル－9,360千円
_{決算時の為替相場}

＝1,716千円（益）

■ 有価証券

(1) 甲社株式（売買目的有価証券：B/S→有価証券）

① 試算表上、有価証券として処理されているため、売買目的有価証券への振替えを行う。

（売買目的有価証券） 有価証券	4,800	（有　価　証　券）	4,800

② 評価損益の計上

（有価証券評価損益）	160 ※2	（売買目的有価証券） 有価証券	160

(2) 乙社株式（子会社株式：B/S→関係会社株式）

① 試算表上、有価証券として処理されているため、子会社株式（関係会社株式）への振替えを行う。

（子　会　社　株　式） 関係会社株式	4,000	（有　価　証　券）	4,000

② 評価損の計上

（関係会社株式評価損）	2,200 ※3	（子　会　社　株　式） 関係会社株式	2,200

(3) 丙社社債（満期保有目的債券：B/S→投資有価証券）

① 試算表上、有価証券として処理されているため、満期保有目的債券への振替えを行う。

（満期保有目的債券） 投資有価証券	2,880	（有　価　証　券）	2,880

② 償却原価法（定額法）

（満期保有目的債券） 投資有価証券	24	（有　価　証　券　利　息）	24 ※4

③ 未収有価証券利息の計上

（未収有価証券利息）	30 ※5	（有　価　証　券　利　息）	30

※2

（@580円－@600円）×8,000株
_{時　価}　_{帳簿価額}

＝△160千円（評価損）

※3

1,800千円－4,000千円＝△2,200千円（評価損）
_{実質価額}　_{帳簿価額}

※4

（@100円－@96円）×30,000口×$\dfrac{12\text{カ月}}{12\text{カ月}\times5\text{年}}$
_{額面金額}　_{取得原価}

＝24千円

※5

@100円×30,000口×4％×$\dfrac{3\text{カ月}}{12\text{カ月}}$＝30千円
_{額面金額}

225

(4) A社株式（売買目的有価証券：B/S→有価証券）

① 試算表上、有価証券として処理されているため、売買目的有価証券への振替えを行う。

（売買目的有価証券）　41,400　（有　価　証　券）　41,400
　　有　価　証　券

② 評価損益の計上

（有価証券評価損益）　1,640 ※6　（売買目的有価証券）　1,640
　　　　　　　　　　　　　　　　　　有　価　証　券

5 商品売買

(1) 売上原価の算定と期末商品の評価

（仕　　　　　入）　9,600　（繰　越　商　品）　9,600
（繰　越　商　品）　6,400 ※7　（仕　　　　　入）　6,400
（棚　卸　減　耗　損）　320 ※8　（繰　越　商　品）　700
（商　品　評　価　損）　380 ※9

(2) 商品評価損の売上原価算入

（仕　　　　　入）　380　（商　品　評　価　損）　380

※6
① 本邦通貨による簿価
　@30ドル×10,000株×138円/ドル
　　　　　　　　　　　取得時の為替相場
　＝41,400千円

② 外国通貨による時価の円換算額
　@28ドル×10,000株×142円/ドル
　　　　　　　　　　　決算時の為替相場
　＝39,760千円

③ ②－①＝△1,640千円（評価損）

※7
@32千円×200個＝6,400千円
　原価　　帳簿数量

※8
@32千円×（200個－190個）＝320千円
　原価　　　帳簿数量　実地数量

※9
（@32千円－@30千円）×190個＝380千円
　原価　　正味売却価額　実地数量

固定資産

(1) 火災による焼失分

（建物減価償却累計額）	3,600	（建　　　物）	8,000	
（減 価 償 却 費）	180	（保 険 差 益）	780	
（仮 受 金）	5,000			

なお、期中の仕訳および本来の仕訳を示すと次のとおりである。

〈期中の仕訳〉

（現 金 預 金）	5,000	（仮 受 金）	5,000

〈本来の仕訳〉

① 焼失時

（建物減価償却累計額）	3,600	（建　　　物）	8,000
（減 価 償 却 費）	180 ※10		
（火 災 未 決 算）	4,220		

② 保険金受取時

（現 金 預 金）	5,000	（火 災 未 決 算）	4,220
		（保 険 差 益）	780

※10
$$8,000千円 \times 0.9 \div 30年 \times \frac{9 \, カ月}{12 \, カ月} = 180千円$$

※11
$$(32,000千円 - 8,000千円) \times 0.9 \div 30年 = 720千円$$

※12
$$(5,000千円 - 1,280千円) \times 30\% = 1,116千円$$

※13
$$(9,360千円 - 4,920千円) \times 20\% = 888千円$$

(2) 減価償却

（減 価 償 却 費）	2,724	（建物減価償却累計額）	720 ※11
		（車両運搬具減価償却累計額）	1,116 ※12
		（備品減価償却累計額）	888 ※13

貸倒引当金

(1) 販売費及び一般管理費

（貸 倒 償 却） 貸倒引当金繰入	141 ※14	（貸 倒 引 当 金）	141

(2) 営業外費用

（貸 倒 償 却） 貸倒引当金繰入	600 ※15	（貸 倒 引 当 金）	600

※14
① 受取手形
$$\underset{前T/B}{31,460千円} \times 2\%$$
$$≒ 629千円 （千円未満四捨五入）$$

② 売掛金
$$(\underset{前T/B}{38,160千円} - \underset{前記②(2)}{300千円} + \underset{前記③}{1,716千円}) \times 2\%$$
$$≒ 792千円 （千円未満四捨五入）$$

③ ① + ② - $\underset{前T/B貸倒引当金}{1,280千円}$ = 141千円

※15
$$\underset{前T/B}{20,000千円} \times 3\% = 600千円$$

長期借入金

（長 期 借 入 金）	2,000	（短 期 借 入 金）	2,000

1年以内に返済する分（2,000千円）は、短期借入金として処理を行う。

経過勘定項目

（前 払 保 険 料）	800	（支 払 保 険 料）	800
（支 払 利 息）	250	（未 払 利 息）	250

法人税、住民税及び事業税

（法人税、住民税及び事業税）	6,639 ※16	（未 払 法 人 税 等）	6,639

※16
$$\underset{税引前当期純利益}{13,278千円} \times 50\% = 6,639千円$$

損　益　計　算　書

自X3年10月 1 日　至X4年 9 月30日

（単位：千円）

Ⅰ	売　　上　　高		（　　　　1,450,000
Ⅱ	売　上　原　価		
	1　期 首 商 品 棚 卸 高	（　　　　9,000 ）	
	2　当 期 商 品 仕 入 高	（　　　870,000 ）	
	計	（　　　879,000 ）	
	3　期 末 商 品 棚 卸 高	（　　　　11,000 ）	
	差　引	（　　　868,000 ）	
	4　棚 卸 減 耗 損	（　　　　　75 ）	
	5　（商 品 評 価 損）	（　　　　1,795 ）	（　　　　869,870
	（売　上）総利益		（　　　　580,130
Ⅲ	販売費及び一般管理費		
	1　販　　売　　費	（　　　220,054 ）	
	2　一 般 管 理 費	（　　　105,000 ）	
	3　貸 倒 引 当 金 繰 入	（　　　　2,240 ）	
	4　減 価 償 却 費	（　　　　2,183 ）	
	5　支 払 保 険 料	（　　　　2,000 ）	（　　　　331,477
	（営　　業）利益		（　　　　248,653
Ⅳ	営 業 外 収 益		
	1　受　取　利　息	（　　　　　15 ）	
	2　有 価 証 券 利 息	（　　　　　750 ）	
	3　受 取 配 当 金	（　　　　　321 ）	（　　　　　1,086
Ⅴ	営 業 外 費 用		
	1　支　払　利　息	（　　　　　256 ）	
	2　貸 倒 引 当 金 繰 入	（　　　　　50 ）	
	3　有 価 証 券 評 価 損	（　　　　　600 ）	
	4　雑　　　　　損	（　　　　　14 ）	（　　　　　920
	（経　　常）利益		（　　　　248,819
Ⅵ	特　別　損　失		
	1　（貸 倒 引 当 金）繰 入	（　　　　34,100 ）	
	2　（有 価 証 券 評 価 損）	（　　　　1,000 ）	（　　　　35,100
	税引前当期純利益		（　　　　213,719
	法人税、住民税及び事業税		（　　　　106,860
	当　期　純　利　益		（　　　　106,859

解答へのアプローチ

解答手順等については、問題52の解答へのアプローチ（P．224）参照。
　本問は、決算整理前残高試算表が与えられ、期末整理事項についての処理を行い、損益計算書を作成する問題である。解答においては、損益計算書の表示区分にも注意する必要がある。

解　説

（仕訳の単位：千円）

現金過不足

（雑　　　　損）　　14　（現 金 預 金）　　14

当座預金

(1) 誤記入

（販　売　費）　　54　（現 金 預 金）　　54

(2) 未取付小切手

　仕 訳 不 要

貸倒引当金（差額補充法）

(1) 販売費及び一般管理費

（貸倒引当金繰入）　2,240 ※1 （貸 倒 引 当 金）　2,240

(2) 営業外費用

（貸倒引当金繰入）　　50 ※2 （貸 倒 引 当 金）　　50

(3) 特別損失

（貸倒引当金繰入）　34,100 ※3 （貸 倒 引 当 金）　34,100

有価証券

(1) A社株式（その他有価証券→B／S：投資有価証券）

（その他有価証券）　750　（その他有価証券評価差額金）　750 ※4

(2) B社株式（その他有価証券→B／S：投資有価証券）

（有価証券評価損益）　600 ※5 （その他有価証券）　600

(3) C社株式（その他有価証券→B／S：投資有価証券）

（有価証券評価損）　1,000 ※6 （その他有価証券）　1,000

　なお、営業外費用の区分に「有価証券評価損」とあるため、特別損失の区分においても「投資有価証券評価損」とはせず、「有価証券評価損」として表示している。

(4) D社社債（満期保有目的債券→B／S：投資有価証券）

（満期保有目的債券）　150　（有 価 証 券 利 息）　150 ※7

※1
(1) 受取手形　32,000千円 × 2 % = 640千円
　　　　　　　前T/B
(2) 売 掛 金　(48,000千円 − 3,000千円) × 2 %
　　　　　　　一般債権　　前T/B　　貸倒懸念債権
　　　　　　　= 900千円
(3) 売 掛 金　3,000千円 × 50% = 1,500千円
　　　　　　　貸倒懸念債権
(4) (1) + (2) + (3) − 800千円 = 2,240千円
　　　　　　　　　　　　　貸倒引当金

※2
長期貸付金　(50,000千円 − 45,000千円) × 3 %
　一般債権　　　前T/B　　　破産更生債権
　　　　　　− (1,000千円 − 900千円) = 50千円
　　　　　　　　　　　　　貸倒引当金

※3
長期貸付金　45,000千円 − 10,000千円 − 900千円
破産更生債権　　　　　　　　　土地　　　　貸倒引当金
　　　　　　= 34,100千円

※4
(@1,500円 − @1,250円) × 3,000株
　時価　　　　簿価
= 750千円（評価益）

※5
(@2,100円 − @2,400円) × 2,000株
　時価　　　　簿価
= △600千円（評価損）

※6
(@400円 − @1,400円) × 1,000株
　時価　　　簿価
= △1,000千円（評価損）

※7
$(@100円 − @94円) × 100,000口 × \dfrac{12カ月}{12カ月 × 4 年}$
額面金額　　取得原価
= 150千円

5 売上原価の算定等

(1) 売上原価の算定

| （仕　　　入） | 9,000 | （繰　越　商　品） | 9,000 |
| （繰　越　商　品） | 11,000 | （仕　　　入） | 11,000 ※8 |

(2) 期末商品の評価

| （棚　卸　減　耗　損） | 75 ※9 | （繰　越　商　品） | 1,870 |
| （商　品　評　価　損） | 1,795 ※10 | | |

(3) 棚卸減耗損および商品評価損の売上原価算入

| （仕　　　入） | 1,870 | （棚　卸　減　耗　損） | 75 |
| | | （商　品　評　価　損） | 1,795 |

6 減価償却

(1) 建物

| （減　価　償　却　費） | 900 ※11 | （建物減価償却累計額） | 900 |

(2) 車両

| （減　価　償　却　費） | 882 ※12 | （車両減価償却累計額） | 882 |

(3) 備品

| （減　価　償　却　費） | 323 ※13 | （備品減価償却累計額） | 323 |

(4) リース資産

| （減　価　償　却　費） | 78 ※14 | （リース資産減価償却累計額） | 78 |

7 リース債務の支払い

| （リ　ー　ス　債　務） | 94 ※16 | （仮　　払　　金） | 120 |
| （支　払　利　息） | 26 ※15 | | |

8 前払費用

| （前　払　保　険　料） | 400 | （支　払　保　険　料） | 400 |

9 未払費用

| （支　払　利　息） | 30 | （未　払　利　息） | 30 |

10 未収収益

| （未　収　利　息） | 5 | （受　取　利　息） | 5 |

11 法人税、住民税及び事業税

| （法人税、住民税及び事業税） | 106,860 ※17 | （未　払　法　人　税　等） | 106,860 |

※8
8,000個×@1,000円＋2,000個×@1,500円
　　甲商品　　　　　　　　　乙商品
＝11,000千円

※9
(2,000個－1,950個)×@1,500円＝75千円
乙商品　　乙商品　　　　原価
帳簿棚卸高　実地棚卸高

※10
8,000個×(@1,000円－@800円)＋1,950個
甲商品　　　原価　　正味売却価額　乙商品
実地棚卸高　　　　　　　　　　　　実地棚卸高
×(@1,500円－@1,400円)＝1,795千円
　　　原価　　　正味売却価額

※11
30,000千円×0.9÷30年＝900千円

※12
(4,200千円－1,260千円)×30％＝882千円

※13
① IT関連の備品
　(イ) 第1年目減価償却
　　　800千円×25％＝200千円
　(ロ) 第2年目減価償却
　　　(800千円－200千円)×25％＝150千円
　(ハ) (イ)＋(ロ)＝350千円
　(ニ) (800千円－350千円)×25％
　　　≒113千円（千円未満四捨五入）
② その他の備品
　{(1,800千円－800千円)
　前T/B備品　　IT関連
　－(650千円－350千円)}×30％＝210千円
　　　　　　　減価償却累計額
③ ①＋②＝323千円

※14
520千円×0.9÷6年＝78千円

※15
520千円×5％＝26千円
リース債務

※16
120千円－26千円＝94千円
リース料　　支払利息

※17
213,719千円×50％≒106,860千円（千円未満四捨五入）
税引前当期純利益

54 貸借対照表

1

貸 借 対 照 表

X6年 9 月30日現在

（単位：千円）

資　　　　産	金　　　額	負債・純資産	金　　　額
現 金 預 金	（　　　136,729）	支 払 手 形	（　　　41,000）
受 取 手 形	（　　　37,926）	買 掛 金	（　　　50,700）
売 掛 金	（　　　72,324）	保 証 債 務	（　　　910）
有 価 証 券	（　　　7,200）	未 払 費 用	（　　　320）
商 品	（　　　32,400）	未 払 法 人 税 等	（　　　25,980）
前 払 費 用	（　　　400）	リ ー ス 債 務	（　　　1,659）
未 収 収 益	（　　　18）	（　　　　　　　　）	（　　　　　　）
建 物	53,480	資 本 金	（　　　200,000）
備 品	3,200	資 本 準 備 金	（　　　10,000）
リ ー ス 資 産	1,775	利 益 準 備 金	（　　　30,600）
土 地	140,000	別 途 積 立 金	（　　　60,000）
投 資 有 価 証 券	13,320	繰 越 利 益 剰 余 金	（　　　84,443）
長 期 貸 付 金	4,900	（その他有価証券評価差額金）	（　　　312）
（繰 延 税 金 資 産）	2,252		
	（　　　505,924）		（　　　505,924）

1　手 形 割 引 高 （　　　91,000千円）
2　貸 倒 引 当 金 （　　　2,250千円）
3　減 価 償 却 累 計 額 （　　　34,745千円）

2

損 益 計 算 書

X5年10月 1 日〜X6年 9 月30日

（単位：千円）

税引前当期純利益		121,533
法人税、住民税及び事業税	（　　　49,980）	
法人税等調整額	（　　　1,620）	（　　　48,360）
当 期 純 利 益		（　　　73,173）

解答へのアプローチ

解答手順等については、問題52の解答へのアプローチ（P. 224）参照。

本問は、期首残高（前期末貸借対照表）→期中取引→決算整理事項→貸借対照表として解答する問題である。（経過勘定の再振替えを忘れないように）

なお、貸倒引当金・減価償却累計額は直接控除して表示されている点に注意する。

また、税効果会計（商品、債権、その他有価証券等）の適用があるが、税効果会計を無視して解答を進め、最後に税効果会計の処理を行うのも 1 つの方法である。

解説上、仕訳の金額は単位千円とする。

I　再振替仕訳

（一 般 管 理 費）	530	（前 払 費 用）	530
（未 払 費 用）	300	（販 売 費）	300
（受 取 利 息）	20	（未 収 収 益）	20

II　期中取引

1　現金預金の増減

(1) 現金預金の増加

（現 金 預 金）	587,280	（売 上）	85,400
		（受 取 手 形）	91,900
		（売 掛 金）	332,600
		（受 取 手 形）	76,300
		（長 期 貸 付 金）	900
		（受 取 利 息）	180

(2) 現金預金の減少

（仕 入）	53,400	（現 金 預 金）	546,491
（支 払 手 形）	95,000		
（買 掛 金）	164,300		
（売買目的有価証券）	6,000		
（その他有価証券）	12,800 ※1		
（未 払 法 人 税 等）	21,000		
（仮 払 法 人 税 等）	24,000		
（未 払 配 当 金）	16,000		
（販 売 費）	55,791		
（一 般 管 理 費）	98,200		

※1
8,000千円 ＋ 40千ドル × 120円／ドル ＝ 12,800千
　Y社株式　　　　Ｚ　社　株　式

2　手形の割引

| （手 形 売 却 損） | 2,480 | （受 取 手 形） | 1,700 |
| | | （保 証 債 務） | 780 ※2 |

現金預金の増加は前記 II 1 (1)で処理済み。

※2
78,000千円 × 1 ％ ＝ 780千円
　期中割引高

3　売上

| （売 掛 金） | 417,000 | （売 上） | 515,000 |
| （受 取 手 形） | 98,000 | | |

4　売掛金の手形による回収

| （受 取 手 形） | 86,000 | （売 掛 金） | 86,000 |

5　割引手形の決済

| （保 証 債 務） | 330 ※3 | （保証債務取崩益） | 330 |

※3
33,000千円 × 1 ％ ＝ 330千円
　期中決済高

6　仕入

（仕　　　　　入）263,600　（買　掛　金）203,800
　　　　　　　　　　　　　（支　払　手　形）59,800

7　買掛金の手形による決済

（買　掛　金）38,600　（支　払　手　形）38,600

8　リース取引

(1)　リース契約時

（リ ー ス 資 産）2,000　（リ ー ス 債 務）2,000

リース料の支払は、前記Ⅱ 1 (2)で処理済み

9　有価証券の購入

前記Ⅱ 1 (2)で処理済み。

10　剰余金の配当等

(1)　決議時

（繰越利益剰余金）25,600　（未 払 配 当 金）16,000
　　　　　　　　　　　　　（利 益 準 備 金）1,600※4
　　　　　　　　　　　　　（別 途 積 立 金）8,000

Ⅲ　決算整理

1　売上原価の算定等

(1)　売上原価の算定

（仕　　　　　入）35,900　（繰 越 商 品）35,900
（繰 越 商 品）36,800※5（仕　　　　　入）36,800

(2)　期末商品の評価

（棚 卸 減 耗 損）800※6（繰 越 商 品）4,400
（商 品 評 価 損）3,600※7
（繰 延 税 金 資 産）1,440※8（法人税等調整額）1,440

(3)　棚卸減耗損、商品評価損の売上原価算入

（仕　　　　　入）4,400　（棚 卸 減 耗 損）800
　　　　　　　　　　　　　（商 品 評 価 損）3,600

2　貸倒引当金（差額補充法）

（貸倒引当金繰入）250※9（貸 倒 引 当 金）250
（繰 延 税 金 資 産）100　（法人税等調整額）100※10

※4

① 配当により減少する剰余金の10分の1

$$16,000千円 \times \frac{1}{10} = 1,600千円$$
　　配当金

② 積立限度額

$$200,000千円 \times \frac{1}{4}$$
　　資本金

$$- (10,000千円 + 29,000千円) = 11,000千円$$
　資本準備金既積立額　利益準備金既積立額

③ ①＜② ∴ 1,600千円

配当金の支払いは、前記Ⅱ 1 (2)で処理済み

※5
@40千円 × 920個 = 36,800千円
原価　　帳簿数量

※6
@40千円 × (920個 − 900個) = 800千円
原価　　帳簿数量　実地数量

※7
(@40千円 − @36千円) × 900個 = 3,600千円
原価　　正味売却価額　実地数量

※8
3,600千円 × 40% = 1,440千円
前記※7　法定実効税率

※9
(38,700千円 + 73,800千円) × 2 %
受取手形　　売掛金
（期 中 取 引 終 了 後）

− (800千円 + 1,200千円) = 250千円
受取手形の　売掛金の
貸倒引当金　貸倒引当金

※10
(1) 期首繰延税金資産　800千円
(2) 期末繰延税金資産
｛(38,700千円 + 73,800千円) × 2 %｝ × 40%
受取手形　　売掛金　　　　　　法定実効税率
（期 中 取 引 終 了 後）
= 900千円
(3) 法人税等調整額
900千円 − 800千円 = 100千円（貸方）
期末繰延　　期首繰延
税金資産　　税金資産

3 有価証券の評価替え

(1) X社株式（売買目的有価証券→B／S：有価証券）

（売買目的有価証券） 1,200 [11] （有価証券評価損益） 1,200

(2) Y社株式（その他有価証券→B／S：投資有価証券）

（繰延税金資産） 160 [13] （その他有価証券） 400 [12]

（その他有価証券評価差額金） 240

(3) Z社株式（その他有価証券→B／S：投資有価証券）

（その他有価証券） 920 [14] （繰延税金負債） 368 [15]

（その他有価証券評価差額金） 552

4 固定資産

(1) 建物

（減 価 償 却 費） 2,520 [16] （建物減価償却累計額） 2,520

(2) 備品（リース資産以外）

（減 価 償 却 費） 800 [17] （備品減価償却累計額） 800

(3) リース資産

① 期中取引の修正

（リ ー ス 債 務） 341 （一 般 管 理 費） 500

（支 払 利 息） 159 [18]

② 減価償却

（減 価 償 却 費） 225 [19] （リース資産減価償却累計額） 225

5 費用および収益の経過勘定

（前 払 費 用） 400 （一 般 管 理 費） 400

（販 売 費） 320 （未 払 費 用） 320

（未 収 収 益） 18 （受 取 利 息） 18

6 その他の「将来減算一時差異」

（繰 延 税 金 資 産） 80 （法人税等調整額） 80 [20]

7 法人税、住民税及び事業税

（法人税、住民税及び事業税） 49,980 （仮払法人税等） 24,000

（未払法人税等） 25,980

---

[11]

$$7,200千円 - 6,000千円 = 1,200千円（評価益）$$
時価　　　　帳簿価額

[12]

$$7,600千円 - 8,000千円 = \triangle 400千円（評価損）$$
時価　　　　帳簿価額

[13]

$$400千円 \times 40\% = 160千円$$
前記[12]　法定実効税率

[14]

$$52千ドル \times 110円／ドル - 40千ドル$$
時価　　　決算時の為替相場　　原価
$$\times 120円／ドル = 920千円（評価益）$$
取得時の為替相場

[15]

$$920千円 \times 40\% = 368千円$$
前記[14]　法定実効税率

[16]

$$(56,000千円 + 28,000千円) \times 0.9 \div 30年 = 2,520千円$$
前期B/S建物　建物減価償却累計額

[17]

$$4,000千円 \times 20\% = 800千円$$
前期B/S備品

[18]

$$2,000千円 \times 7.93\% \fallingdotseq 159千円（千円未満四捨五入）$$

[19]

$$2,000千円 \times 0.9 \div 8年 = 225千円$$
取得原価相当額

[20]

(1) 期首繰延税金資産　40千円

(2) 期末繰延税金資産

$$300千円 \times 40\% = 120千円$$
将来減算　法定実効税率
一時差異

(3) 法人税等調整額

$$120千円 - 40千円 = 80千円$$
期末繰延　期首繰延
税金資産　税金資産

受 取 手 形	38,700千円		建　　　物	84,000千円	
貸倒引当金	774千円	37,926千円	減価償却累計額	30,520千円	53,480千円
売 掛 金	73,800千円		備　　　品	7,200千円	
貸倒引当金	1,476千円	72,324千円	減価償却累計額	4,000千円	3,200千円
			リース資産	2,000千円	
			減価償却累計額	225千円	1,775千円

繰延税金資産 $2,620千円 - 368千円 = 2,252千円$
　　　　　　　繰延税金資産　繰延税金負債

手形割引高 $46,000千円 + 78,000千円 - 33,000千円 = 91,000千円$
　　　　　　　　当期割引高　　期中決済高

キャッシュ・フロー計算書		(単位：千円)
Ⅰ（営業活動によるキャッシュ・フロー）		
（税引前当期純利益）	（	47,640 ）
減価償却費	（	6,900 ）
貸倒引当金の（増 加 額）	（	120 ）
退職給付引当金の（増 加 額）	（	900 ）
受取利息配当金	（△	1,440 ）
有価証券売却益	（△	3,000 ）
有価証券評価損	（	1,200 ）
支払利息	（	780 ）
保険差益	（△	3,600 ）
売上債権の（増 加 額）	（△	6,000 ）
たな卸資産の（増 加 額）	（△	4,200 ）
仕入債務の（増 加 額）	（	8,400 ）
小　　計	（	47,700 ）
利息及び配当金の受取額	（	1,380 ）
利息の支払額	（△	900 ）
保険金収入	（	45,000 ）
（法人税等の支払額）	（△	19,800 ）
（営業活動によるキャッシュ・フロー）	（	73,380 ）
Ⅱ（投資活動によるキャッシュ・フロー）		
有価証券の取得による支出	（△	10,800 ）
有価証券の売却による収入	（	18,000 ）
（有形固定資産の取得による支出）	（△	60,000 ）
長期貸付による支出	（△	12,000 ）
（投資活動によるキャッシュ・フロー）	（△	64,800 ）
Ⅲ（財務活動によるキャッシュ・フロー）		
短期借入金の返済による支出	（△	24,000 ）
株式の発行による収入	（	60,000 ）
配当金の支払額	（△	15,000 ）
（財務活動によるキャッシュ・フロー）	（	21,000 ）
Ⅳ　現金及び現金同等物の増加額	（	29,580 ）
Ⅴ（現金及び現金同等物期首残高）	（	44,820 ）
Ⅵ（現金及び現金同等物期末残高）	（	74,400 ）

本問の解答手順は次のとおりである。
① 期中取引、決算整理事項に基づいて貸借対照表、損益計算書を完成させる。
② 貸借対照表、損益計算書に基づいて、営業活動によるキャッシュ・フローの区分（間接法）を作成する。
なお、小計欄までの調整は次のように行う。

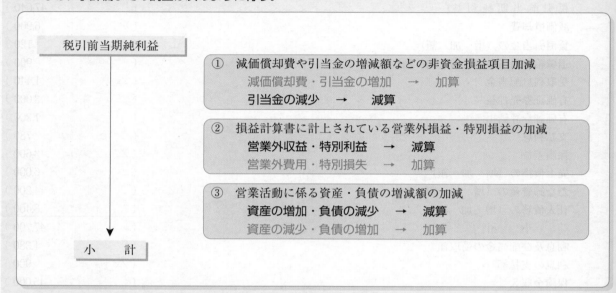

③ 営業活動によるキャッシュ・フローの区分における小計欄以下の項目については、期中取引に基づいて行った仕訳の資金（現金預金）の増減を集計する。
④ 投資活動・財務活動によるキャッシュ・フローの区分は、期中取引に基づいて行った仕訳の資金（現金預金）の増減を集計する。

解 説

解説上、仕訳の金額は単位千円とする。

Ⅰ．再振替仕訳

| （受取利息配当金） | 240 | （未収利息配当金）未収収益 | 240 |

| （未 払 利 息）未払費用 | 120 | （支 払 利 息） | 120 |

Ⅱ．期中取引
1 売上および仕入

（現 金 預 金）	168,000	（売 　 上）	432,000
（売 掛 金）	264,000		
（仕 　 入）	263,400	（現 金 預 金）	75,000
		（買 掛 金）	188,400

2 売上債権および仕入債務の決済

（現 金 預 金）	141,000	（売 掛 金）	261,000		
（受 取 手 形）	120,000				
（買 掛 金）	187,200	（現 金 預 金）	108,000		
		（支 払 手 形）	79,200		
（現 金 預 金）	117,000	（受 取 手 形）	117,000		
（支 払 手 形）	72,000	（現 金 預 金）	72,000		

3 有価証券

(1) A社株式

（現 金 預 金）	18,000 ※2	（売買目的有価証券）有価証券	15,000
		（有価証券売却益）	3,000 ※1

※1
損益計算書より　3,000千円

※2
15,000千円＋3,000千円＝18,000千円

(2) B社株式

（売買目的有価証券）有価証券	10,800	（現 金 預 金）	10,800

4 有形固定資産

(1) 建物

（減価償却累計額）	18,000	（建 物）	60,000
（減 価 償 却 費）	600 ※3	（保 険 差 益）	3,600 ※4
（現 金 預 金）	45,000 ※5		

※3
$60,000千円 \times 0.9 \div 30年 \times \dfrac{4カ月}{12カ月} = 600千円$

※4
損益計算書より　3,600千円

※5
$(\underset{取得原価}{60,000千円} - \underset{減価償却累計額}{18,000千円} - \underset{減価償却費}{600千円})$
$+ \underset{保険差益}{3,600千円} = 45,000千円$

(2) 土地

（土 地）	60,000	（現 金 預 金）	60,000

5 長期貸付金および短期借入金

(1) 長期貸付金

（長 期 貸 付 金）	12,000	（現 金 預 金）	12,000

(2) 短期借入金

（短 期 借 入 金）	24,000	（現 金 預 金）	24,000

6 退職金

（退 職 給 付 費 用）	3,000	（退職給付引当金）	3,000
（退職給付引当金）	2,100	（現 金 預 金）	2,100

7 剰余金の配当等

(1) 決議時

（繰越利益剰余金）	19,200	（未 払 配 当 金）	15,000
		（利 益 準 備 金）	1,500
		（任 意 積 立 金）	2,700

(2) 配当金の支払時

（未 払 配 当 金）	15,000	（現 金 預 金）	15,000

8 株式の発行

（現 金 預 金）　60,000　（資　本　金）　60,000

9 現金預金の増加および減少

(1) 現金預金の増加

（現 金 預 金）　1,380　（受取利息配当金）　1,380

(2) 現金預金の減少

（給　　料）	75,000	（現 金 預 金）	141,900
（その他営業費）	46,200		
（支 払 利 息）	900		
（未払法人税等）	9,000		
（仮払法人税等）	10,800		

Ⅲ．決算整理前残高試算表

期中取引を考慮して決算整理前残高試算表を作成すると、以下のとおりである。

残 高 試 算 表　　　　　　　　　（単位：千円）

借 方 科 目	金 額	貸 方 科 目	金 額
現 金 預 金	74,400	支 払 手 形	22,200
受 取 手 形	24,000	買 掛 金	24,000
売 掛 金	30,000	貸 倒 引 当 金	960
有 価 証 券	30,000	退 職 給 付 引 当 金	19,980
繰 越 商 品	16,800	減 価 償 却 累 計 額	60,300
仮 払 法 人 税 等	10,800	資 本 金	360,000
建 物	120,000	利 益 準 備 金	13,500
備 品	30,000	任 意 積 立 金	49,500
土 地	204,000	繰 越 利 益 剰 余 金	4,800
長 期 貸 付 金	66,000	売 上	432,000
仕 入	263,400	受 取 利 息 配 当 金	1,140
給 料	75,000	有 価 証 券 売 却 益	3,000
減 価 償 却 費	600	保 険 差 益	3,600
退 職 給 付 費 用	3,000		
その他営業費	46,200		
支 払 利 息	780		
	994,980		994,980

Ⅳ．決算整理仕訳

1 売上原価の算定

（仕　　入）	16,800	（繰 越 商 品）	16,800
（繰 越 商 品）	21,000	（仕　　入）	21,000

2 貸倒引当金

（貸倒引当金繰入）　120 ※6　（貸 倒 引 当 金）　120

※6

(1) 受取手形　24,000千円 × 2％＝480千円
　　　　　　　前T/B

(2) 売 掛 金　30,000千円 × 2％＝600千円
　　　　　　　前T/B

(3) (1) ＋ (2) － 960千円 ＝ 120千円
　　　　　　　前T/B貸倒引当金

3 有価証券

（有価証券評価損益）	1,200 [※7]	（売買目的有価証券） 有 価 証 券	1,200	

4 減価償却

（減 価 償 却 費）	6,300 [※8]	（減価償却累計額）	6,300

5 未収利息配当金

（未収利息配当金） 未 収 収 益	300	（受取利息配当金）	300

6 法人税、住民税及び事業税

（法人税、住民税及び事業税）	23,820	（仮 払 法 人 税 等）	10,800
		（未 払 法 人 税 等）	13,020 [※9]

[※7]
損益計算書より　1,200千円

[※8]
(1) 建　　物　120,000千円×0.9÷30年
　　　　　　　　＝3,600千円
(2) 備　　品　30,000千円×0.9÷10年
　　　　　　　　＝2,700千円
(3) (1)＋(2)＝6,300千円

[※9]
$\underset{\text{P／L法人税、}}{23,820}$ 千円 $-$ $\underset{\text{仮払法人税等}}{10,800}$ 千円 $=13,020$ 千円
住民税及び事業税

Ⅶ. 貸借対照表および各金額の算定

貸 借 対 照 表　　　　　　　　　　（単位：千円）

科　　　　目	金　　額	科　　　　目	金　　額
現 金 預 金	74,400	支 払 手 形	（　22,200　）
受 取 手 形	（　24,000　）	買 掛 金	（　24,000　）
売 掛 金	（　30,000　）	短 期 借 入 金	———
有 価 証 券	28,800	未 払 法 人 税 等	（　13,020　）
商 品	21,000	未 払 費 用	———
未 収 収 益	300	貸 倒 引 当 金	（　1,080　）
建 物	120,000	減 価 償 却 累 計 額	（　66,600　）
備 品	30,000	退 職 給 付 引 当 金	19,980
土 地	204,000	資 本 金	360,000
長 期 貸 付 金	66,000	利 益 準 備 金	13,500
		任 意 積 立 金	49,500
		繰 越 利 益 剰 余 金	（　28,620　）
	598,500		598,500

1 受取手形

$\underset{\text{前期貸借対照表}}{21,000\text{千円}} + \underset{\text{前記Ⅱ2}}{120,000\text{千円}} - \underset{\text{前記Ⅱ2}}{117,000\text{千円}} = 24,000\text{千円}$

2 売掛金

$\underset{\text{前期貸借対照表}}{27,000\text{千円}} + \underset{\text{前記Ⅱ1}}{264,000\text{千円}} - \underset{\text{前記Ⅱ2}}{261,000\text{千円}} = 30,000\text{千円}$

3 支払手形

$\underset{\text{前期貸借対照表}}{15,000\text{千円}} + \underset{\text{前記Ⅱ2}}{79,200\text{千円}} - \underset{\text{前記Ⅱ2}}{72,000\text{千円}} = 22,200\text{千円}$

4 買掛金

22,800千円 + 188,400千円 − 187,200千円 = 24,000千円
前期貸借対照表　　　前記Ⅱ **1**　　　前記Ⅱ **2**

5 未払法人税等

前記Ⅳ **6** より　13,020千円

6 貸倒引当金

960千円 + 120千円 = 1,080千円
前期貸借対照表　前記Ⅳ **2**

7 減価償却累計額

78,300千円 − 18,000千円 + 6,300千円 = 66,600千円
前期貸借対照表　　前記Ⅱ **4**(1)　　前記Ⅳ **4**

8 繰越利益剰余金

貸借差額により　28,620千円

Ⅵ. 損益計算書および各金額の算定

損　益　計　算　書　　　　　　　　　　　　　　　(単位：千

科　　　　　目	金　　額	科　　　　　目	金　　額
売 上 原 価	259,200	売　　上　　高	432,000
給　　　　料	75,000	受 取 利 息 配 当 金	（　　　　1,440
減 価 償 却 費	（　　6,900）	有 価 証 券 売 却 益	3,000
貸 倒 引 当 金 繰 入	（　　　120）	保 険 差 益	3,600
退 職 給 付 費 用	3,000		
その他営業費	46,200		
支 払 利 息	（　　　780）		
有 価 証 券 評 価 損	1,200		
法人税、住民税及び事業税	23,820		
当 期 純 利 益	（　23,820）		
	440,040		440,040

1 減価償却費

600千円 + 6,300千円 = 6,900千円
前記Ⅱ **4**(1)　　前記Ⅳ **4**

2 貸倒引当金繰入

前記Ⅳ **2** より　120千円

3 支払利息

900千円 − 120千円 = 780千円
前記Ⅱ **9**　　前記Ⅰ

4 受取利息配当金

1,380千円 − 240千円 + 300千円 = 1,440千円
前記Ⅱ 9 (1)　　前記Ⅰ　　前記Ⅳ 5

Ⅲ. キャッシュ・フロー計算書の各金額の算定

1 税引前当期純利益

23,820千円 ÷ 50% = 47,640千円
法人税、住民税
及び事業税

2 貸倒引当金の増加額

1,080千円 − 960千円 = 120千円
当期B/S　　前期B/S
貸倒引当金　貸倒引当金

3 退職給付引当金の増加額

19,980千円 − 19,080千円 = 900千円
当期B/S退職　　前期B/S退職
給付引当金　　給付引当金

4 売上債権の増加額

(24,000千円 + 30,000千円) − (21,000千円 + 27,000千円) = 6,000千円
当期B/S受取手形　当期B/S売掛金　　前期B/S受取手形　前期B/S売掛金

5 たな卸資産の増加額

21,000千円 − 16,800千円 = 4,200千円
当期B/S商品　　前期B/S商品

6 仕入債務の増加額

(22,200千円 + 24,000千円) − (15,000千円 + 22,800千円) = 8,400千円
当期B/S支払手形　当期B/S買掛金　　前期B/S支払手形　前期B/S買掛金

7 利息及び配当金の受取額

前記Ⅱ 9 (1)より　1,380千円

8 利息の支払額

前記Ⅱ 9 (2)より　900千円

9 保険金収入

前記Ⅱ 4 (1)より　45,000千円

10 法人税等の支払額

9,000千円 + 23,820千円 − 13,020千円 = 19,800千円
前期B/S未払　　P/L法人税、　　当期B/S未払
法人税等　　　住民税及び事業税　法人税等

11 有価証券の取得による支出

前記Ⅱ 3 (2)より　10,800千円

12 有価証券の売却による収入

前記Ⅱ 3 (1)より　18,000千円

13 有形固定資産の取得による支出

前記Ⅱ **4** (2)より 60,000千円

14 長期貸付による支出

前記Ⅱ **5** (1)より 12,000千円

15 短期借入金の返済による支出

前記Ⅱ **5** (2)より 24,000千円

16 株式の発行による収入

前記Ⅱ **8** より 60,000千円

17 配当金の支払額

前記Ⅱ **7** (2)より 15,000千円

参 考

本問において、営業活動によるキャッシュ・フローの区分を、直接法で作成すると以下のようになる。

Ⅰ 営業活動によるキャッシュ・フロー	
営業収入	426,000
商品の仕入支出	△255,000
人件費支出	△ 77,100
その他の営業支出	△ 46,200
小 計	47,700
利息及び配当金の受取額	1,380
利息の支払額	△ 900
保険金収入	45,000
法人税等の支払額	△ 19,800
営業活動によるキャッシュ・フロー	73,380

1．営業収入

(21,000千円 + 27,000千円) + 432,000千円 − (24,000千円 + 30,000千円) = 426,000千円
前期B/S受取手形　前期B/S売掛金　　　P/L売上高　　　当期B/S受取手形　当期B/S売掛金

または　168,000千円 + 141,000千円 + 117,000千円 = 426,000千円
　　　　　現金売上　　　売掛金の当座回収　受取手形の当座回収

2．商品の仕入支出

21,000千円 + 259,200千円 − 16,800千円 = 263,400千円
当期B/S商品　　P/L売上原価　　前期B/S商品　　当期商品仕入高

(15,000千円 + 22,800千円) + 263,400千円 − (22,200千円 + 24,000千円) = 255,000千円
前期B/S支払手形　前期B/S買掛金　　当期商品仕入高　　当期B/S支払手形　当期B/S買掛金

または　75,000千円 + 108,000千円 + 72,000千円 = 255,000千円
　　　　　現金仕入　　　買掛金の当座支払　支払手形の当座支払

3．人件費支出

75,000千円 + 2,100千円 = 77,100千円
　給 料　　　退職金

4．その他の営業支出

46,200千円

解答・解説

242

1

3,745	千円

2 支店損益振替後、内部利益控除後の本店における損益勘定

(本店)　　　　　　　　　　　　　　損　　　　　　益　　　　　　　　　（単位：千円）

摘　　　要	金　　額	摘　　　要	金　　額
売　上　原　価	（　　29,050　）	売　　　　　　上	（　　42,800　）
販売費・一般管理費	（　　8,375　）	支　店　へ　売　上	（　　7,314　）
減　価　償　却　費	（　　3,400　）	受　取　利　息	（　　500　）
貸 倒 引 当 金 繰 入	（　　210　）	為　替　差　損　益	（　　1,046　）
支　払　利　息	（　　480　）	（新株予約権戻入益）	（　　210　）
社　債　利　息	（　　440　）	（　　　　　　　）	（　　　　　　）
商 品 評 価 損 ）	（　　575　）	支　店　損　益	（　　2,776　）
繰 延 内 部 利 益 控 除 ）	（　　174　）	繰 延 内 部 利 益 戻 入	（　　126　）
）	（　　　　　　　）		
法人税、住民税及び事業税	（　　4,827　）		
繰 越 利 益 剰 余 金	（　　7,241　）		
	（　　54,772　）		（　　54,772　）

3

37,604	千円

本支店会計における一巡の手続きを示すと次のようになる。

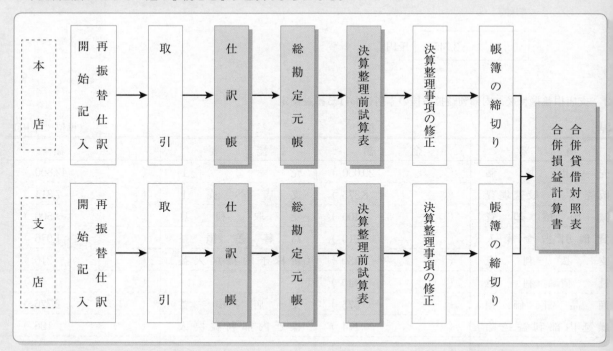

本支店会計における総合問題の具体的な出題形式としては、下記のように決算整理仕訳を行い、決算整理前残高試算表に加減して、合併財務諸表や損益勘定等を作成する問題もある。

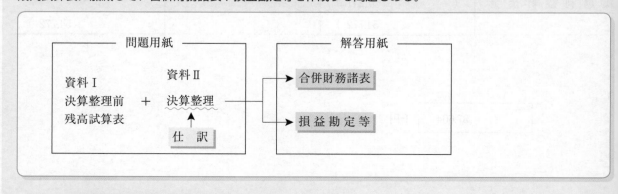

本問は、問題文章の読取りが重要となっている。

未処理事項を適切に処理するのは当然であるが、（資料 3）決算整理事項その他にある、支店における商品評価損の計上について、内部利益の金額を正確に計算し、原価による期末商品棚卸高を算定する必要があるなど、適切に文章を読取る必要がある。

解説上、仕訳の金額は単位千円とする。

問1および問2

I　未処理事項

転換社債型新株予約権付社債

(1)　権利行使時

〈本　店〉

（社　　　　　債）	7,000	（資　本　　金）	3,745※2
（新 株 予 約 権）	490※1	（資 本 準 備 金）	3,745

(2)　社債の償還

〈本　店〉

（社　　　　　債）	3,000	（当 座 預 金）	3,000
（新 株 予 約 権）	210	（新株予約権戻入益）	210※3

(3)　社債利息の支払

〈本　店〉

（社 債 利 息）	150※4	（当 座 預 金）	150

為替予約

〈本　店〉

（借　入　金）	300	（為 替 差 損 益）	120※5
		（前 受 収 益）	180※6

※1
① 新株予約権の価額
$$(@1,000円 - @930円) \times 10,000口 = 700千円$$
額面金額　　　発行価額

② 新株予約権の権利行使部分
$$700千円 \times \frac{7,000千円}{10,000千円} = 490千円$$
前記※1①

※2
$$(7,000千円 + 490千円) \times \frac{1}{2} = 3,745千円$$
前記※1②

※3
$$700千円 \times \frac{3,000千円}{10,000千円} = 210千円$$
前記※1①

※4
$$10,000千円 \times 3\% \times \frac{6カ月}{12カ月} = 150千円$$
額面総額

※5
$$3,900千円 - 30千ドル \times 126円／ドル$$
予約時の
直物為替相場
$$= 120千円（益）$$

※6
$$30千ドル \times (126円／ドル - 120円／ドル)$$
予約時の　　　　予約時の
直物為替相場　　先物為替相場
（予約レート）
$$= 180千円（益）$$

X6年　　　　　　　　　　　X6年　　　　X7年　　X7年
7／1　　　　　　　　　　　9／1　　　　3／31　　6／30

借入　　　　　　　　　　為替予約締結　　決算　　決済

借入日の為替相場　←　直々差額　→　為替予約締結日の為替相場

直先差額

予約レート

直々差額…当期の損益として処理

直先差額…期間配分処理

II　決算整理事項その他

1 内部利益の調整

〈本　店〉

（繰延内部利益）	126	（繰延内部利益戻入）	126 ※7
（繰延内部利益控除）	174 ※8	（繰延内部利益）	174

2 商品評価損の計上

〈本　店〉

（商品評価損）	575 ※9	（繰越商品）	575

〈支　店〉

（商品評価損）	182 ※10	（繰越商品）	182

※7
$$966千円 \times \frac{0.15}{1.15} = 126千円$$
本店仕入分

※8
$$1,334千円 \times \frac{0.15}{1.15} = 174千円$$
本店仕入分

※9
$$5,750千円 \times 10\% = 575千円$$

※10
(2,000千円 + 8,500千円 + 7,314千円(注)
　期首商品　　　外部仕入　　　本店より仕入
$- 15,820千円 - 174千円) \times 10\% = 182千円$
　　売上原価　　内部利益

(注)　本店より仕入と支店へ売上は貸借逆て
　金額が一致するため、問題（資料1）×
　支店の収益・費用諸勘定残高の本店：支
　店へ売上より判明する。

（支店）　　　売上原価

期首商品	期末商品（貸借差額）	外部仕入原価
2,000千円	（1,994千円）	1,820千円
		内部利益 174千円
当期仕入		
外部仕入：8,500千円	売上原価　15,820千円	
本店仕入：7,314千円		

×10% = 182千円

3 償却原価法

〈本　店〉

（社債利息）	140 ※11	（社　　債）	140

4 為替予約差額の配分

〈本　店〉

（前受収益）	126	（為替差損益）	126 ※12

※11
(@1,000円 − @930円) × 10,000口 × $\frac{12カ月}{12カ月 \times 5}$
　額面金額　　発行価額
= 140千円

※12
$$180千円 \times \frac{7カ月}{10カ月} = 126千円$$
前記 I 2

支店損益の算定

$$23,650千円 - (15,820千円 + 3,400千円 + 1,200千円 + 72千円 + 200千円 + 182千円) = 2,776千円$$
　　売　上　　　　　　売上原価　　　販売費・一般管理費　減価償却費　貸倒引当金繰入　支払利息　商品評価損

（支店）	損	益	（単位：千円）
売　上　原　価	15,820	売　　　　　上	23,650
販売費・一般管理費	3,400		
減 価 償 却 費	1,200		
貸 倒 引 当 金 繰 入	72		
支　払　利　息	200		
商 品 評 価 損	182		
本　　　　店	2,776		
	23,650		23,650

法人税、住民税及び事業税

〈本　店〉

（法人税、住民税及び事業税）	4,827 ※13	（未払法人税等）	4,827	

※13
$$(54,772千円 - 42,704千円) \times 40\%$$
　　収益総額　　　　費用総額
$$≒ 4,827千円（千円未満四捨五入）$$

3

$$29,050千円 + 15,820千円 - 7,314千円 - 126千円 + 174千円 = 37,604千円$$
　本店売上原価　　支店売上原価　　本店より仕入　繰延内部利益　繰延内部利益
　　　　　　　　　　　　　　　　　　　　戻　入　　　控　除

```
        本支店合併損益計算書
              ⋮
  Ⅱ　売上原価
    1．期首商品棚卸高    ×××  ◄- - - - -
「本店より仕入」含まない。- - - ► 2．当期商品仕入高    ×××
             合　計       ×××
    3．期末商品棚卸高    ×××  ×××
                           ⋮
```

期首商品棚卸高に含まれる内部利益（繰延内部利益戻入に相当する額）を控除して表示する。結果として、本支店合併売上原価はその分減少する。

期末商品棚卸高に含まれる内部利益（繰延内部利益控除に相当する額）を控除して表示する。結果として、本支店合併売上原価はその分増加する。

57 連結会計 I

連 結 貸 借 対 照 表

X2年 3 月31日現在

（単位：千

現 金 預 金		（	73,700	支 払 手 形	（	21,38
受 取 手 形	（ 60,500 ）			買 掛 金	（	22,73
売 掛 金	（ 60,500 ）			借 入 金	（	40,00
貸倒引当金	（ 2,420 ）	（	118,580	未 払 法 人 税 等	（	13,00
有 価 証 券		（	12,800 ）	未 払 費 用	（	1,84
商 品		（	26,700 ）	資 本 金	（	150,00
貸 付 金		（	10,000 ）	利 益 剰 余 金	（	85,76
前 払 費 用		（	2,570 ）	（非支配株主持分）	（	16,14
未 収 収 益		（	200 ）			
建 物	（ 80,000 ）					
減価償却累計額	（ 18,600 ）	（	61,400 ）			
備 品	（ 35,000 ）					
減価償却累計額	（ 17,100 ）	（	17,900 ）			
土 地		（	23,400 ）			
（の れ ん）		（	3,600 ）			
		（	350,850 ）		（	350,85

連 結 損 益 計 算 書

自X1年 4 月 1 日　至X2年 3 月31日

（単位：千

売 上 原 価	（	130,500	売 上 高	（	265,10
販 売 費	（	38,700	受 取 利 息	（	40
貸 倒 引 当 金 繰 入	（	1,700	受 取 配 当 金	（	1,05
一 般 管 理 費	（	68,900	固 定 資 産 売 却 益	（	5,00
減 価 償 却 費	（	7,350 ）			
（の れ ん 償 却 額）	（	200 ）			
支 払 利 息	（	2,600 ）			
法人税、住民税及び事業税	（	13,000 ）			
当 期 純 利 益	（	8,600 ）			
	（	271,550 ）		（	271,55
非支配株主に帰属する当期純利益	（	460 ）	当 期 純 利 益	（	8,60
親会社株主に帰属する当期純利益	（	8,140 ）			
	（	8,600 ）		（	8,60

解答・解説

連結株主資本等変動計算書

自X1年4月1日　至X2年3月31日　　　　　　　　　　（単位：千円）

Ⅰ　利益剰余金期首残高	（　　　　86,620　）
Ⅱ　当期変動額	
配　　当　　金	（　　　△9,000　）
親会社株主に帰属する当期純利益	（　　　　8,140　）
Ⅲ　利益剰余金期末残高	（　　　　85,760　）

解答へのアプローチ

　連結会計における総合問題の具体的な出題形式としては、下記のように連結仕訳を行い、個別財務諸表（親会社＋子会社）に加減して、連結財務諸表を作成する。なお、解答用紙が連結精算表の場合も考えられるが、解答手順は同様である。

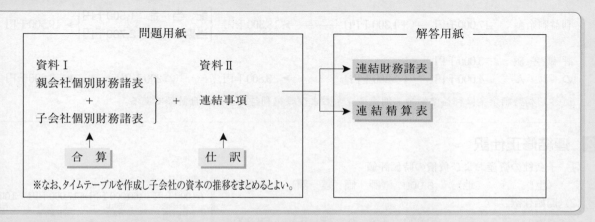

連結仕訳等を行うにあたって、確認すべき事項は次のようなものがある。

＜確認事項＞
1．支配獲得日
2．連結会計年度（連結第何年度なのか）
3．税効果会計の適用の有無
4．持分の変動の有無（支配獲得前の段階取得、支配獲得後の追加取得、一部売却等）
5．のれんの償却年数
6．未達事項があるか
7．未実現利益の消去→アップ・ストリームかダウン・ストリームか
8．債権・債務の相殺消去に伴い貸倒引当金の修正が必要か
9．持分法適用会社があるかどうか

解 説

（仕訳の単位：千円）

1 S社の資本の推移

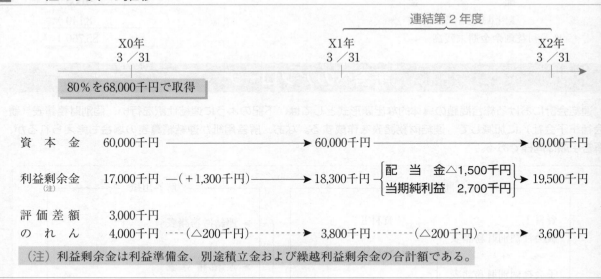

連結第2年度

| | X0年 3／31 | | X1年 3／31 | | X2年 3／31 |

80％を68,000千円で取得

資 本 金　60,000千円　────────→　60,000千円　────────→　60,000千円

利益剰余金（注）　17,000千円 ─（＋1,300千円）────→　18,300千円 ─{ 配 当 金△1,500千円 / 当期純利益 2,700千円 }→　19,500千円

評 価 差 額　3,000千円

の れ ん　4,000千円 ‥‥（△200千円）‥‥‥→　3,800千円 ‥‥‥（△200千円）‥‥‥→　3,600千円

（注）利益剰余金は利益準備金、別途積立金および繰越利益剰余金の合計額である。

2 連結修正仕訳

(1) 子会社の資産および負債の時価評価

（土　　　地）　3,000　（評 価 差 額）　3,000

(2) 開始仕訳

（資　本　金）当期首残高　60,000　（S 社 株 式）　68,000

（利 益 剰 余 金）当期首残高　17,460　（非支配株主持分）当期首残高　16,260

（評 価 差 額）　3,000

（の　れ　ん）　3,800

開始仕訳は次の①から③の仕訳を累積したものである。

① 投資と資本の相殺消去

（資　本　金）当期首残高　60,000　（S 社 株 式）　68,000

（利 益 剰 余 金）当期首残高　17,000　（非支配株主持分）当期首残高　16,000 ※2

（評 価 差 額）　3,000

（の　れ　ん）　4,000 ※1

② 連結第1年度ののれんの償却

（利 益 剰 余 金）当期首残高　200 ※3　（の　れ　ん）　200

③ 連結第1年度増加利益剰余金の非支配株主持分への振替え

（利 益 剰 余 金）当期首残高　260 ※4　（非支配株主持分）当期首残高　260

(3) のれんの償却

（のれん償却額）　200 ※3　（の　れ　ん）　200

(4) 当期純利益の非支配株主持分への振替え

（非支配株主に帰属する当期純損益）　540 ※5　（非支配株主持分）当期変動額　540

※1
68,000千円 − （60,000千円 ＋ 17,000千円 ＋ 3,000千円
子会社株式の取得原価　　　子会社資本金　　　子会社利益剰余金　　評価差額
×80％ ＝ 4,000千円
親会社持分割合

※2
（60,000千円 ＋ 17,000千円 ＋ 3,000千円）×20％
子会社資本金　　　子会社利益剰余金　　評価差額　　非支配株主持分割合
＝ 16,000千円

※3
4,000千円 × $\frac{1年}{20年}$ ＝ 200千円

※4
（18,300千円 − 17,000千円）×20％ ＝ 260千円
連結第1年度増加利益剰余金　　非支配株主持分割合

※5
2,700千円 × 20％ ＝ 540千円
非支配株主持分割合

解答・解説

(5) 配当金の修正

| （非支配株主持分）
当期変動額 | 300 ※6 | （配　　当　　金） | 300 |

| （受 取 配 当 金） | 1,200 ※7 | （配　　当　　金） | 1,200 |

(6) 未達商品

| （商　　　　　品） | 2,000 | （買　　掛　　金） | 2,000 |

(7) 商品売買取引の相殺消去

| （売　　上　　高） | 34,000 | （売　上　原　価） | 34,000 |

(8) 未実現利益の消去

① 期首商品棚卸高

（イ）前期末未実現利益の消去仕訳（開始仕訳）

| （利 益 剰 余 金）
当期首残高 | 1,400 ※8 | （商　　　　　品） | 1,400 |

| （非支配株主持分）
当期首残高 | 280 ※9 | （利 益 剰 余 金）
当期首残高 | 280 |

（ロ）実現仕訳

| （商　　　　　品） | 1,400 | （売　上　原　価） | 1,400 ※8 |

| （非支配株主に帰属
する当期純損益） | 280 | （非支配株主持分）
当期変動額 | 280 ※9 |

　　前期（期首商品）の未実現利益が売上原価の減少を通じて当期の実現利益となる。

② 期末商品棚卸高

| （売　上　原　価） | 1,800 ※10 | （商　　　　　品） | 1,800 |

| （非支配株主持分）
当期変動額 | 360 ※11 | （非支配株主に帰属
する当期純損益） | 360 |

③ 建物

| （固定資産売却益） | 10,000 ※12 | （建　　　　　物） | 10,000 |

| （建物減価償却累計額） | 900 ※13 | （減　価　償　却　費） | 900 |

(9) 債権債務の相殺消去

① 受取手形・支払手形

| （支　払　手　形） | 5,000 | （受　取　手　形） | 5,000 |

② 売掛金・買掛金

| （買　　掛　　金） | 9,000 ※14 | （売　　掛　　金） | 9,000 |

③ 借入金・貸付金

| （借　　入　　金） | 20,000 | （貸　　付　　金） | 20,000 |

④ 受取利息・支払利息および未収収益・未払費用

| （受　取　利　息） | 200 ※15 | （支　払　利　息） | 200 |

| （未　払　費　用） | 200 ※15 | （未　収　収　益） | 200 |

(10) 連結株主資本等変動計算書における利益剰余金期首残高の算定

$$94,700千円 + 9,000千円 - 16,800千円 = 86,900千円$$
X2年3月31日　　　　配当金　　　当期純利益
P社利益剰余金

$$86,900千円 + 18,300千円 - 17,460千円 - 1,400千円 + 280千円 = 86,620千円$$
X1年3月31日　　　X1年3月31日　　前記2(2)　　　　前記2(8)　　　　前記2(8)
P社利益剰余金　　　S社利益剰余金

　　または、連結株主資本等変動計算書の利益剰余金期首残高は、連結損益計算書において親会社株主に帰属する当期純利益を算定し、連結貸借対照表において利益剰余金を算定した後、差額として求めればよい。

$$85,760千円 - 8,140千円 + 9,000千円 = 86,620千円$$
B/S利益剰余金　　親会社株主に帰属　　　配当金
　　　　　　　　する当期純利益

※6
$$1,500千円 × 20\% = 300千円$$
　　　　　　非支配株主
　　　　　　持分割合

※7
$$1,500千円 × 80\% = 1,200千円$$
　　　　　親会社
　　　　　持分割合

※8
$$3,500千円 × 40\% = 1,400千円$$
期首商品　　子会社利益率

※9
$$1,400千円 × 20\% = 280千円$$
前記※8　　非支配株主
　　　　　持分割合

※10
$$(2,500千円 + 2,000千円) × 40\% = 1,800千円$$
　　未達商品　　　子会社利益率

※11
$$1,800千円 × 20\% = 360千円$$
前記※10　非支配株主
　　　　　持分割合

※12
$$20,000千円 - 10,000千円 = 10,000千円$$
売却価額　　帳簿価額

※13
$$10,000千円 × 0.9 ÷ 10年 = 900千円$$
未実現利益

※14
$$7,000千円 + 2,000千円 = 9,000千円$$
　　　　前記2(6)

※15
$$20,000千円 × 2\% × \frac{6 カ月}{12 カ月} = 200千円$$
貸付金

連結貸借対照表
X5年3月31日 （単位：千円）
資産の部

流動資産
現 金 預 金	（	41,700 ）		
受 取 手 形	（	28,200 ）		
売 掛 金	（	46,300 ）		
棚 卸 資 産	（	36,100 ）	（	152,300 ）

固定資産
有形固定資産	（	147,000 ）		
（ の れ ん ）	（	840 ）		
その他有価証券	（	20,000 ）	（	167,840 ）
資 産 合 計			（	320,140 ）

負債の部

流動負債
支 払 手 形	（	18,200 ）		
買 掛 金	（	23,900 ）		
短 期 借 入 金	（	10,000 ）	（	52,100 ）

固定負債
長 期 借 入 金	（	50,000 ）	（	50,000 ）
負 債 合 計			（	102,100 ）

純資産の部

資 本 金	（	100,000 ）
利 益 剰 余 金	（	93,140 ）
（その他有価証券評価差額金）	（	3,000 ）
非支配株主持分	（	21,900 ）
純 資 産 合 計	（	218,040 ）
負債・純資産合計	（	320,140 ）

連結損益計算書
自X4年4月1日　至X5年3月31日
（単位：千円）

売 上 高			（	70,000 ）
売 上 原 価			（	48,550 ）
売 上 総 利 益			（	21,450 ）
販売費及び一般管理費				
販 売 費	（	5,000 ）		
一 般 管 理 費	（	5,500 ）		
（のれん償却額）	（	140 ）	（	10,640 ）
営 業 利 益			（	10,810 ）
営 業 外 収 益			（	1,800 ）
営 業 外 費 用			（	4,000 ）
当 期 純 利 益			（	8,610 ）
非支配株主に帰属する当期純利益			（	800 ）
親会社株主に帰属する当期純利益			（	7,810 ）

連結株主資本等変動計算書
自X4年4月1日　至X5年3月31日
（単位：千円）

利益剰余金期首残高	（	88,130 ）
当 期 変 動 額		
配 当 金	（	△2,800 ）
親会社株主に帰属する当期純利益	（	7,810 ）
利益剰余金期末残高	（	93,140 ）

解答へのアプローチ

解答手順等については、問題57の解答へのアプローチ（P. 249）参照。

解 説

本問における仕訳等を示すと次のとおりである。（仕訳の単位：千円）

S社の資本の推移

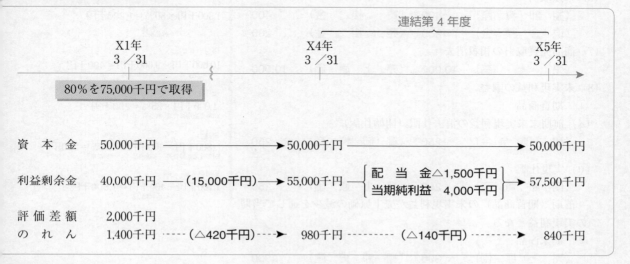

連結第4年度

	X1年 3／31		X4年 3／31	X5年 3／31

80％を75,000千円で取得

資　本　金	50,000千円 ——→	50,000千円 ——→	50,000千円
利益剰余金	40,000千円 ——（15,000千円）→	55,000千円	57,500千円
評価差額	2,000千円	配　当　金△1,500千円 当期純利益　4,000千円	
のれん	1,400千円 ·····（△420千円）···→	980千円 ··········（△140千円）·········→	840千円

連結修正仕訳

(1) 子会社の資産および負債の時価評価

（有形固定資産）	2,000	（評 価 差 額）	2,000

(2) 開始仕訳

（資　本　金） <small>当期首残高</small>	50,000	（S 社 株 式）	75,000
（利 益 剰 余 金） <small>当期首残高</small>	43,420	（非支配株主持分） <small>当期首残高</small>	21,400
（評 価 差 額）	2,000		
（の　れ　ん）	980		

開始仕訳は次の①から③の仕訳を累積したものである。

① 投資と資本の相殺消去

（資　本　金） <small>当期首残高</small>	50,000	（S 社 株 式）	75,000
（利 益 剰 余 金） <small>当期首残高</small>	40,000	（非支配株主持分） <small>当期首残高</small>	18,400 ※2
（評 価 差 額）	2,000		
（の　れ　ん）	1,400 ※1		

② のれんの償却

（利 益 剰 余 金） <small>当期首残高</small>	420 ※3	（の　れ　ん）	420

③ 増加利益剰余金の非支配株主持分への振替え

（利 益 剰 余 金） <small>当期首残高</small>	3,000 ※4	（非支配株主持分） <small>当期首残高</small>	3,000

※1
$$75{,}000千円 - \underset{\substack{\text{S社}\\\text{資本金}}}{(50{,}000千円} + \underset{\substack{\text{S社}\\\text{利益剰余金}}}{40{,}000千円} + \underset{\text{評価差額}}{2{,}000千円)}$$
$$\times \underset{\substack{\text{親会社}\\\text{持分割合}}}{80\%} = 1{,}400千円$$

※2
$$(\underset{\substack{\text{S社}\\\text{資本金}}}{50{,}000千円} + \underset{\substack{\text{S社}\\\text{利益剰余金}}}{40{,}000千円} + \underset{\text{評価差額}}{2{,}000千円}) \times \underset{\substack{\text{非支配株主}\\\text{持分割合}}}{20\%}$$
$$= 18{,}400千円$$

※3
$$1{,}400千円 \times \frac{1年}{10年} \times 3年 = 420千円$$

※4
$$(\underset{\text{増加利益剰余金}}{55{,}000千円 - 40{,}000千円}) \times \underset{\substack{\text{非支配株主}\\\text{持分割合}}}{20\%} = 3{,}000千円$$

(3) のれんの償却

（のれん償却額）	140 ※5	（の　れ　ん）	140

(4) 当期純利益の非支配株主持分への振替え

非支配株主に帰属 する当期純損益	800 ※6	（非支配株主持分） <small>当期変動額</small>	800

(5) 配当金の修正

（非支配株主持分） <small>当期変動額</small>	300 ※7	（配　　当　　金）	300
（営 業 外 収 益）	1,200 ※8	（配　　当　　金）	1,200

(6) 未達取引

（棚　卸　資　産）	400 ※9	（買　　掛　　金）	400
（現　金　預　金）	200	（売　　掛　　金）	200

(7) 商品売買取引の相殺消去

（売　　　上　　　高）	10,000	（売　上　原　価）	10,000

(8) 未実現利益の調整

① 期首商品

(イ) 前期末未実現利益の消去仕訳（開始仕訳）

（利　益　剰　余　金） <small>当期首残高</small>	250 ※10	（棚　卸　資　産）	250

(ロ) 実現仕訳

（棚　卸　資　産）	250	（売　上　原　価）	250 ※10

前期（期首商品）の未実現利益が売上原価の減少を通じて当期
の実現利益となる。

② 期末商品

（売　上　原　価）	300 ※11	（棚　卸　資　産）	300

(9) 売上債権・仕入債務の相殺消去

（支　払　手　形）	1,800	（受　取　手　形）	1,800
（買　　掛　　金）	1,500 ※12	（売　　掛　　金）	1,500

※5
$$1,400千円 \times \frac{1年}{10年} = 140千円$$

※6
$$4,000千円 \times \underset{\substack{非支配株主\\持分割合}}{20\%} = 800千円$$

※7
$$1,500千円 \times \underset{\substack{非支配株主\\持分割合}}{20\%} = 300千円$$

※8
$$1,500千円 \times \underset{\substack{親会社\\持分割合}}{80\%} = 1,200千円$$

※9
$$\underset{P社売上高}{10,000千円} - \underset{S社仕入高}{9,600千円} = 400千円$$

※10
$$\underset{\substack{X3年度末棚卸資産}}{1,000千円} \times \underset{利益率}{25\%} = 250千円$$

※11
$$(\underset{X4年度末棚卸資産}{800千円} + \underset{未達商品}{400千円}) \times \underset{利益率}{25\%} = 300千円$$

※12
$$1,100千円 + \underset{前記2(6)}{400千円} = 1,500千円$$

3 連結株主資本等変動計算書における利益剰余金期首残高の算定

(1) P社の利益剰余金期首残高

本問の資料ではP社の利益剰余金期首残高が与えられていないため、以下のように算定する。

$$\underset{\substack{X5年3月31日\\P社利益剰余金}}{80,000千円} + \underset{配当金}{2,800千円} - \underset{当期純利益}{6,000千円} = 76,800千円$$

(2) 利益剰余金期首残高

$$\underset{\substack{X4年3月31日\\P社利益剰余金}}{76,800千円} + \underset{\substack{X4年3月31日\\S社利益剰余金}}{55,000千円} - \underset{前記2(2)}{43,420千円} - \underset{前記2(8)}{250千円} = 88,130千円$$

連 結 精 算 表

（単位：千円）

勘 定 科 目	個別財務諸表			消去・振替	連結財務諸表
	P 社	S 社	合 計		
貸借対照表					
受 取 手 形	35,000	15,000	50,000		48,000
売 掛 金	75,000	25,000	100,000		92,000
商 品	24,500	16,500	41,000		44,350
土 地	65,350	28,500	93,850		94,850
短 期 貸 付 金	20,000		20,000		10,000
S 社 株 式	64,000		64,000		0
M 社 株 式	29,600		29,600		36,510
の れ ん					6,264
その他の諸資産	229,040	68,140	297,180		297,180
繰延税金資産	3,420	1,840	5,260		6,360
資 産 合 計	545,910	154,980	700,890		635,514
支 払 手 形	(26,400)	(8,500)	(34,900)		(30,400)
買 掛 金	(36,800)	(12,300)	(49,100)		(45,600)
短 期 借 入 金	(50,000)	(10,000)	(60,000)		(52,500)
その他の諸負債	(43,270)	(39,560)	(82,830)		(82,830)
貸 倒 引 当 金	(2,600)	(800)	(3,400)		(3,000)
繰延税金負債	(1,500)	(1,000)	(2,500)		(3,700)
資 本 金	(200,000)	(50,000)	(250,000)		(200,000)
利 益 剰 余 金	(185,340)	(32,820)	(218,160)		(200,674)
非支配株主持分					(16,810)
負債・純資産合計	(545,910)	(154,980)	(700,890)		(635,514)
損益計算書					
売 上 高	(642,450)	(183,560)	(826,010)		(770,810)
売 上 原 価	386,240	126,750	512,990		458,640
貸倒引当金繰入	1,600	600	2,200		1,950
受 取 利 息	(1,260)	(460)	(1,720)		(1,320)
受 取 配 当 金	(9,250)	(1,200)	(10,450)		(4,650)
固定資産売却益	(4,500)		(4,500)		(2,500)
支 払 利 息	3,820	1,250	5,070		4,670
その他の収益	(12,400)	(3,600)	(16,000)		(16,000)
その他の費用	236,960	45,570	282,530		282,530
のれん償却額					348
持分法による投資損益					(4,460)
税金等調整前当期純利益	(41,240)	(14,650)	(55,890)		(51,602)
法人税, 住民税及び事業税	17,730	6,680	24,410		24,410
法人税等調整額	(1,240)	(650)	(1,890)		(2,930)
当 期 純 利 益	(24,750)	(8,620)	(33,370)		(30,122)
非支配株主に帰属する当期純利益					1,628
親会社株主に帰属する当期純利益					(28,494)
株主資本等変動計算書					
利益剰余金期首残高	(180,590)	(29,200)	(209,790)		(192,180)
配 当 金	20,000	5,000	25,000		20,000
当 期 純 利 益	(24,750)	(8,620)	(33,370)		——
親会社株主に帰属する当期純利益					(28,494)
利益剰余金期末残高	(185,340)	(32,820)	(218,160)		(200,674)

解答へのアプローチ

解答手順等については、問題57の解答へのアプローチ（P．249）参照。

なお、本問は連結精算表であるが、問題文の指示にもあるように「消去・振替欄」は記入する必要はない。したがって、通常の連結財務諸表作成と同様に解答を進めればよい。

解　説

本問における仕訳等を示すと次のとおりである。（仕訳の単位：千円）

1 S社の資本の推移

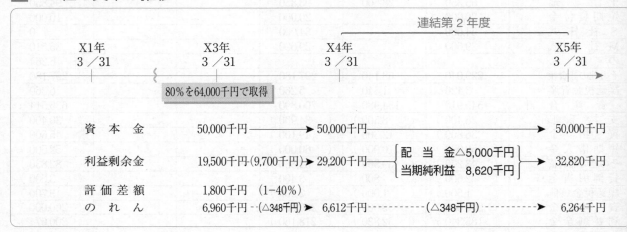

2 子会社の資産および負債の時価評価

（土　　　　　地）	3,000 ※1	（繰延税金負債）	1,200 ※2
		S　社	
		（評　価　差　額）	1,800 ※3

3 開始仕訳

（資　　本　　金）	50,000	（S　社　株　式）	64,000
当期首残高			
（利　益　剰　余　金）	21,788	（非支配株主持分）	16,200
当期首残高		当期首残高	
（評　価　差　額）	1,800		
（の　　れ　　ん）	6,612		

開始仕訳は次の(1)から(3)の仕訳を累積したものである。

(1) 投資と資本の相殺消去

（資　　本　　金）	50,000	（S　社　株　式）	64,000
当期首残高			
（利　益　剰　余　金）	19,500	（非支配株主持分）	14,260 ※5
当期首残高		当期首残高	
（評　価　差　額）	1,800		
（の　　れ　　ん）	6,960 ※4		

(2) のれんの償却

（利　益　剰　余　金）	348 ※6	（の　　れ　　ん）	348
当期首残高			

(3) 増加利益剰余金の非支配株主持分への振替え

（利　益　剰　余　金）	1,940 ※7	（非支配株主持分）	1,940
当期首残高		当期首残高	

※1
19,500千円 − 16,500千円 ＝ 3,000千円

※2
3,000千円 × 40% ＝ 1,200千円
　　　　　　実効税率

※3
3,000千円 − 1,200千円 ＝ 1,800千円

※4
64,000千円 − (50,000千円 + 19,500千円 + 1,800千[円]
S社株式の　　　　　S　社　　　S　社　　評価差額
取得原価　　　　　資本金　　利益剰余金
× 80% ＝ 6,960千円
親会社
持分割合

※5
(50,000千円 + 19,500千円 + 1,800千円)
　S　社　　　S　社　　　評価差額
　資本金　　利益剰余金
× 20% ＝ 14,260千円
非支配株主
持分割合

※6
$6,960千円 \times \dfrac{1年}{20年} = 348千円$

※7
(29,200千円 − 19,500千円) × 20% ＝ 1,940千円
支配獲得後増加利益剰余金　　　　非支配株主
　　　　　　　　　　　　　　　持分割合

■ のれんの償却

（のれん償却額）	348 ※8	（の れ ん）	348

■ 当期純利益の非支配株主持分への振替え

非支配株主に帰属 する当期純損益	1,724 ※9	（非支配株主持分） _{当期変動額}	1,724

■ 配当金の修正

（非支配株主持分） _{当期変動額}	1,000 ※10	（配 当 金）	1,000
（受 取 配 当 金）	4,000 ※11	（配 当 金）	4,000

■ 未達取引

（商 品）	4,500	（買 掛 金）	4,500

■ 商品売買取引の相殺消去

（売 上 高）	55,200	（売 上 原 価）	55,200

■ 商品に含まれる未実現利益

（1） 期首商品に含まれる未実現利益の調整

① 前期末未実現利益の消去仕訳（開始仕訳）

（利 益 剰 余 金） _{当期首残高}	300 ※12	（商 品）	300
（繰 延 税 金 資 産） _{S 社}	120	（利 益 剰 余 金） _{当期首残高}	120 ※13
（非支配株主持分） _{当期首残高}	36	（利 益 剰 余 金） _{当期首残高}	36 ※14

② 実現仕訳

（商 品）	300	（売 上 原 価）	300 ※12
（法人税等調整額）	120 ※13	（繰 延 税 金 資 産） _{S 社}	120
非支配株主に帰属 する当期純損益	36 ※14	（非支配株主持分） _{当期変動額}	36

　前期（期首商品）の未実現利益が売上原価の減少を通じて当期の実現利益となる。

（2） 期末商品に含まれる未実現利益の消去

（売 上 原 価）	1,150 ※15	（商 品）	1,150
（繰 延 税 金 資 産） _{S 社}	460	（法人税等調整額）	460 ※16
（非支配株主持分） _{当期変動額}	138	非支配株主に帰属 する当期純損益	138 ※17

※8
$$6,960千円 \times \frac{1年}{20年} = 348千円$$

※9
$$8,620千円 \times 20\% = 1,724千円$$
_{非支配株主持分割合}

※10
$$5,000千円 \times 20\% = 1,000千円$$
_{非支配株主持分割合}

※11
$$5,000千円 \times 80\% = 4,000千円$$
_{親会社持分割合}

※12
$$1,800千円 \times \frac{0.2}{1.2} = 300千円$$
_{期首商品}

※13
$$300千円 \times 40\% = 120千円$$
_{未実現利益　実効税率}

※14
$$(300千円 - 120千円) \times 20\% = 36千円$$
_{未実現利益　税効果額　非支配株主持分割合}

※15
$$(2,400千円 + 4,500千円) \times \frac{0.2}{1.2} = 1,150千円$$
_{期末商品　　未達商品}

※16
$$1,150千円 \times 40\% = 460千円$$
_{未実現利益　実効税率}

※17
$$(1,150千円 - 460千円) \times 20\% = 138千円$$
_{未実現利益　税効果額　非支配株主持分割合}

10 連結会社相互間取引の相殺消去等

(1) 売上債権・仕入債務

（支払手形）	2,000	（受取手形）	2,000
（買掛金）	8,000	（売掛金）	8,000

(2) 売上債権に係る貸倒引当金（前期分）の調整

① 貸倒引当金の消去（開始仕訳）

（貸倒引当金）	150	（利益剰余金） 当期首残高	150
（利益剰余金） 当期首残高	60 ※18	（繰延税金負債） S社	60
（繰延税金負債） S社	60	（繰延税金資産） S社	60
（利益剰余金） 当期首残高	18 ※19	（非支配株主持分） 当期首残高	18

※18
150千円×40%＝60千円
貸倒引当金　実効税率
減少額

※19
(150千円−60千円)×20%＝18千円
貸倒引当金　税効果額　非支配株主
減少額　　　　　　　　持分割合

② 貸倒引当金（前期分）の調整

（貸倒引当金繰入）	150	（貸倒引当金）	150
（繰延税金負債） S社	60	（法人税等調整額）	60
（繰延税金資産） S社	60	（繰延税金負債） S社	60
（非支配株主持分） 当期変動額	18	非支配株主に帰属 する当期純損益	18

前期においてP社に対する貸倒引当金を消去しているため、当期末に補充すべき貸倒引当金繰入は連結上金額の方が個別上の金額よりも150千円大きくなる。したがって、連結上、貸倒引当金繰入を加算する必要がる。

また、当該貸倒引当金の全額について個別財務諸表上、税効果会計を適用しているため、繰延税金資産と殺することに注意する。

(3) 売上債権に係る貸倒引当金（当期分）の調整

（貸倒引当金）	200	（貸倒引当金繰入）	200
（法人税等調整額）	80 ※20	（繰延税金負債） S社	80
（繰延税金負債） S社	80	（繰延税金資産） S社	80
非支配株主に帰属 する当期純損益	24 ※21	（非支配株主持分） 当期変動額	24

※20
200千円×40%＝80千円
貸倒引当金　実効税率
の減少額

※21
(200千円−80千円)×20%＝24千円
貸倒引当金　税効果額　非支配株主
減少額　　　　　　　　持分割合

※22
200千円×40%＝80千円
貸倒引当金　実効税率
の減少額

(4) 割引いた手形の短期借入金への振替え

（支払手形）	2,500	（短期借入金）	2,500

(5) 短期貸付金・短期借入金

（短期借入金）	10,000	（短期貸付金）	10,000

(6) 短期貸付金に係る貸倒引当金（当期分）の調整

（貸倒引当金）	200	（貸倒引当金繰入）	200
（法人税等調整額）	80 ※22	（繰延税金負債） P社	80
（繰延税金負債） P社	80	（繰延税金資産） P社	80

貸倒引当金の全額について個別財務諸表上、税効果会計を適用しているため、繰延税金資産と相殺すること注意する。

(7) 受取利息・支払利息

（受取利息）	400	（支払利息）	400

▌固定資産に含まれる未実現利益

(1) 未実現利益の消去

（固定資産売却益）	2,000 ※23	（土　　　　地）	2,000
（繰延税金資産）	800	（法人税等調整額）	800 ※24
P　社			

※23
12,000千円 − 10,000千円 = 2,000千円
　売却価額　　　　帳簿価額

※24
2,000千円 × 40% = 800千円
　未実現利益　　実効税率

▌M社の資本の推移

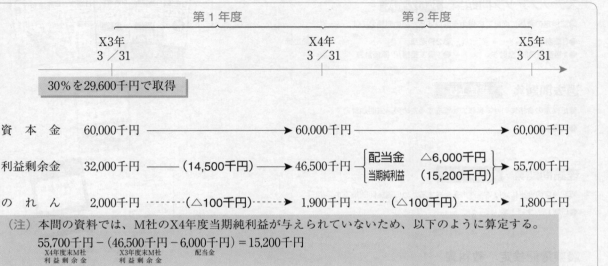

（注）本問の資料では、M社のX4年度当期純利益が与えられていないため、以下のように算定する。

55,700千円 −（46,500千円 − 6,000千円）= 15,200千円
X4年度末M社　　　X3年度末M社　　　配当金
利益剰余金　　　　利益剰余金

▌開始仕訳

（M 社 株 式）	4,250	（利 益 剰 余 金）	4,250
		当期首残高	

開始仕訳は以下の(1)～(2)を累積したものである。

(1) 投資差額の償却

（利 益 剰 余 金）	100 ※25	（M 社 株 式）	100
当期首残高			

(2) X3年度増加利益剰余金の振替え

（M 社 株 式）	4,350	（利 益 剰 余 金）	4,350 ※26
		当期首残高	

※25
① 29,600千円 −（60,000千円 + 32,000千円）
　M社株式の取得原価　　M社資本金　　M社利益剰余金
　× 30% = 2,000千円
　投資割合

② 2,000千円 × $\frac{1 年}{20 年}$ = 100千円

※26
（46,500千円 − 32,000千円）× 30% = 4,350千円
X3年度末M社　　　X2年度末M社　　　投資割合
利益剰余金　　　　利益剰余金

▌のれんの償却

（持分法による投資損益）	100 ※27	（M 社 株 式）	100

※27
2,000千円 × $\frac{1 年}{20 年}$ = 100千円

▌配当金の修正

（受 取 配 当 金）	1,800 ※28	（M 社 株 式）	1,800

※28
6,000千円 × 30% = 1,800千円
　　　　　　投資割合

▌当期純利益

（M 社 株 式）	4,560	（持分法による投資損益）	4,560 ※29

※29
15,200千円 × 30% = 4,560千円
　　　　　　　投資割合

簿記書籍のご案内

最新傾向にも対応しており合格のノウハウが満載です。
自宅での復習や試験直前の最終チェックに、ぜひお役立てください。

ステップアップ問題集 　応用力養成

簿記検定の合格に向けて応用力を養成するための問題集です。

- ●3級商簿
- ●2級商簿
- ●2級工簿
- ●1級商業簿記・会計学
- ●1級工業簿記・原価計算

過去問題集 　総仕上げ

簿記検定の合格に向けて実践力を養成するための過去問題集です。

- ●日商1級

理論問題集 　応用力養成

簿記検定の合格に向けて実践力を養成するための理論問題集です。

- ●日商1級・全経上級

農業簿記検定 　教科書

農業簿記の基礎を体系的に学習したい方にオススメです。

- ●農業簿記検定3級
- ●農業簿記検定2級
- ●農業簿記1級財務会計編
- ●農業簿記1級原価計算編
- ●農業簿記1級管理会計編

農業簿記検定 　問題集

農業簿記の基礎を体系的に学習したい方におススメです。

- ●農業簿記検定3級
- ●農業簿記検定2級
- ●農業簿記1級財務会計編
- ●農業簿記1級原価計算編
- ●農業簿記1級管理会計編

注）商品ラインナップ及び書籍名、販売期間、定価は変更の可能性がございます。最新情報は大原ブックストアにてご確認ください。

書籍のご購入は、「資格の大原書籍販売サイト 大原ブックストア」へ

簿記講座開講案内

通信講座

大原の簿記通信講座は、いつでもどこでもご自身のペースで学習できる「Web通信」、自宅からリアルタイムで受講できる「Webライブ」をご用意しています。自宅学習にありがちの「疑問点があっても解消できない」等といった不安を解消できるよう万全なサポート体制が整っていますので、安心して学習できます。

Web通信　合格Webアプリ　DVDフォロー（有料）

インターネット環境があれば、いつでもどこでも、大原の講義が受講できます。
Webならではの便利な機能が充実しており、大きな学習効果が得られます。

**スマホ・タブレット端末でも
再生スピードを変更できる！**

❶ 講義映像　❸ 続きから再生　❺ スピード再生
❷ インデックス　❹ 画面サイズ　❻ スキップ機能

※スマートフォン・タブレット端末では、端末に標準でインストールされているブラウザおよび動画プレーヤーにて、映像を再生いたします。
　パソコンでご利用可能な映像再生の機能のうち「続きから再生、画面サイズの変更、スキップ機能」はご利用いただけません。

Webライブ　Web講義標準装備　合格Webアプリ　DVDフォロー（有料）

自宅からリアルタイムで受講！

インターネットを通じて場所に縛られない学習スタイル「Webライブ」は、自宅のPC・タブレット等で受講可能です！
講義日程が決まっているライブ配信だから、学習計画が立てやすいのも魅力の一つです。さらにライブ講義の欠席時の補講や復習に便利なWeb講義も標準装備されているので安心して学習できます！

特長❶	特長❷
ライブ配信だから臨場感のある講義が受けられる！	ライブ配信だから学習ペースを一定に保てる！

通学講座　Web講義 標準装備

予習や復習に活用！
急な仕事や用事で欠席しても大丈夫！

「教室通学」「映像通学」よりお選びください。どの学校も通学に便利で、快適な学習環境をご提供しております。サポート体制も万全ですので、安心して学習に専念することが可能です。

教室通学　合格Webアプリ　DVDフォロー（有料）

決まった日程・時間に大原に通学し、教室で講義を受ける学習スタイルです。大原の専任講師の熱意あふれる講義を、同じ目的を持った仲間と一緒に受講します。

映像通学　合格Webアプリ　DVDフォロー（有料）

講義を収録した映像を大原校内の個別視聴ブースにて視聴する学習スタイルです。自分のスケジュールに合わせて無理なく受講することができます。

スマホやタブレットでいつでも、どこでも学習できます!!

電車の中でも　自習室でも　空いた時間でも　快適にストレスなく学習できます!!

大好評！ 講義動画をアプリにダウンロードできます！

1 合格Web 資格の大原
まずは
資格の大原 合格Webアプリ
スマホ・タブレットにインストール

2 ご自宅の無線LAN（Wi-Fi）環境で講義動画をアプリにダウンロード

3
・電波のない環境でも講義動画を再生できます！
・通信費やデータ容量制限を気にすることなく視聴できます！

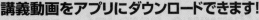

※Web通信講座やWebフォロー（Web講義標準装備を含む）など動画が視聴可能なコースを受講している方がご利用いただけます。
※Web講義のダウンロードには、Android・iOSの[合格Webアプリ]が必要です（無料）。パソコンにはダウンロードできません。
※ダウンロードした動画は2週間視聴可能となります。受講期間内であれば何度でもダウンロード可能です。

簿記1級と並び簿記資格の最高峰試験

全経簿記上級に合格しよう!

全経簿記上級 直前対策

全経簿記上級試験の出題範囲は日商簿記1級の学習範囲とほぼ同じであり、合格者は税理士試験の受験資格を得られるなど日商簿記1級合格と同等の評価を受けている試験です。日商簿記1級の学習を修了された方なら、この直前対策で十分合格がめざせます。

大原が日商1級&全経上級W合格をオススメする理由!

1 日商1級合格を目標とする方

全経上級は日商1級と同じ論点が違う角度で問われますので、全経上級のトレーニングを通じて、論点のより深い理解を得ることができます。このトレーニングが日商1級の合格可能性を飛躍的に高めます!

2 税理士試験を目標にする方

全経上級のトレーニングを通じて、論点のより深い理解を得ることができますので、合格後、新たな目標となる税理士試験簿記論、財務諸表論の合格可能性を飛躍的に高めます!なお、合格者には日商1級と同様に税理士試験の受験資格が付与されます。

2月・7月検定対策向け 学習カリキュラム ●受講形態 Web通信・映像通学

6月	▶	7月
12月	▶	2月

全経上級直前対策講義〔全4回〕 → 全経上級直前模擬試験＋全国統一公開模擬試験〔全9回〕 → **全経上級受験**

全経上級直前対策講義

日商簿記検定1級受験後、4回の講義で日商簿記1級と全経簿記上級との相違点の確認や全経簿記上級でのみ出題される項目の問題演習を中心に行い、応用問題や本試験問題レベルを解答できる実力を身に付けていきます。

全経上級直前模擬試験＋全国統一公開模擬試験

毎回の試験ごとに出題傾向を分析し作成する、大原のオリジナル問題は、全経簿記上級受験の最終仕上げに最適です。

詳しい講座資料のお申込みはこちらから

※掲載のカリキュラム・受講料・その他の内容は、改良のため事前の予告なしに変更する場合があります。予めご了承ください。

フリーダイヤルで
ゴウカクスルナラ　オオハラ
☎ **0120-597-008**

大原ホームページで
https://www.o-hara.jp/

検索エンジンで簡単検索

簿記からのステップアップ

簿記の知識は企業から求められるだけではなく、様々な資格と関連があります。簿記は税理士や公認会計士をはじめとする資格をめざす上でベースとなる知識であり、その後のステップアップを有利に展開することができます。

■ 簿記の知識で大きなアドバンテージ！

公認会計士

会計系資格の最高峰。近年、ビジネスの多様化・国際化に伴い、企業経営に多くの会計スキルが必要な時代。そのため、公認会計士が活躍するフィールドはますます拡大しています！日商簿記の学習経験があれば、大きなアドバンテージを持って試験に臨むことができます！

日商簿記と公認会計士試験(会計学)の学習範囲の比較

大原生合格者のうち約6割の方が簿記の勉強をしてから公認会計士試験を取得しています(2018年11月大原調)。日商簿記の学習経験があれば、会計士試験に大きなアドバンテージとなります！

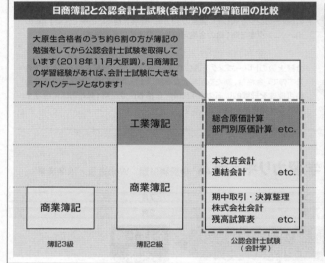

簿記3級	簿記2級	公認会計士試験 (会計学)
商業簿記	工業簿記 商業簿記	総合原価計算 部門別原価計算 etc. 本支店会計 連結会計 etc. 期中取引・決算整理 株式会社会計 残高試算表 etc.

2006年〜2023年大原生合格者※の合格実績 (新試験制度制定後)

9,566名

社会人講座 8,755名　専門課程 811名

<2006年〜2023年公認会計士論文式試験 合格者数内訳>
2023年308名(社会人講座277名・専門課程31名)、2022年344名(社会人講座299名・専門課程35名)、2021年397名(社会人講座360名・専門課程37名)、2020年399名(社会人講座345名・専門課程54名)、2019年470名(社会人講座418名・専門課程52名)、2018年486名(社会人講座438名・専門課程48名)、2017年482名(社会人講座434名・専門課程48名)、2016年406名(社会人講座365名・専門課程41名)、2015年381名(社会人講座343名・専門課程38名)、2014年389名(社会人講座333名・専門課程56名)、2013年439名(社会人講座380名・専門課程59名)、2012年401名(社会人講座356名・専門課程45名)、2011年606名(社会人講座549名・専門課程57名)、2010年625名(社会人講座579名・専門課程31名)、2009年742名(社会人講座683名・専門課程59名)、2008年1,242名(社会人講座1,176名・専門課程66名)、2007年964名(社会人講座933名・専門課程31名)、2006年487名(社会人講座487名・専門課程8名)

■ 税理士法人から大手企業まで幅広い就職・転職！

税 理 士

税理士は会計+税務の知識でコンサルティングを行う職業です。日商簿記の知識をそのまま活かすことができる試験であり、科目合格が認められていることから働きながら学習されている方も多いです。

3級で税理士！

日商簿記3級の知識で簿記・財表の学習がスタートできます。

就職・転職は今がチャンス！

**まだまだ売り手市場！
税理士法人から大手企業まで幅広い就職・転職！！**

関与先企業の業務の高度化やIT技術革新により、税理士業務は、『記帳代行・税務申告業務』から『コンサルティング業務』へ活躍の場を広げています。このような税理士業務の拡大が、税理士法人などの採用意欲を高め、税理士の就職・転職市場は売り手市場の様相となっています。

2001年の税理士法改正により個人企業から会社化へ！ (個人開業から税理士法人勤務へ)	→	2021年には税理士法人が4,349法人※に！！ ※2021年1月末日現在の主たる事務所数

今年も税理士試験官報合格者の半数以上が大原生です!!

■2023年度(第73回)税理士試験大原官報合格占有率
(2024年2月10日現在)

53.3%

大原生合格者数
320名 (専門課程5名含む)

全国官報合格者数
600名

正誤・法改正に伴う修正について

　本書掲載内容に関する正誤・法改正に伴う修正及び、シラバスの変更による情報については「資格の大原書籍販売サイト　大原ブックストア」の「正誤・改正情報」よりご確認ください。

https://www.o-harabook.jp/
資格の大原書籍販売サイト　大原ブックストア

　正誤表・改正表の掲載がない場合は、書籍名、発行年月日、お名前、ご連絡先を明記の上、下記の方法にてお問い合わせください。

お問い合わせ方法

【郵　送】　〒101-0065　東京都千代田区西神田2-2-10
　　　　　　大原出版株式会社　書籍問い合わせ係
【FAX】　03-3237-0169
【E-mail】　shopmaster@o-harabook.jp

※お電話によるお問い合わせはお受けできません。
　また、内容に関する解説指導・ご質問対応等は行っておりません。
　予めご了承ください。

ステップアップ問題集　日商簿記1級　商業簿記・会計学(14版)

■発行年月日　2007年4月5日　初版発行
　　　　　　　2024年3月1日　14版2刷発行
■著　　者　　資格の大原　簿記講座
■発　行　所　大原出版株式会社
　　　　　　　〒101-0065
　　　　　　　東京都千代田区西神田1-2-10
　　　　　　　TEL 03-3292-6654
■印刷・製本　セザックス株式会社

◯　解答用紙のご利用にあたって　◯

本書の解答用紙は抜き取り方式となっております。
抜き取り方法は裏面を参照して下さい。

なお、解答用紙だけの販売はしておりません。解き
直しを希望される方は、あらかじめコピーをしてい
ただくか、資格の大原書籍販売サイト　大原ブック
ストア内の「解答用紙ＤＬサービス」よりダウンロー
ドし、印刷してご利用ください。

- -

https://www.o-harabook.jp/
資格の大原書籍販売サイト　大原ブックストア

解答用紙の抜き取り方法について

本書の解答用紙は、抜き取り方式の小冊子となっております。
解答用紙の小冊子は、この白紙に軽くのりづけされていますので、
下記の要領に従い、本書から引き抜いて下さい。

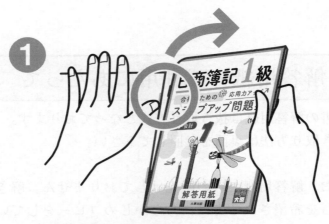

解答用紙の束をしっかりつかむ

静かに引き抜く

日商簿記 1級

合格のための 応用力アップ ↗

ステップアップ 問題集

商簿・会計

（14版）

1

解答用紙

資格の大原

大原出版

CONTENTS
コンテンツ

1	棚卸資産Ⅰ	………………………… P.2
2	棚卸資産Ⅱ	………………………… P.3
3	棚卸資産Ⅲ	………………………… P.4
4	売価還元法	………………………… P.5
5	固定資産	………………………… P.6
6	資産除去債務	………………………… P.6
7	リース会計Ⅰ	………………………… P.7
8	リース会計Ⅱ	………………………… P.7
9	リース会計Ⅲ	………………………… P.8
10	減損会計Ⅰ	………………………… P.9
11	減損会計Ⅱ	………………………… P.10
12	研究開発費等	………………………… P.11
13	債権	………………………… P.12
14	有価証券Ⅰ	………………………… P.13
15	有価証券Ⅱ	………………………… P.14
16	引当金	………………………… P.15
17	退職給付会計Ⅰ	………………………… P.16
18	退職給付会計Ⅱ	………………………… P.17
19	為替換算会計Ⅰ	………………………… P.18
20	為替換算会計Ⅱ	………………………… P.19
21	為替換算会計Ⅲ	………………………… P.20
22	ヘッジ会計Ⅰ	………………………… P.21
23	ヘッジ会計Ⅱ	………………………… P.22
24	純資産Ⅰ	………………………… P.23
25	純資産Ⅱ	………………………… P.24
26	株主資本等変動計算書	………………… P.25
27	企業結合Ⅰ	………………………… P.26
28	企業結合Ⅱ	………………………… P.27
29	企業結合Ⅲ	………………………… P.28
30	企業結合Ⅳ	………………………… P.28
31	本支店会計Ⅰ	………………………… P.29
32	本支店会計Ⅱ	………………………… P.30
33	本支店会計Ⅲ	………………………… P.31
34	本支店会計Ⅳ	………………………… P.32
35	連結会計Ⅰ	………………………… P.33
36	連結会計Ⅱ	………………………… P.34
37	連結会計Ⅲ	………………………… P.35
38	連結会計Ⅳ	………………………… P.35
39	連結会計Ⅴ	………………………… P.36
40	連結会計Ⅵ	………………………… P.37
41	連結会計Ⅶ	………………………… P.37
42	連結会計Ⅷ	………………………… P.38
43	税効果会計Ⅰ	………………………… P.39
44	税効果会計Ⅱ	………………………… P.39
45	連結税効果会計Ⅰ	……………………… P.40
46	連結税効果会計Ⅱ	……………………… P.41
47	キャッシュ・フロー計算書Ⅰ	…… P.42
48	キャッシュ・フロー計算書Ⅱ	…… P.43
49	キャッシュ・フロー計算書Ⅲ	…… P.44
50	キャッシュ・フロー計算書Ⅳ	…… P.45
51	キャッシュ・フロー計算書Ⅴ	…… P.46
52	損益計算書Ⅰ	………………………… P.47
53	損益計算書Ⅱ	………………………… P.48
54	貸借対照表	………………………… P.49
55	キャッシュ・フロー計算書	……… P.50
56	本支店会計	………………………… P.51
57	連結会計Ⅰ	………………………… P.52
58	連結会計Ⅱ	………………………… P.54
59	連結会計Ⅲ	………………………… P.55

① 棚卸資産Ⅰ

第1問

当期の正味損益 [   ] 千円   商品の価額 [   ] 千円

（注）当期の正味損益が損失のときは金額の前に△印をつけなさい。

第2問

（単位：千円）

	① 切放法	② 洗替法
（1）個々の棚卸資産ごとに比較する方法		
（2）棚卸資産全体について比較する方法		

（注）計算不能のときは「――――」を記入しなさい。

2 棚卸資産 II

1 問

貸借対照表　　　（金額単位：千円）

X2年3月31日

現　金　預　金	65,000
売　　掛　　金	
商　　　　　品	
そ　の　他　資　産	90,000
合　　　　計	
買　　掛　　金	36,000
そ　の　他　負　債	
資　　本　　金	100,000
剰　　余　　金	
合　　　　計	

2 問

貸借対照表価額の算定のための方法の名称	商品Aの貸借対照表価額 ①	商品Aの貸借対照表価額 ②	備　　考
個　　　　別　　　　法	円	円	
先　入　先　出　法	円	円	
平　均　原　価　法	円	円	
売　価　還　元　法	円	円	

❸ 棚卸資産Ⅲ

(1) 決算整理仕訳　　　　　　　　　　　　　　　　　　　　　　　（単位：円）

仕　　　　訳			
借　　方	金　額	貸　　方	金　額
（　　　　　　　）		繰　越　商　品	
繰　越　商　品		（　　　　　　　）	
（　　　　　　　）		繰　越　商　品	
（　　　　　　　）			
（　　　　　　　）		商　品　評　価　損	

(2) 売　上　原　価

_____ 円

(3) 貸借対照表上の「商品」の金額

_____ 円

④ 売価還元法

第1問

(1) 売 価 還 元 原 価 率※　　（　　　　　　　　　）％

(2) 棚 卸 減 耗 損（原価）　（　　　　　　　　　）千円

(3) 売　上　原　価　　　　（　　　　　　　　　）千円

※ 端数が生じた場合は、小数点第三位以下は切捨てること。

（4）期 末 整 理 仕 訳　　　　　　　　　　　　　（単位：円）

仕		訳	
借　方	金　額	貸　方	金　額
広 告 宣 伝 費		仕　　　　入	
仕　　　　入		繰 越 商 品	
棚 卸 減 耗 損		仕　　　　入	
繰 越 商 品			

第2問

売　上　原　価	千円
売 上 総 利 益	千円
棚 卸 減 耗 損	千円
期 末 商 品 の 貸借対照表価額	千円

棚卸資産

売価還元法

固定資産

資産除去債務

リース会計

5 固定資産

第1問

問 1	(イ)		千円
	(ロ)		千円
問 2	(ハ)		年
	(ニ)		千円
	(ホ)		千円
	(ヘ)		勘定

第2問

(単位：円)

	定 額 法
減 価 償 却 費	

6 資産除去債務

(単位：円

	仕 訳			
	借 方	金 額	貸 方	金 額
(1)				
(2)				
(3)				

⑦ リース会計 Ⅰ

標準解答時間 **20分** ｜ 問題 **P.8** ｜ 解答・解説 **P.93**

1　東北産業における次の各金額

①　X5年度末におけるリース資産の貸借対照表価額 _____ 円

②　X5年度末におけるリース債務の貸借対照表価額 _____ 円

③　X5年度における損益計算書上の支払リース料 _____ 円

2　関東リースにおける次の各金額

①　X5年度末における備品の貸借対照表価額 _____ 円

②　X5年度における損益計算書上の減価償却費 _____ 円

③　X5年度における損益計算書上の受取利息 _____ 円

⑧ リース会計 Ⅱ

標準解答時間 **20分** ｜ 問題 **P.9** ｜ 解答・解説 **P.95**

備 品	リース資産の取得原価	X5年度末リース債務	X5年度減価償却費
備品A	円	円	円
備品B	円	円	円
備品C	円	円	円

棚卸資産　売価還元法　固定資産　資産除去債務　リース会計

7

9 リース会計Ⅲ

(1) 支払利息 [　　　　　　　　　] 円

(2) 減価償却費 [　　　　　　　　　] 円

(3) リース債務 [　　　　　　　　　] 円

10 減損会計 I

1問

問 1			千円
問 2	（イ）		千円
	（ロ）		千円
	（ハ）		千円
	（ニ）		千円

2問

		千円
①		千円
②		千円
③		千円

業甲におけるのれんの減損処理後の帳簿価額 ＿＿＿＿＿＿＿＿ 千円

11 減損会計 Ⅱ

問1

機械A	機械B	機械C

問2

(単位：千円)

機械A	機械B	機械C

問3

(単位：千円

仕		訳	
借　　方	金　　額	貸　　方	金　　額

12 研究開発費等

第1問

研究開発費	_____	千円
ソフトウェアの取得原価	_____	千円
ソフトウェアの償却額	_____	千円

第2問

(1) 研 究 開 発 費

	千円

(2) ソフトウェアの償却額

	千円

(3) ソフトウェアの貸借対照表価額

	千円

13 債権

第1問

問1

問2 　　　　　　　　　　　円

問3 　　　　　　　　　　　円

第2問

問1 （単位：千円）

仕　　　訳			
借　　方	金　額	貸　　方	金　額

問2 （単位：千円）

仕　　　訳			
借　　方	金　額	貸　　方	金　額

14 有価証券Ⅰ

損　益　計　算　書

自X5年4月1日　至X6年3月31日　　　　　（単位：円）

```
                  ：
Ⅳ  営業外収益
    受 取 配 当 金      (          )
    有 価 証 券 利 息      (          )
   (          )       (          )
   (          )       (          )              (          )
Ⅴ  営業外費用
   (          )       (          )
   (          )       (          )              (          )
Ⅵ  特 別 利 益
   (          )                                 (          )
Ⅶ  特 別 損 失
    関係会社株式評価損                            (          )
```

貸　借　対　照　表

X6年3月31日現在　　　　　　　（単位：円）

資　産　の　部		負　債　の　部	
Ⅰ 流動資産		：	
：			
( )　( )		純 資 産 の 部	
Ⅱ 固定資産		：	
：			
( )　( )	( )　( )		
関 係 会 社 株 式　( )			

注）すべての（　　）が埋まるとは限らない。

15 有価証券 II

第1問

（単位：千円）

	仕　　訳			
	借　　方	金　額	貸　　方	金　額
A社社債				
B社社債				

第2問

1．約定日基準

（単位：円）

	仕　　訳			
	借　　方	金　額	貸　　方	金　額
(1)				
(2)				
(3)				
(4)				
(5)				
(6)				

2．修正受渡日基準

（単位：円）

	仕　　訳			
	借　　方	金　額	貸　　方	金　額
(1)				
(2)				
(3)				
(4)				
(5)				
(6)				

解答用紙

3問

1) 売買目的有価証券	円
2) その他有価証券	円
3) 有価証券評価（　　）（注）	円
4) 有価証券利息	円

（注）（　　）の中には「損」または「益」を記入しなさい。

標準解答時間	**20分**	問題	**P.19**	解答・解説	**P.117**

16 引当金

1) 一般債権に適用する当期の貸倒率　　　　　　　　　　　　　　　　%

2) 貸倒懸念債権の将来キャッシュ・フローの現在価値　　　　　　千円

3) 破産更生債権等の貸倒見積高　　　　　　　　　　　　　　　　千円

4) 当期末に計上する貸倒引当金の合計額　　　　　　　　　　　　千円

17 退職給付会計 I

第1問
問1
(単位：円)

	仕　　訳			
	借　　方	金　　額	貸　　方	金　　額
(1)				
(2)				

問2

X5年度末の退職給付引当金残高 （　　　　　　　　円）

X6年度末の退職給付引当金残高 （　　　　　　　　円）

X7年度末の退職給付引当金残高 （　　　　　　　　円）

第2問

(1)		千円
(2)		千円
(3)		千円

1

当期末の退職給付債務	円
当期の勤務費用	円

2

前期末の退職給付引当金	円
当期の退職給付費用	円
当期末の退職給付引当金	円

⑦正味の当期利益または⑪正味の当期損失（　　　　　　　　　　　　円）

(注)　解答が⑪の場合は、金額の前に△印を付けること。

20 為替換算会計Ⅱ

1

前　　払　　金	千円	支　払　利　息	千円
満 期 保 有 目 的 債 券	千円	投資有価証券評価（　）	千円
そ の 他 有 価 証 券	千円	有 価 証 券 利 息	千円
借　　入　　金	千円	為　替　差（　　）	千円

（注）（　　）は損または益を明示すること。

2

(1) そ の 他 有 価 証 券 ＿＿＿＿＿＿＿ 千円

(2) その他有価証券評価差額金 ＿＿＿＿＿＿＿ 千円

㉑ 為替換算会計Ⅲ

1．独立処理の場合

（単位：円）

	仕　　訳			
	借　　方	金　額	貸　　方	金　額
(1)				
(2)				
(3)				
(4)				

2．振当処理の場合

（単位：円）

	仕　　訳			
	借　　方	金　額	貸　　方	金　額
(1)				
(2)				
(3)				
(4)				

ヘッジ会計 Ⅰ

繰延ヘッジ

保有国債の会計処理 (単位:円)

	仕		訳	
	借 方	金 額	貸 方	金 額
(1)				
(2)				
(3)				
(4)				

国債先物取引の会計処理 (単位:円)

	仕		訳	
	借 方	金 額	貸 方	金 額
(1)				
(2)				
(3)				
(4)				

時価ヘッジ

保有国債の会計処理 (単位:円)

	仕		訳	
	借 方	金 額	貸 方	金 額
(1)				
(2)				
(3)				
(4)				

国債先物取引の会計処理 (単位:円)

	仕		訳	
	借 方	金 額	貸 方	金 額
(1)				
(2)				
(3)				
(4)				

退職給付会計

為替換算会計

ヘッジ会計

純資産

株主資本等変動計算書

23 ヘッジ会計Ⅱ

問1 (単位：千円)

仕		訳	
借　方	金　額	貸　方	金　額

問2 (単位：千円)

仕		訳	
借　方	金　額	貸　方	金　額
金利スワップ			

問3 (単位：千円)

仕		訳	
借　方	金　額	貸　方	金　額

問4 (単位：千円)

仕		訳	
借　方	金　額	貸　方	金　額

24 純資産 I

1 問

- 資本金の額 _____ 円
- 資本準備金の額 _____ 円
- その他資本剰余金の額 _____ 円
- 利益準備金の額 _____ 円
- その他利益剰余金の額 _____ 円

2 問

1

(1) 剰余金の額 _____ 円

(2) 分配可能額 _____ 円

2

(1) 剰余金の額 _____ 円

(2) 分配可能額 _____ 円

退職給付会計

為替換算会計

ヘッジ会計

純資産

株主資本等変動計算書

25 純資産Ⅱ

問1　(単位：

	仕　　　訳			
	借　　方	金　額	貸　　方	金　額
X2年4月1日 発　行　時				
X3年6月1日 権利行使時				
X3年9月30日 権利行使時				
X3年11月30日 権利行使期間満了時				

問2　(単位：

	仕　　　訳			
	借　　方	金　額	貸　　方	金　額
X3年6月1日 権利行使時				

株主資本等変動計算書

株主資本等変動計算書

(単位：千円)

	株 主 資 本								評価・換算差額等		新株予約権
		資本剰余金		利益剰余金							
	資 本 金	資本準備金	その他資本剰余金	利益準備金	その他利益剰余金	自己株式	株主資本合計		その他有価証券評価差額金	繰延ヘッジ損益	
					繰越利益剰余金						
当期首残高											
当期変動額											
新株の発行											
新株の発行（新株予約権の行使）											
剰余金の配当											
当期純利益											
自己株式の取得											
自己株式の処分											
その他有価証券の売却による増減											
純資産の部に直接計上されたその他有価証券評価差額金の増減											
ヘッジ会計の終了による増減											
純資産の部に直接計上された繰延ヘッジ損益の増減											
新株予約権の発行											
新株予約権の失効											
当期変動額合計											
当期末残高											

退職給付会計

為替換算会計

ヘッジ会計

純資産

株主資本等変動計算書

25

合併後貸借対照表　　　　　　　（単位：円）

資　　産	金　　額	負債・純資産	金　　額
現　　　　金		買　掛　金	
売　掛　金		長 期 借 入 金	
商　　　品		資　本　金	
備　　　品		資 本 準 備 金	
の　れ　ん		利 益 準 備 金	
長 期 貸 付 金		繰越利益剰余金	
合　　　計		合　　　計	

28 企業結合 II

1

分割後貸借対照表

東京株式会社　　　　　　　　　　X2年4月1日現在　　　　　　　（単位：千円）

借　方　科　目	金　　　　額	貸　方　科　目	金　　　　額
諸　　資　　産		諸　　負　　債	
		資　　本　　金	
		利　益　準　備　金	
		繰越利益剰余金	

2

分割後貸借対照表

大原商事株式会社　　　　　　　　X2年4月1日現在　　　　　　　（単位：千円）

借　方　科　目	金　　　　額	貸　方　科　目	金　　　　額
諸　　資　　産		諸　　負　　債	
		資　　本　　金	
		資　本　準　備　金	
		利　益　準　備　金	
		任　意　積　立　金	
		繰越利益剰余金	

29 企業結合Ⅲ

貸 借 対 照 表　　　　　　　　　（単位：円）

資　　　産	金　　　額	負債・純資産	金　　　額
諸　　資　　産	（　　　　　）	諸　　負　　債	（　　　　　）
（　　　　　　）	（　　　　　）	資　　本　　金	（　　　　　）
		資 本 準 備 金	（　　　　　）
		利 益 準 備 金	（　　　　　）
		繰越利益剰余金	（　　　　　）
	（　　　　　）		（　　　　　）

30 企業結合Ⅳ

貸 借 対 照 表　　　　　　　　　（単位：円）

資　　　産	金　　　額	負債・純資産	金　　　額
（　　　　　）	（　　　　　）	（　　　　　）	（　　　　　）

解答用紙

大阪支店）　　　　　　　　　　損　　　　　　　益　　　　　　　　　（単位：千円）

X5.9／30	繰 越 商 品		X5.9／30	繰 越 商 品	
〃	仕　　　　　入		〃	売　　　　　上	
〃	本 店 よ り 仕 入				
〃	販　　売　　費				
〃	貸 倒 引 当 金 繰 入				
〃	一 般 管 理 費				
〃	減 価 償 却 費				
〃	（　　　　　　　）				

東京本店）　　　　　　　　　　損　　　　　　　益　　　　　　　　　（単位：千円）

X5.9／30	繰 越 商 品		X5.9／30	繰 越 商 品	
〃	仕　　　　　入		〃	売　　　　　上	
〃	販　　売　　費		〃	支 店 へ 売 上	
〃	貸 倒 引 当 金 繰 入		〃	受 取 利 息 配 当 金	
〃	一 般 管 理 費				
〃	減 価 償 却 費				
〃	支 払 利 息				
〃	本 店 損 益				
X5.9／30	（　　　　　　　）		X5.9／30	本 店 損 益	
〃	法人税、住民税及び事業税		〃	支　　　　　店	
〃	（　　　　　　　）		〃	（　　　　　　　）	

本 支 店 合 併 損 益 計 算 書　　　　　　（単位：千円）

I 売 上 高		（　　　　　）
II 売 上 原 価		
1．期 首 商 品 棚 卸 高	（　　　　　）	
2．当 期 商 品 仕 入 高	（　　　　　）	
計	（　　　　　）	
3．期 末 商 品 棚 卸 高	（　　　　　）	（　　　　　）
売 上 総 利 益		（　　　　　）

本支店会計Ⅱ

本 支 店 合 併 損 益 計 算 書

X5年4月1日からX6年3月31日まで　　　（単位：千円）

Ⅰ　売　上　高　　　　　　　　　　　　　　　　　　　　163,000

Ⅱ　売　上　原　価

　1．期首商品棚卸高

　2．当　期　仕　入　高

　　　　　計

　3．期末商品棚卸高

　　　差　引

　4．商　品　評　価　損

　　　売　上　総　利　益※

Ⅲ　販売費及び一般管理費

　　　営　業　利　益※

　※　損失の場合は、当該金額に△印を付けること。

㉝ 本支店会計 Ⅲ

（支店）　　　　　　　損　益　計　算　書　　　　　　（単位：円）

売　上　原　価 （　　　）	売　　　　　上 （　　　）
そ の 他 費 用 （　　　）	そ の 他 収 益 （　　　）
貸倒引当金繰入 （　　　）	（　　　　　） （　　　）
減 価 償 却 費 （　　　）	
商 品 評 価 損 （　　　）	
（　　　） （　　　）	
当 期 純 利 益 （　　　）	
（　　　）	（　　　）

（支店）　　　　　　　貸　借　対　照　表　　　　　　（単位：円）

現　　　　金 （　　　）	買　掛　金 （　　　）
売　掛　金 （　　　）	貸倒引当金 （　　　）
繰 越 商 品 （　　　）	減価償却累計額 （　　　）
建　　　物 （　　　）	本　　店 （　　　）
土　　　地 （　　　）	当 期 純 利 益 （　　　）
（　　　）	（　　　）

不要な（　　）には「―――」を記入すること。

（ニューヨーク支店）　　　決算整理後残高試算表　　　（単位：千円）

現 金 預 金	（　　　　）	買 　掛　 金	（　　　　）
繰 越 商 品	（　　　　）	減価償却累計額	（　　　　）
備 　　　 品	（　　　　）	本 　　　店	（　　　　）
売 上 原 価	（　　　　）	売 　　　上	（　　　　）
減 価 償 却 費	（　　　　）	本 店 へ 売 上	（　　　　）
そ の 他 費 用	（　　　　）	（　　　　）	（　　　　）
（　　　　）	（　　　　）		
	（　　　　）		（　　　　）

注：不要な（　　）には「―――」を記入すること。

35 連結会計 I

連結貸借対照表
(X4.3.31現在)　　　　　　　　　　　　単位：百万円

資　産　の　部		負債・純資産の部	
諸　　資　　産　（　　　　　　　）		諸　　負　　債　（　　　　　　　）	
（　　　　　　　）（　　　　　　　）		（　　　　　　　）（　　　　　　　）	
（　　　　　　　）（　　　　　　　）		資　　本　　金　（　　　　　　　）	
（　　　　　　　）（　　　　　　　）		（　　　　　　　）（　　　　　　　）	
		非 支 配 株 主 持 分　（　　　　　　　）	
		（　　　　　　　）（　　　　　　　）	
（　　　　　　　）		（　　　　　　　）	

連結損益計算書
(X3.4.1からX4.3.31まで)　　　単位：百万円

諸　　　損　　　益	（　　　　　　　）
（　　　　　　　　　　　）	（　　　　　　　）
（　　　　　　　　　　　）	（　　　　　　　）
当　期　純　利　益	（　　　　　　　）
非支配株主に帰属する当期純利益	（　　　　　　　）
親会社株主に帰属する当期純利益	（　　　　　　　）

連結株主資本等変動計算書
(X3.4.1からX4.3.31まで)　　　単位：百万円

利益剰余金期首残高	（　　　　　　　）
当　期　変　動　額	
（　　　　　　　　　　）	（　　　　　　　）
親会社株主に帰属する当期純利益	（　　　　　　　）
利 益 剰 余 金 期 末 残 高	（　　　　　　　）

(注)　（　）内への記入は、必ずしも全部必要であるとは限らない。

36 連結会計Ⅱ

問1　内部売上の相殺消去の仕訳　　　　　　　　　　　　　　（単位：万円）

仕		訳	
借　　方	金　額	貸　　方	金　額

内部利益の消去の仕訳　　　　　　　　　　　　　　（単位：万円）

仕		訳	
借　　方	金　額	貸　　方	金　額

問2　連結財務諸表上の各金額（単位：万円）

(1) 棚 卸 資 産（期 末）　＿＿＿＿＿＿＿＿

(2) の　　れ　　ん　　＿＿＿＿＿＿＿＿

(3) 非 支 配 株 主 持 分　＿＿＿＿＿＿＿＿

(4) 利 益 剰 余 金 期 末 残 高　＿＿＿＿＿＿＿＿

(5) 売　上　原　価　＿＿＿＿＿＿＿＿

(6) 非支配株主に帰属する当期純利益　＿＿＿＿＿＿＿＿

(7) 親会社株主に帰属する当期純利益　＿＿＿＿＿＿＿＿

解答用紙

37 連結会計Ⅲ

）連結修正仕訳　　　　　　　　　　　　　　　　　　　　（単位：千円）

仕　　　　　訳			
借　　方	金　額	貸　　方	金　額

）期末棚卸資産の連結貸借対照表価額　　（　　　　　　　　　　）千円

38 連結会計Ⅳ

1

(1)　の　れ　ん　　＿＿＿＿＿＿＿＿＿千円

(2)　非 支 配 株 主 持 分　　＿＿＿＿＿＿＿＿＿千円

2

(1)　の　れ　ん　　＿＿＿＿＿＿＿＿＿千円

(2)　非 支 配 株 主 持 分　　＿＿＿＿＿＿＿＿＿千円

3

　S 社株式売却益の修正額　　＿＿＿＿＿＿＿＿＿千円

企業結合

本支店会計

連結会計

税効果会計

連結税効果会計

(1) 第1年度末の非支配株主持分 [　　　　　] 万円

(2) 第1年度末ののれん [　　　　　] 万円

(3) 第2年度末の非支配株主持分 [　　　　　] 万円

(4) 第2年度末ののれん [　　　　　] 万円

(5) 第2年度の持分法による投資損益 [　　　　　] 万円

(6) 第2年度末のE社株式 [　　　　　] 万円

連結会計Ⅵ

1	X6年度の持分法による投資損益の金額	千円
	X6年度末のＡ社株式の金額	千円
2	X7年度の持分法による投資損益の金額	千円
	X7年度末のＡ社株式の金額	千円

連結会計Ⅶ

貸 借 対 照 表
2000年12月31日
(単位：円)

資　　産	金　　額	負債・純資産	金　　額
現　　　　　金		買　　掛　　金	
売　　掛　　金		長　期　借　入　金	
商　　　　　品		資　　本　　金	
建　　　　　物		資　本　剰　余　金	
同 減価償却累計額	△	当　期　純　利　益	
備　　　　　品		為 替 換 算 調 整 勘 定	
同 減価償却累計額	△		
合　　　計		合　　　計	

企業結合

本支店会計

連結会計

税効果会計

連結税効果会計

37

42 連結会計Ⅷ

損 益 計 算 書
自X3年1月1日 至X3年12月31日 （単位：千円）

借 方	金 額	貸 方	金 額
費 用		収 益	
（　　　　　　）		（　　　　　　）	
当 期 純 利 益			

包 括 利 益 計 算 書
自X3年1月1日 至X3年12月31日 （単位：千円）

借 方	金 額	貸 方	金 額
（　　　　　　）		当 期 純 利 益	
		（　　　　　　）	

株主資本等変動計算書
自X3年1月1日 至X3年12月31日 （単位：千円）

借 方	金 額	貸 方	金 額
剰 余 金 の 配 当		利益剰余金期首残高	
利益剰余金期末残高		当 期 純 利 益	

貸 借 対 照 表
X3年12月31日現在 （単位：千円）

借 方	金 額	貸 方	金 額
資 産		負 債	
		資 本 金	
		利 益 剰 余 金	
		（　　　　　　）	

43 税効果会計Ⅰ

)　　　　　　　　　千円　　　(2)　　　　　　　　　　千円

)　　　　　　　　　千円　　　(4)　　　　　　　　　　千円

44 税効果会計Ⅱ

)

エ	カ

)

)

繰延税金資産または繰延税金負債

(注) 負債を表す場合には、金額を(　　　)でくくりなさい。

)
　　　　　損 益 計 算 書　(単位：円)

税引前当期純利益　　　　　　　　352,000

法人税、住民税及び事業税　　　　200,000

法人税等 (　　　　　)　　　　(　　　　　　)

当期純利益　　　　　　　　　　(　　　　　　)

45 連結税効果会計Ⅰ

Ⅰ （1）将来（　　　）一時差異が生じた場合には繰延税金資産を計上する。
　（2）将来（　　　）一時差異が生じた場合には繰延税金負債を計上する。

Ⅱ

連 結 精 算 表（一部のみ）

（単位：千円）

	P　社	S　社	合　計	消去・振替仕訳	連結財務諸表
売　　掛　　金	250,000	125,000	375,000	（省略）	
商　　　　　品	120,000	50,000	170,000		
土　　　　　地	230,000	40,000	270,000		
繰 延 税 金 資 産	2,000	1,000	3,000		
貸 倒 引 当 金	（　5,000）	（　2,500）	（　7,500）		（　　　　）
法 人 税 等 調 整 額	（　2,000）	（　1,000）	（　3,000）		（　　　　）

精算表の（　　　）は貸方金額を示す。

46 連結税効果会計Ⅱ

連結貸借対照表
X3年3月31日現在
（単位：千円）

借　　　方	金　　額	貸　　　方	金　　額
現　金　預　金		諸　　負　　債	
売　上　債　権		繰　延　税　金　負　債	
棚　卸　資　産		資　　本　　金	
土　　　　　地		資　本　剰　余　金	
（　　　　　　）		（　　　　　　　　）	
		（　　　　　　　　）	

連結損益計算書
自X2年4月1日
至X3年3月31日
（単位：千円）

科　　　　　目	金　　額	
売　　上　　高		
売　上　原　価		
売　上　総　利　益		
販売費及び一般管理費		
（　　　　　　　　）		
営　業　利　益		
営　業　外　収　益		
営　業　外　費　用		
税金等調整前当期純利益		
法人税、住民税及び事業税		
（　　　　　　　　）		
当　期　純　利　益		
非支配株主に帰属する当期純利益		
親会社株主に帰属する当期純利益		

キャッシュ・フロー計算書 I

(1)　直接法によるキャッシュ・フロー計算書

キャッシュ・フロー計算書

○○株式会社　　　　　　　自X1年4月1日　至X2年3月31日　　　（単位：千円）

I　営業活動によるキャッシュ・フロー

営業収入	(	)
商品の仕入支出	(	)
人件費支出	(	)
その他の営業支出	(	)
小　　計	(	)
利息及び配当金の受取額	(	)
利息の支払額	(	)
法人税等の支払額	(	)
営業活動によるキャッシュ・フロー	(	)

(2)　間接法によるキャッシュ・フロー計算書

キャッシュ・フロー計算書

○○株式会社　　　　　　　自X1年4月1日　至X2年3月31日　　　（単位：千円）

I　営業活動によるキャッシュ・フロー

税引前当期純利益	(	)
減価償却費	(	)
貸倒引当金の増加高	(	)
受取利息配当金	(	)
有価証券評価益	(	)
有価証券売却益	(	)
支払利息	(	)
売上債権の増加高	(	)
たな卸資産の増加高	(	)
仕入債務の増加高	(	)
小　　計	(	)
利息及び配当金の受取額	(	)
利息の支払額	(	)
法人税等の支払額	(	)
営業活動によるキャッシュ・フロー	(	)

48 キャッシュ・フロー計算書Ⅱ

キャッシュ・フロー計算書

○○株式会社　　　　　　　自X1年4月1日　至X2年3月31日　　　　　　（単位：千円）

Ⅰ　営業活動によるキャッシュ・フロー
　　　　　　税引前当期純利益　　　　　　　　　　　（　　　　　　）
　　　　　　減価償却費　　　　　　　　　　　　　　（　　　　　　）
　　　　　　貸倒引当金の増加高　　　　　　　　　　（　　　　　　）
　　　　　　退職給付引当金の増加高　　　　　　　　（　　　　　　）
　　　　　　受取利息配当金　　　　　　　　　　　　（　　　　　　）
　　　　　　有価証券売却益　　　　　　　　　　　　（　　　　　　）
　　　　　　支払利息　　　　　　　　　　　　　　　（　　　　　　）
　　　　　　有価証券評価損　　　　　　　　　　　　（　　　　　　）
　　　　　　売上債権の増加高　　　　　　　　　　　（　　　　　　）
　　　　　　たな卸資産の減少高　　　　　　　　　　（　　　　　　）
　　　　　　仕入債務の増加高　　　　　　　　　　　（　　　　　　）
　　　　　　　　小　　　計　　　　　　　　　　　　（　　　　　　）
　　　　　　利息及び配当金の受取額　　　　　　　　（　　　　　　）
　　　　　　利息の支払額　　　　　　　　　　　　　（　　　　　　）
　　　　　　法人税等の支払額　　　　　　　　　　　（　　　　　　）
　　　　営業活動によるキャッシュ・フロー　　　　　（　　　　　　）
Ⅱ　投資活動によるキャッシュ・フロー
　　　　　　有価証券の取得による支出　　　　　　　（　　　　　　）
　　　　　　有価証券の売却による収入　　　　　　　（　　　　　　）
　　　　　　有形固定資産の取得による支出　　　　　（　　　　　　）
　　　　　　貸付けによる支出　　　　　　　　　　　（　　　　　　）
　　　　　投資活動によるキャッシュ・フロー　　　　（　　　　　　）
Ⅲ　財務活動によるキャッシュ・フロー
　　　　　　借入による収入　　　　　　　　　　　　（　　　　　　）
　　　　　　借入金の返済による支出　　　　　　　　（　　　　　　）
　　　　　　株式の発行による収入　　　　　　　　　（　　　　　　）
　　　　　　配当金の支払い　　　　　　　　　　　　（　　　　　　）
　　　　　財務活動によるキャッシュ・フロー　　　　（　　　　　　）
Ⅳ　現金及び現金同等物の増加額　　　　　　　　　　（　　　　　　）
Ⅴ　現金及び現金同等物期首残高　　　　　　　　　　（　　　　　　）
Ⅵ　現金及び現金同等物期末残高　　　　　　　　　　（　　　　　　）

49 キャッシュ・フロー計算書Ⅲ

(1) 営業活動によるキャッシュ・フロー

	千円

(2) 投資活動によるキャッシュ・フロー

	千円

(3) 財務活動によるキャッシュ・フロー

	千円

(4) 現金及び現金同等物の当期増減額

	千円

解答用紙

50 キャッシュ・フロー計算書Ⅳ

連結キャッシュ・フロー計算書

○○株式会社　　　自X3年4月1日　至X4年3月31日　　　　　（単位：円）

Ⅰ　営業活動によるキャッシュ・フロー	
（　　　　　　　　　　　　　）	（　　　　　　　）
減価償却費	（　　　　　　　）
（　　　　　　　　　　　　　）	（　　　　　　　）
貸倒引当金の（　　　　　　）	（　　　　　　　）
受取利息及び受取配当金	（　　　　　　　）
支払利息	（　　　　　　　）
（　　　　　　　　　　　　　）	（　　　　　　　）
有形固定資産売却益	（　　　　　　　）
売上債権の（　　　　　）	（　　　　　　　）
たな卸資産の（　　　　　）	（　　　　　　　）
仕入債務の（　　　　　）	（　　　　　　　）
前払費用の（　　　　　）	（　　　　　　　）
未払費用の（　　　　　）	（　　　　　　　）
小　　計	（　　　　　　　）
利息及び配当金の受取額	（　　　　　　　）
利息の支払額	（　　　　　　　）
法人税等の支払額	（　　　　　　　）
営業活動によるキャッシュ・フロー	（　　　　　　　）
Ⅱ　投資活動によるキャッシュ・フロー	
有形固定資産の売却による収入	（　　　　　　　）
投資活動によるキャッシュ・フロー	（　　　　　　　）
Ⅲ　財務活動によるキャッシュ・フロー	
短期借入金の返済による支出	（　　　　　　　）
（　　　　　　　　　　　　　）	（　　　　　　　）
（　　　　　　　　　　　　　）	（　　　　　　　）
財務活動によるキャッシュ・フロー	（　　　　　　　）
Ⅳ　現金及び現金同等物の増加額	（　　　　　　　）
Ⅴ　現金及び現金同等物期首残高	（　　　　　　　）
Ⅵ　現金及び現金同等物期末残高	（　　　　　　　）

注）キャッシュ・フローの減少となる場合は、金額の前に△を付けること。

標準解答時間 30分 問題 P.56 解答・解説 P.220

51 キャッシュ・フロー計算書Ⅴ

問1

連結キャッシュ・フロー計算書

○○株式会社　自X2年４月１日　至X3年３月31日　(単位：円)

Ⅰ　営業活動によるキャッシュ・フロー	
税金等調整前当期純利益	( )
減価償却費	( )
のれん償却額	( )
貸倒引当金の減少額	( )
受取利息及び受取配当金	( )
支払利息	( )
持分法による投資利益	( )
有形固定資産売却益	( )
売上債権の減少額	( )
たな卸資産の増加額	( )
仕入債務の増加額	( )
前払費用の減少額	( )
未払費用の増加額	( )
小　計	( )
利息及び配当金の受取額	( )
利息の支払額	( )
法人税等の支払額	( )
営業活動によるキャッシュ・フロー	( )
Ⅱ　投資活動によるキャッシュ・フロー	
有形固定資産の売却による収入	( )
投資活動によるキャッシュ・フロー	
Ⅲ　財務活動によるキャッシュ・フロー	
短期借入金の返済による支出	( )
親会社による配当金の支払額	( )
非支配株主への配当金の支払額	( )
財務活動によるキャッシュ・フロー	( )
Ⅳ　現金及び現金同等物の増加額	( )
Ⅴ　現金及び現金同等物期首残高	( )
Ⅵ　現金及び現金同等物期末残高	( )

問2

営業収入　[　　　円]　　商品の仕入支出　[　　　円]

解答用紙

52 損益計算書 I

損 益 計 算 書
自X2年10月 1 日　至X3年 9 月30日　　　　　（単位：千円）

売　　　　上　　　　高		（　　　　　　　　）
売　　上　　原　　価		
1　期 首 商 品 棚 卸 高	（　　　　　　）	
2　当 期 商 品 仕 入 高	（　　　　　　）	
合　　　　　　計	（　　　　　　）	
3　期 末 商 品 棚 卸 高	（　　　　　　）	
差　　　　　　引	（　　　　　　）	
4　商 品 評 価 損	（　　　　　　）	（　　　　　　　　）
売 上 総 利 益		（　　　　　　　　）
販売費及び一般管理費		
1　販　　　売　　　費	（　　　　　　）	
2　一 般 管 理 費	（　　　　　　）	
3　貸 倒 償 却	（　　　　　　）	
4　減 価 償 却 費	（　　　　　　）	
5　支 払 保 険 料	（　　　　　　）	（　　　　　　　　）
営　　業　　利　　益		（　　　　　　　　）
営　業　外　収　益		
1　受 取 利 息	（　　　　　　）	
2　受 取 配 当 金	（　　　　　　）	
3　有 価 証 券 利 息	（　　　　　　）	
4　（　　　　　　　）	（　　　　　　）	（　　　　　　　　）
営　業　外　費　用		
1　支 払 利 息	（　　　　　　）	
2　棚 卸 減 耗 損	（　　　　　　）	
3　有 価 証 券 評 価 損	（　　　　　　）	
4　（　　　　　　　）	（　　　　　　）	
5　（　　　　　　　）	（　　　　　　）	（　　　　　　　　）
経　　常　　利　　益		（　　　　　　　　）
特　　別　　利　　益		
1　（　　　　　　　）		（　　　　　　　　）
特　　別　　損　　失		
1　関 係 会 社 株 式 評 価 損		（　　　　　　　　）
税 引 前 当 期 純 利 益		（　　　　　　　　）
法人税、住民税及び事業税		（　　　　　　　　）
当　期　純　利　益		（　　　　　　　　）

53 損益計算書Ⅱ

損 益 計 算 書
自X3年10月 1 日　至X4年 9 月30日　　　　　　（単位：千円）

Ⅰ 売　　　上　　　高		（　　　　　　　）
Ⅱ 売　上　原　価			
1 期 首 商 品 棚 卸 高	（　　　　　）		
2 当 期 商 品 仕 入 高	（　　　　　）		
計	（　　　　　）		
3 期 末 商 品 棚 卸 高	（　　　　　）		
差　　引	（　　　　　）		
4 棚 卸 減 耗 損	（　　　　　）		
5 （　　　　　　　　）	（　　　　　）	（　　　　　　　　）
（　　　）総利益		（　　　　　　　　）
Ⅲ 販売費及び一般管理費			
1 販　　　売　　　費	（　　　　　）		
2 一　般　管　理　費	（　　　　　）		
3 貸 倒 引 当 金 繰 入	（　　　　　）		
4 減　価　償　却　費	（　　　　　）		
5 支　払　保　険　料	（　　　　　）	（　　　　　　　　）
（　　　）利益		（　　　　　　　　）
Ⅳ 営　業　外　収　益			
1 受　　取　　利　　息	（　　　　　）		
2 有 価 証 券 利 息	（　　　　　）		
3 受　取　配　当　金	（　　　　　）	（　　　　　　　　）
Ⅴ 営　業　外　費　用			
1 支　　払　　利　　息	（　　　　　）		
2 貸 倒 引 当 金 繰 入	（　　　　　）		
3 有 価 証 券 評 価 損	（　　　　　）		
4 雑　　　　　　　損	（　　　　　）	（　　　　　　　　）
（　　　）利益		（　　　　　　　　）
Ⅵ 特　　別　　損　　失			
1 （　　　　　　）繰入	（　　　　　）		
2 （　　　　　　　　）	（　　　　　）	（　　　　　　　　）
税引前当期純利益		（　　　　　　　　）
法人税、住民税及び事業税		（　　　　　　　　）
当　期　純　利　益		（　　　　　　　　）

54 貸借対照表

1

貸借対照表
X6年9月30日現在　　　　　　　　　　（単位：千円）

資　　産	金　　額	負債・純資産	金　　額
現 金 預 金	(　　　　)	支 払 手 形	(　　　　)
受 取 手 形	(　　　　)	買 掛 金	(　　　　)
売 掛 金	(　　　　)	保 証 債 務	(　　　　)
有 価 証 券	(　　　　)	未 払 費 用	(　　　　)
商 品	(　　　　)	未 払 法 人 税 等	(　　　　)
前 払 費 用	(　　　　)	リ ー ス 債 務	(　　　　)
未 収 収 益	(　　　　)	(　　　　)	(　　　　)
建 物	(　　　　)	資 本 金	(　　　　)
備 品	(　　　　)	資 本 準 備 金	(　　　　)
リ ー ス 資 産	(　　　　)	利 益 準 備 金	(　　　　)
土 地	(　　　　)	別 途 積 立 金	(　　　　)
投 資 有 価 証 券	(　　　　)	繰 越 利 益 剰 余 金	(　　　　)
長 期 貸 付 金	(　　　　)	(　　　　)	(　　　　)
(　　　　)	(　　　　)		
(　　　　)	(　　　　)		(　　　　)

注1　手形割引高　（　　　　　千円）
　2　貸倒引当金　（　　　　　千円）
　3　減価償却累計額　（　　　　　千円）

2

損 益 計 算 書
X5年10月1日〜X6年9月30日　　　（単位：千円）

税引前当期純利益　　　　　　　　　　　121,533
法人税、住民税及び事業税　　（　　　　　）
法人税等調整額　　（　　　　　）　　　（　　　　　）
当 期 純 利 益　　　　　　　　　　（　　　　　）

55 キャッシュ・フロー計算書

キャッシュ・フロー計算書 （単位：千円）

Ⅰ（　　　　　　　）		
（　　　　　　　　）	（　　　　　　）	
減価償却費	（　　　　　　）	
貸倒引当金の（　　　　）	（　　　　　　）	
退職給付引当金の（　　　　）	（　　　　　　）	
受取利息配当金	（　　　　　　）	
有価証券売却益	（　　　　　　）	
有価証券評価損	（　　　　　　）	
支払利息	（　　　　　　）	
保険差益	（　　　　　　）	
売上債権の（　　　　）	（　　　　　　）	
たな卸資産の（　　　　）	（　　　　　　）	
仕入債務の（　　　　）	（　　　　　　）	
小　　計	（　　　　　　）	
利息及び配当金の受取額	（　　　　　　）	
利息の支払額	（　　　　　　）	
保険金収入	（　　　　　　）	
（　　　　　　　　）	（　　　　　　）	
（　　　　　　　　）	（　　　　　　）	
Ⅱ（　　　　　　　）		
有価証券の取得による支出	（　　　　　　）	
有価証券の売却による収入	（　　　　　　）	
（　　　　　　　　）	（　　　　　　）	
長期貸付による支出	（　　　　　　）	
（　　　　　　　　）	（　　　　　　）	
Ⅲ（　　　　　　　）		
短期借入金の返済による支出	（　　　　　　）	
株式の発行による収入	（　　　　　　）	
配当金の支払額	（　　　　　　）	
（　　　　　　　　）	（　　　　　　）	
Ⅳ　現金及び現金同等物の増加額	（　　　　　　）	
Ⅴ（　　　　　　　）	（　　　　　　）	
Ⅵ（　　　　　　　）	（　　　　　　）	

本支店会計

1

```
[            ] 千円
```

2　支店損益振替後、内部利益控除後の本店における損益勘定

（本店）　　　　　　　　　　　損　　　　　益　　　　　　　（単位：千円）

摘　　　要	金　　額	摘　　　要	金　　額
売　上　原　価	（　　　）	売　　　　上	（　　　）
販売費・一般管理費	（　　　）	支　店　へ　売　上	（　　　）
減　価　償　却　費	（　　　）	受　取　利　息	（　　　）
貸　倒　引　当　金　繰　入	（　　　）	為　替　差　損　益	（　　　）
支　払　利　息	（　　　）	（　　　　　　　）	（　　　）
社　債　利　息	（　　　）	（　　　　　　　）	（　　　）
（　　　）	（　　　）	支　店　損　益	（　　　）
（　　　）	（　　　）	繰　延　内　部　利　益　戻　入	（　　　）
（　　　）	（　　　）		
法人税、住民税及び事業税	（　　　）		
繰　越　利　益　剰　余　金	（　　　）		
	（　　　）		（　　　）

3

```
[            ] 千円
```

57 連結会計 I

連結貸借対照表
X2年3月31日現在 (単位：千円)

現 金 預 金		(　　　)	支 払 手 形		(　　　)
受 取 手 形	(　　　)		買 掛 金		(　　　)
売 掛 金	(　　　)		借 入 金		(　　　)
貸倒引当金	(　　　)	(　　　)	未 払 法 人 税 等		(　　　)
有 価 証 券		(　　　)	未 払 費 用		(　　　)
商 品		(　　　)	資 本 金		(　　　)
貸 付 金		(　　　)	利 益 剰 余 金		(　　　)
前 払 費 用		(　　　)	(　　　　　)		(　　　)
未 収 収 益		(　　　)			
建 物	(　　　)				
減価償却累計額	(　　　)	(　　　)			
備 品	(　　　)				
減価償却累計額	(　　　)	(　　　)			
土 地		(　　　)			
(　　　　　)		(　　　)			
		(　　　)			(　　　)

連結損益計算書
自X1年4月1日 至X2年3月31日 (単位：千円)

売 上 原 価	(　　　)	売 上 高		(　　　)
販 売 費	(　　　)	受 取 利 息		(　　　)
貸 倒 引 当 金 繰 入	(　　　)	受 取 配 当 金		(　　　)
一 般 管 理 費	(　　　)	固 定 資 産 売 却 益		(　　　)
減 価 償 却 費	(　　　)			
(　　　　　)	(　　　)			
支 払 利 息	(　　　)			
法人税、住民税及び事業税	(　　　)			
当 期 純 利 益	(　　　)			
	(　　　)			(　　　)
非支配株主に帰属する当期純利益	(　　　)	当 期 純 利 益		(　　　)
親会社株主に帰属する当期純利益	(　　　)			
	(　　　)			(　　　)

連結株主資本等変動計算書

自X1年4月1日　至X2年3月31日　　　（単位：千円）

I	利益剰余金期首残高	（　　　　　　）	
II	当期変動額		
	配　当　金	（　　　　　　）	
	親会社株主に帰属する当期純利益	（　　　　　　）	
III	利益剰余金期末残高	（　　　　　　）	

損益計算書

貸借対照表

キャッシュ・フロー計算書

本支店会計

連結会計

58 連結会計 Ⅱ

連結貸借対照表

X5年3月31日　　（単位：千円）

資　産　の　部

流 動 資 産		
現 金 預 金	（　　　　）	
受 取 手 形	（　　　　）	
売 　掛 　金	（　　　　）	
棚 卸 資 産	（　　　　）	（　　　　）
固 定 資 産		
有 形 固 定 資 産	（　　　　）	
（　　　　　　）	（　　　　）	
その他有価証券	（　　　　）	（　　　　）
資 産 合 計		（　　　　）

負　債　の　部

流 動 負 債		
支 払 手 形	（　　　　）	
買 　掛 　金	（　　　　）	
短 期 借 入 金	（　　　　）	（　　　　）
固 定 負 債		
長 期 借 入 金	（　　　　）	（　　　　）
負 債 合 計		（　　　　）

純　資　産　の　部

資 　本 　金	（　　　　）
利 益 剰 余 金	（　　　　）
（　　　　　　　）	（　　　　）
非支配株主持分	（　　　　）
純 資 産 合 計	（　　　　）
負債・純資産合計	（　　　　）

連結損益計算書

自X4年4月1日　至X5年3月31日

（単位：千

売 　上 　高		（
売 上 原 価		（
売 上 総 利 益		（
販売費及び一般管理費		
販 　売 　費	（　　　　）	
一 般 管 理 費	（　　　　）	
（　　　　　　）	（　　　　）	（
営 業 利 益		（
営 業 外 収 益		（
営 業 外 費 用		（
当 期 純 利 益		（
非支配株主に帰属 する当期純利益		（
親会社株主に帰属 する当期純利益		（

連結株主資本等変動計算書

自X4年4月1日　至X5年3月31日

（単位：千

利益剰余金期首残高	（
当 期 変 動 額	
配 　当 　金	（
親会社株主に帰属 する当期純利益	（
利益剰余金期末残高	（

連 結 精 算 表

(単位：千円)

勘 定 科 目	個別財務諸表			消去・振替	連結財務諸表
	P 社	S 社	合 計		
借対照表					
受 取 手 形	35,000	15,000	50,000		
売 掛 金	75,000	25,000	100,000		
商 品	24,500	16,500	41,000		
土 地	65,350	28,500	93,850		
短 期 貸 付 金	20,000		20,000		
S 社 株 式	64,000		64,000		
M 社 株 式	29,600		29,600		
の れ ん					
その他の諸資産	229,040	68,140	297,180		
繰 延 税 金 資 産	3,420	1,840	5,260		
資 産 合 計	545,910	154,980	700,890		
支 払 手 形	(26,400)	(8,500)	(34,900)		( )
買 掛 金	(36,800)	(12,300)	(49,100)		( )
短 期 借 入 金	(50,000)	(10,000)	(60,000)		( )
その他の諸負債	(43,270)	(39,560)	(82,830)		( )
貸 倒 引 当 金	(2,600)	(800)	(3,400)		( )
繰 延 税 金 負 債	(1,500)	(1,000)	(2,500)		( )
資 本 金	(200,000)	(50,000)	(250,000)		( )
利 益 剰 余 金	(185,340)	(32,820)	(218,160)		( )
非支配株主持分					( )
負債・純資産合計	(545,910)	(154,980)	(700,890)		( )
益計算書					
売 上 高	(642,450)	(183,560)	(826,010)		( )
売 上 原 価	386,240	126,750	512,990		
貸倒引当金繰入	1,600	600	2,200		
受 取 利 息	(1,260)	(460)	(1,720)		( )
受 取 配 当 金	(9,250)	(1,200)	(10,450)		( )
固 定 資 産 売 却 益	(4,500)		(4,500)		( )
支 払 利 息	3,820	1,250	5,070		
その他の収益	(12,400)	(3,600)	(16,000)		( )
その他の費用	236,960	45,570	282,530		
のれん償却額					
持分法による投資損益					( )
税金等調整前当期純利益	(41,240)	(14,650)	(55,890)		( )
法人税、住民税及び事業税	17,730	6,680	24,410		
法 人 税 等 調 整 額	(1,240)	(650)	(1,890)		( )
当 期 純 利 益	(24,750)	(8,620)	(33,370)		( )
非支配株主に帰属する当期純利益					
親会社株主に帰属する当期純利益					( )
主資本等変動計算書					
利益剰余金期首残高	(180,590)	(29,200)	(209,790)		( )
配 当 金	20,000	5,000	25,000		
当 期 純 利 益	(24,750)	(8,620)	(33,370)		——————
会社株主に帰属する当期純利益					
利益剰余金期末残高	(185,340)	(32,820)	(218,160)		( )